VIVANT DENON

Du même auteur

L'Architecture et l'Urbanisme à Nantes au XVIIIe *siècle*, Nantes, Durance, 1942.
Essai sur la politique artistique de Napoléon, Paris, Floury, 1942.
La vie des cités, Paris, Bourrelier, 1950.
L'Architecture française, Paris, Plon, 1964.
Nantes au XVIIIe *siècle*, Paris, Picard, 1989.

*Ouvrage publié avec le concours de la
Fondation Napoléon*

Maquette : Odile HOUIS
Suivi de Fabrication : Muriel CHARLOT

ISBN : 2-7084-0446-6
© 1993, Picard Editeur
82, rue Bonaparte - 75006 Paris

Pierre LELIÈVRE

VIVANT DENON

HOMME DES LUMIÈRES
"MINISTRE DES ARTS"
DE
NAPOLÉON

Avec, pour l'illustration, la collaboration de Madeleine BARBIN

Picard. 1993

SOMMAIRE

PRÉAMBULE

Vers les années 1764-1765, un jeune Bourguignon monte à Versailles et à Paris pour y faire son droit et sa fortune, flanqué de l'abbé Buisson, son précepteur, qui lui apprit bien le latin et la littérature ancienne. La famille est de petite noblesse, le père, écuyer seigneur de Lans, a des terres en Bourgogne, un clos à Chambertin.

Faire son chemin, c'est s'introduire à Versailles auprès du roi. Le garçon y parvient. Vivant est fait gentilhomme de la Chambre, ce qui ne signifie pas grand-chose et, peu après, gentilhomme d'ambassade.

A ce titre, on l'envoie à Saint-Pétersbourg. Pour rejoindre son poste, il devra traverser l'Allemagne, la Prusse, les pays baltes. Il est déjà collectionneur, (estampes et dessins), crayonne facilement, s'exerce à la gravure, de préférence à l'eau-forte. A Saint-Pétersbourg, il restera près de trois ans. La cour de Russie est riche d'intrigues, d'enseignement et parfaitement immorale. Après la cour de France et celle de Prusse, entrevue au passage, c'est une leçon pour un jeune homme qui se trouve un beau matin expulsé sur une intrigue adroitement exploitée. La Cour de France l'envoie à Stockholm, où il se trouve sous les ordres de l'ambassadeur Vergennes. Celui-ci, bientôt nommé ministre des affaires étrangères par Louis XVI, le rappellera à Versailles et lui confie une mission auprès des Cantons suisses, bonne occasion de connaître un autre régime politique, de passer à Ferney huit jours chez M. de Voltaire.

L'affectation qui suit a de quoi faire rêver : premier secrétaire d'ambassade à Naples, avec une étape obligée à Rome auprès du cardinal de Bernis, ambassadeur auprès de Sa Sainteté. Naples aussi est un foyer d'intrigues, mais petites : l'Espagne, l'Autriche, le Saint-Empire, la Turquie, la Russie y conspirent. La flotte anglaise de Méditerranée fait volontiers escale dans la baie. Le couple royal est mal assorti : la reine Marie-Caroline est la sœur aînée de Marie-Antoinette qu'elle jalouse ; elle tient son mari Ferdinand pour un poltron et un benêt qui tremble devant son père, le roi d'Espagne. C'est un secret d'alcôve et de polichinelle, comme le sont les aventures de l'ambassadeur de Grande-Bretagne et de sa maîtresse devenue son épouse, la belle lady Emma Hamilton.

Bientôt, le chevalier de Non, nommé chargé d'affaires, est chef de poste. Deux fois la semaine, il adresse à Versailles un courrier. Que dire dans ces dépêches, sinon raconter les potins d'alcôve ? Cela l'amuse et il s'y complaît ; cela déplaît et il se fait tancer : « c'est des choses qu'il ne convient pas de raconter dans les dépêches lues au Conseil ».

Mais Naples est tout proche de Pompéï, d'Herculanum et de Stabies, de cette Etrurie dont on pille les tombes tumulaires. L'archéologue s'éveille, s'informe, se passionne et collectionne. Un bref voyage en Calabre, un séjour en Sicile vont révéler à ce diplomate, homme des Lumières s'il en fut, archéologue et sociologue, que ce malheureux royaume en est encore « au XVe siècle ». A Naples, malgré ses glaces — exquises —, ses paysages, son vacarme et le sang de Saint-Janvier qui, deux fois l'an, se liquéfie, Vivant Denon s'ennuie et demande son rappel. Qu'il attende ! L'ambassadeur, le baron de Talleyrand n'est pas pressé de se mettre en route. On s'accorde enfin sur la date du départ du chargé d'affaires. Sera-t-il reçu en audience d'adieu par sa Majesté la reine Marie-Caroline ? Oui, l'audience est accordée et Denon reçoit le traditionnel bijou, marque de la bienveillance de sa Gracieuse Majesté. L'honneur est sauf, sa démission des Affaires étrangères acceptée, une large gratification fort généreusement accordée, il peut rentrer en France.

De 1785 à 1788, il travaille à sa reconversion. Croquant volontiers une silhouette ou un visage, c'est un amateur et un graveur mondain. Reste à se faire reconnaître comme graveur de métier, et il reprend ses planches, ses pointes, son eau-forte. Le 31 mars 1787, il est agréé à l'Académie de peinture et sculpture comme « graveur et artiste de divers talents ». Il a 41 ans, des revenus convenables, un passé de diplomate dont il peut bavarder, des amis, et beaucoup de relations.

En cet automne, on parle beaucoup de politique dans les salons, les cafés, le monde et la rue. S'il avait quelque ambition ou plus de curiosité, il resterait. Mais non ! Avec son attirail de graveur, ses portefeuilles d'estampes, il part pour l'Italie. Après quelques semaines en Toscane, il se fixe à Venise pour un peu plus de quatre ans. Qu'est Venise alors, sinon le fantôme d'une grande puissance : une diplomatie très informée, mais plus d'armée et une flotte décomposée : les arsenaux immenses sont déserts, les vaisseaux de commerce de plus en plus rares dans cette Méditerranée, où elle à fait la loi. Quant à la flotte de guerre... Le Doge fait toujours alliance avec la mer, mais le Bucentaure est une carcasse qui tient par sa peinture et ses ors ; un millier de sénateurs compose le Grand Conseil ; ils ne voyagent plus ; devenus rentiers, ils ont investi dans leurs domaines de terre ferme ; une excellente police. Un catalogue détaillé et tarifé des courtisanes, la comédie partout, le théâtre musical, premier en Europe par la qualité des maîtres de musique, la virtuosité des musiciens.

Selon Madame Vigée-Lebrun qui passa quelque temps à Venise les derniers mois de 1792, Denon y menait une vie réglée partagée entre le travail du graveur le matin, la promenade et le café, l'après-midi, les soirées au spectacle ou dans les salons.

Suspect de complaisance pour les Jacobins, Denon est expulsé et se réfugie en Suisse, au début de 1794. Il apprend alors qu'il est considéré comme émigré et que ses biens sont séquestrés en France. De retour à Paris, grâce à David, alors fort puissant à la Convention et dans les Comités, il obtient la levée du séquestre et est nommé graveur de la République. Après Thermidor, et pendant cinq ans, il reprend ses outils.

Comment ce quinquagénaire a-t-il pu se faire engager dans l'expédition d'Egypte qui devait bouleverser sa vie ? Le fait est là. Il part. Comme un invité de seconde zone. A Malte, dont il connaît la langue et où il a des amis, il a l'occasion de se faire remarquer. Bonaparte l'envoie en avant à Alexandrie. Il a le pied à l'étrier, et ce graveur est bon cavalier. Il faut lire son *Voyage dans la Basse et la Haute Egypte à la suite des armées du Général Bonaparte* : du grand reportage.

Bonaparte comprend-il quel précieux auxiliaire sera Vivant Denon pour le développement d'une politique artistique qu'il vient d'esquisser, en ordonnant les tableaux de la *Bataille des Pyramides*, de la *Révolte du Caire* et de la *Bataille d'Aboukir* ? En tout cas, il le ramène avec lui, lui laisse trois ans pour mettre au net ses papiers, et faire graver ses dessins qui constituent sur le pays, ses monuments, ses habitants, la religion, les mœurs, une masse d'informations qui renouvellent l'image de l'Egypte.

La publication, en 1802, du *Voyage*, bientôt traduit en allemand, anglais, hollandais, italien, fait de lui un auteur célèbre en Europe et aux Etats-Unis. D'un graveur de second rang, que l'Institut a négligé, il est devenu un homme de notoriété internationale. Et c'est alors que Napoléon le nomme directeur général du Musée Central des Arts et fait de lui l'agent de sa politique artistique : il a sous ses ordres et sa responsabilité le Musée de l'Ecole française à Versailles, le Musée des Monuments français aux Petits-Augustins, la Monnaie des Médailles, les Manufactures de Sèvres, des Gobelins et d'Aubusson et le transport des œuvres d'art.

Lui qui connaît l'Europe, sauf l'Espagne et l'Angleterre, il va alors réaliser la tâche la plus exaltante qui soit pour un homme de grande culture, sans préjugés et sans scrupules ; faire le Musée de la culture occidentale, de l'Antiquité à nos jours. Il lui faut aussi diriger la production artistique, sculpture, peinture, arts décoratifs. A mesure que se développait le Grand Empire, il avait accepté des tâches nouvelles, mais aussi pris de l'âge. Cependant, il fut chargé de la direction des fouilles du département de Rome, où il se rendit en 1811.

A la première Restauration, le musée demeura tel qu'il était, comme si les Alliés s'en souciaient peu : après les Cent-Jours, la Prusse, l'Autriche, l'Italie nommèrent des commissaires à la récupération. « Résistez tant que vous pourrez, ne cédez qu'à la force », avait dit Louis XVIII à Denon toujours en place. En octobre 1815, Denon, impuissant, démissionnait. « Un musée comme on n'en verra jamais plus » dit à peu près Eugène Delacroix. D'une certaine manière, c'était l'accomplissement d'une idée, la réalisation dans la parfaite logique du « Siècle des Lumières ». L'homme des Lumières qui l'avait conçu et réalisé, Dominique Vivant Denon, était las, désabusé ; il se ressaisit et pendant dix ans continua de collectionner, faisant les honneurs de son étrange musée personnel où l'on pouvait voir côte-à-côte un pied de momie et un papyrus, ramenés d'Egypte, un buste romain, un vase grec, une mosaïque, des arcs et des flèches provenant de Malaisie, une peinture chinoise et le *Gilles* de Watteau, le profil de *Bonaparte, général de la grande nation* par David, quantité de dessins et d'estampes, beaucoup de monnaies de tout temps et de tout pays. Ces objets disparates étaient-ils autre chose que les pièces éparses d'un puzzle impossible ?

CHAPITRE PREMIER

POINTS DE REPÈRE

Chalon-sur-Saône et Dijon

Le 5 janvier 1747 « a été baptisé à la paroisse de Saint-Georges à Chalon-sur-Saône Dominique Vivant Denon, fils de Vivant Denon, écuyer, seigneur de Lans et des Granges et de Marie-Nicole Boisserand ». Petite noblesse, comme on le voit, et plus portée à acheter des charges ou solliciter des emplois dans la magistrature ou l'administration qu'à entrer dans l'armée [1]. Chalon-sur-Saône, c'est la Bourgogne où, du reste, la famille possède quelques arpents de vigne à Gevrey Chambertin : un crû estimé des connaisseurs au XVIIIᵉ siècle et qui sera fortifié par le goût marqué de Bonaparte qui se flattera d'en avoir toujours eu à sa table — il est vrai, coupé d'eau — en campagne, en Egypte comme en Italie. Ils sont donc bien argentés, les Denon, comme le reconnaîtra Dominique Vivant évoquant un grand-oncle : « ... si je mange un peu, c'est qu'il savait bien boire et qu'il a beaucoup bu avec le Grand Dauphin qui a fait sa fortune ». [2]

Voyons, à l'autre bout de la chaîne, ce qu'est devenu Dominique Vivant. Le

---

1. Le terme d'écuyer, selon Littré, s'applique à un gentilhomme, de condition modeste et Denon, sur le registre paroissial, est écrit en un seul mot. Lorsqu'il entre dans le service des Affaires étrangères, dans les textes qui le concernent, il est appelé « le sieur Denon ».
2. Les témoignages de Vivant sur ses ancêtres sont tardifs et de seconde main. En fait, ce grand-oncle était commissaire en vins et fournissait la cour du Grand Dauphin dont il n'était qu'un commensal occasionnel.

26 avril 1825, le baron Denon sort pour assister à une vente d'objets d'art, où il espère trouver quelques pièces qui compléteront ses collections. Saisi d'un refroidissement, deux jours plus tard, il est mort (28 avril). Cet homme est connu non seulement du tout-Paris, mais aussi de l'Europe entière. Une foule nombreuse se presse au Père-Lachaise, le 30 avril 1825. Au premier rang, l'Institut. La classe des Beaux-Arts, à laquelle appartenait le défunt, a délégué le peintre Antoine Jean Gros, qui prononcera le discours d'usage :

« Qui était plus capable, plus digne, en effet, du noble emploi qu'on lui confiait, que celui qui, rempli de connaissances et dévoré du désir de connaître encore, de tout interroger, avait voulu, pour remonter jusqu'au berceau des Arts, traverser les déserts brûlants avec l'armée française, et nous apprit le premier qu'elle ne s'était arrêtée qu'à l'aspect si imposant des ruines de Thèbes, qu'il fit tout à coup retentir de ses acclamations ? C'était la valeur qui saluait le génie ».

Après Gros, s'avance, solitaire, un autre peintre, qui s'appelle aussi Dominique. Il est beaucoup plus jeune : Ingres à 45 ans. Tout ce petit monde des Arts connaît la haine, inexpiable, qu'il porte à Denon ; on en sait mal les causes, car cet homme aimable a rencontré bien des adversaires, mais aucun ennemi juré. Ingres en est un : il s'approche de la fosse, se penche, regarde le cercueil où l'on a jeté des fleurs, marmonne quelques paroles, puis se retire satisfait, assuré que Denon est bien mort [3].

Le billet de faire-part est long de titres et d'honneurs : Membre de l'Institut de France (Académie des Beaux-Arts), correspondant de la Société Asiatique de Calcutta, officier de l'ordre royal de la Légion d'Honneur ; chevalier de l'Ordre de Sainte-Anne de Russie et de la Couronne de Bavière ; ancien gentilhomme de la Chambre du Roi ; ancien directeur des Musées royaux, de la Monnaie des Médailles, etc. Si longue que soit cette liste, il faut la confronter avec celle de l'Almanach Impérial de 1811, qui permet d'y ajouter : « La surveillance des travaux d'art ordonnés par le gouvernement, la direction des fouilles à faire dans le département de Rome. »

Mais ce haut fonctionnaire comblé, ce chevalier d'Ancien Régime devenu baron d'Empire n'est-il qu'une carrière bien menée ? Parmi les personnalités françaises ou étrangères qui ont accompagné son cercueil il y a très peu de parents en dehors de deux neveux, le général Brunet-Denon et son frère, mais beaucoup d'amateurs, d'artistes qu'il a connus, conseillés, guidés, et un très grand nombre de visiteurs de ses collections, célèbres dans l'Europe, et qu'il aime à montrer. On sait qu'il préparait une Histoire de l'Art, dont Amaury Duval devait publier le plan et les figures.

Enfin quelques membres de l'ancienne Académie de peinture se souviennent qu'il a été agréé le 31 mars 1787 et inscrit sur les registres le 28 juillet sous la qualification de « graveur et artiste de divers talents ». Son œuvre de graveur compte 317 numéros.

Les amateurs d'écrits libertins savent qu'il a écrit sous le titre Point de lendemain un conte, scabreux à souhait par les situations qu'il décrit, sobre jusqu'à la sécheresse et, pour l'expression, d'une irréprochable décence. Ainsi, rien de plus céré-

---

3. L'épouse de Paul Lacroix (le bibliophile Jacob) nous a rapporté que Ingres, son cousin, penché sur la fosse aurait dit « Bien, bien, c'est bien. Il y est, cette fois il y restera. » Quelques jours plus tard, Ingres annonçait à un ami qu'il posait sa candidature au fauteuil qu'avait occupé Denon à l'Institut et que c'est avec une satisfaction particulière qu'il devrait s'y asseoir.

bral, rien de moins « épanché » que *Point de lendemain*, rien de plus sèchement dou-
loureux, de plus distant des souffrances du jeune Werther — pour ne pas parler de
Julie et de son éloquent discours.

Réduits à cette seule lecture, nous serions en peine de parler sur le thème
« Vivant Denon et les femmes ». Plusieurs de ses contemporains — hommes — ont
marqué leur surprise : il n'était pas beau, et cependant il plaisait beaucoup aux femmes
et trouvait peu de cruelles. Comme s'il fallait être Adonis pour charmer et séduire.
Sa qualité essentielle n'était-elle pas l'attention empressée aux discours des femmes,
qu'elles fussent doctes ou frivoles ?

Vivant savait écouter, et montrer qu'il écoutait. Il savait aussi répondre, car il
avait de l'esprit et cet esprit était cultivé. Il nous manque malheureusement ce qui
serait l'authentique témoignage, la correspondance des amours de Denon. Pas entièrement cependant, car nous avons les lettres d'une femme qui tint un des salons les
plus brillants de Venise, la comtesse Albrizzi ; elle régna sur Venise durant les dernières années de la Sérénissime, puis sous le Consulat, l'Empire et jusqu'en 1825 ;
elle reçut des hommes célèbres, tel Byron. Pendant tout son séjour, de 1786 à 1793,
puis sous l'Empire, à chacun de ses voyages, Denon fut un de ses familiers. La
comtesse était elle-même écrivain. Elle a publié une étude sur Canova qu'elle admirait
— avec excès — disait Denon. Ils s'écrivaient, se donnant des nouvelles de leur santé,
de leurs travaux, de leurs projets. Assez longtemps, ils se tutoyèrent, puis un rafraî-
chissement les amena au « vous », sans que cependant s'affaiblît leur sollicitude réci-
proque : un ton toujours attentif, bienveillant, tendre et familier. Jamais amants du
temps des Lumières ne furent plus éloignés du style de Saint-Preux et de Julie
d'Etanges.

Ce Bourguignon, disert et discret, pouvait à l'occasion se montrer « Bourguignon salé ». Je pense à un croquis, plume et encre de Chine, que Denon dut faire
au cours d'un voyage dans le Palatinat : pressé d'un besoin urgent, il fait arrêter sa
voiture à une auberge de route et se précipite vers une façade latérale : il se soulage ;
mais comme il a soif tout en même temps, il a demandé un verre de vin. Une servante
est venue, a jugé la situation et tourné son visage, l'air je n'ai rien vu, tandis que
Denon lève la main droite pour saisir le verre. Le service de l'Empereur impose l'économie des temps.

Il y a en Denon un double personnage : l'un s'affirme, agit ; l'autre se tient
coi. Autres temps, autres circonstances, l'homme d'étude et de réflexion cède le pas
à l'actif, l'agissant. Parfois ils travaillent, si j'ose dire, en alternance, partageant la
journée : au matin, la solitude, le travail patient, minutieux, sur la planche à graver,
en un dialogue silencieux entre l'artiste et le cuivre. Tel semble vers 45 ans son plan
de vie, lorsque Dominique Vivant classe ses dossiers, ses gravures et est reçu académicien. Tout, dans son projet, est simple, la part faite au travail est grande, le
divertissement mondain est une diversion délassante, ce n'est pas une action. Il
semble que cela doive, sans heurts ni tracas, nous acheminer vers l'Histoire. Mais les
événements vont en décider autrement.

Alors qu'un Seroux d'Agencourt, croyant trouver abri, se garde comme il peut
de s'engager, et poursuit obstinément sa tâche de fourmi, Denon se lance dans le
courant. Revoyons un peu sa biographie. Quelles ont été ses études et sa formation ?
Hauts et puissants seigneurs, les ducs de Bourgogne au XVe siècle éclaboussent de
leur luxe une royauté appauvrie par la guerre qu'elle mène contre la couronne

anglaise. Ils aiment le luxe, ces ducs, les beaux objets, les belles armes ; ils protègent les artisans. Ils attirent à leur cour des artistes, de préférence flamands. Mais ils n'ont pas grand intérêt pour les universités, et, si de jeunes Bourguignons veulent étudier la théologie, le droit ou les lettres, qu'ils aillent en Flandre, à Louvain ou à Gand. Et c'est ainsi qu'au début du XVIIIᵉ siècle, Dijon n'a toujours pas d'université et qu'il faut attendre près d'un demi-siècle pour que soit fondée une Ecole de Droit. Il est vrai que s'y trouve une Académie.

Le jeune Dominique Vivant y pourrait donc faire ses études, au moins les commencer. Mais on sait dans la famille que la Cour est le seul vrai dispensateur des faveurs. Ainsi ce fils ira à Paris, pour y faire son droit, et à Versailles pour y faire son chemin.

CHAPITRE DEUXIÈME

LES ANNÉES
D'APPRENTISSAGE

Paris et Versailles

Il est, pour ce voyage périlleux et pour un établissement difficile, accompagné d'un mentor, l'abbé Buisson qui a été son précepteur. Cet abbé était un bon humaniste ; il a appris à son élève le latin comme une langue vivante ; il ne lui laissa pas croire que la littérature s'arrête à Tacite et Juvénal : j'en veux pour preuve que lorsqu'il débarque à Alexandrie, l'histoire de la ville lui est familière telle qu'on peut l'apprendre en lisant Hérodote et Ammien Marcellin. Savait-il le grec ? C'est possible. Mais Hérodote, on pouvait le connaître par les traductions latines et françaises.

Voici donc Dominique Vivant à Paris. On peut croire qu'il s'inscrit à l'Ecole de Droit, place Sainte-Geneviève ; on peut être certain qu'il visite Paris. Comme c'est grand ! Comme c'est beau ! Avec ses 500.000 habitants dans les bornes que l'administration a fixées à une extension qu'elle espère contenir, et excluant des villages comme Auteuil, Chaillot, Monceau.

Dans ce Paris où, rive droite et rive gauche confondues, le dédale des vieilles rues forme un réseau très encombré, on s'émerveille de cette ceinture des grands boulevards, ponctuée encore aujourd'hui par les portes Saint-Martin et Saint-Denis, et dont l'extension ultérieure a été bloquée par ce « mur murant Paris [qui] rend Paris murmurant » ; ses barrières d'une fastueuse et étonnante diversité ont pour auteur Ledoux, le plus inventif, le plus prodigue et le plus génial des architectes de ce temps.

Mais la vraie, la grande voie monumentale de Paris c'est la Seine, avec ses bateaux de tous genres ; et sur ses rives encombrées de matériaux, de paille, de foin, de barriques et de ballots, grouille un petit monde de crocheteurs, de porteurs d'eau, de débardeurs.

Sur la rive sud, près de l'Abbaye de Saint-Germain, se dresse la façade de la Comédie Française. A l'affiche de ce théâtre dans la rue qui s'appellera « de l'An-cienne-Comédie », figuraient les pièces de l'auteur tragique à la mode Arouet de Voltaire : pour les années 1766-1770, c'étaient *Les Scythes* (1767), *Le Dépositaire* (1769). Lorsqu'il allait au théâtre, Dominique ne se contentait pas de demeurer assis sagement à sa place, il passait dans les coulisses. Certes, il n'était pas beau de visage, mais avec sa frimousse éveillée, son impertinence spirituelle, il captait l'attention des actrices. Comment quelques-unes d'entre elles et qui n'étaient pas des moindres, croyant à une vocation d'auteur dramatique, le purent-elles persuader d'écrire une comédie, *Julie ou le Bon Père* cela reste un mystère ; comment cette comédie en trois actes et en prose refusée une première fois par le comité, fut-elle reçue ensuite après une deuxième lecture de Meslé, mise en répétition et jouée le 14 juin 1769, c'est aussi un mystère [1]. L'œuvre était nulle ; ce fut un four. Citons parmi les critiques Bachau-mont, qui déclare : « C'est une très médiocre production qui, bien loin d'annoncer dans le jeune auteur un talent qu'il faille encourager, déclare une rage de composer qu'il faut étouffer dès sa naissance. » Denon se le tint pour dit.

Dans le même temps, il était nommé gentilhomme ordinaire de la Chambre du Roi. C'était là un petit emploi, où l'on n'était pas très regardant sur les quartiers de noblesse des postulants : Voltaire, fils du notaire Arouet, était du nombre. Le gentilhomme de la Chambre était, dans le principe, à la disposition de sa Majesté pour les commissions que celle-ci daignait lui confier, grandes ou petites. Est-il vrai que, pour se faire remarquer, Vivant s'était, plusieurs jours durant, placé dans la galerie que traversait le roi, à son lever, en affichant un air extasié et ravi : « Que voulez-vous ? » — « Vous regarder, Sire, et fixer les traits, en vérité, admirables du visage de Votre Majesté pour en faire le portrait... ». Louis XV était blasé, vieilli, mais sa physionomie, son allure demeuraient de port royal, et il s'ennuyait. Les nuances de hardiesse et d'impertinence que comportait le propos du jeune homme ne lui déplu-rent pas, il sourit, l'entretien s'engagea. Peu après, toujours d'après des biographes qui l'écrivirent bien plus tard, Dominique Vivant était chargé de faire le catalogue des pierres gravées de Madame de Pompadour.

On peut croire que Vivant s'était vite défait d'une certaine lenteur provinciale d'allure et avait développé cette vivacité d'esprit, ces traits dans le langage qu'on lui a très tôt reconnus. Son adresse à dessiner — qu'il avait développée et policée chez Noël Hallé, à l'atelier de qui il était admis — complétait son bagage mondain. A-t-il entre-temps fait son droit ? On ne sait. En fait, sur toute cette période de sa vie, connue par des « on-dit » très postérieurs, règne ce qu'on appellera « un flou artis-tique ».

---

1. La pièce avait été jouée devant un public plus que clairsemé ; elle était manuscrite. Denon, pour faire impres-sion sur sa famille, la fit imprimer à ses frais. Le permis d'imprimer est daté du 21 juillet 1769.

1. **Autoportrait.** *Eau-forte de Denon. Un des premiers autoportraits de Denon.*

Avec une nomination de gentilhomme d'ambassade en 1771, Vivant marque une étape importante. Son premier poste sera Saint-Pétersbourg et le souverain auprès duquel il est accrédité se nomme la Grande Catherine, autant dire que c'est à la fois une entrée dans la carrière et une entrée dans le monde des philosophes, puisqu'il y rencontrera, à l'été 1773, Denis Diderot.

Pour nous, dans la perspective où nous sommes placés, c'est le voyage lui-même que nous voudrions connaître. Malheureusement, point de notes, point de carnet de voyage. Nous pouvons, pour une part, reconstituer l'itinéraire et savoir ce qu'il a pu voir et visiter, car nous avons un guide, sommaire en vérité, mais précieux par les informations qu'il nous transmet : *Le Guide de l'Allemagne*, de Hans Ottokar Reichard.

Saint-Pétersbourg

Denon quitte Paris dans le courant de 1771 pour se rendre à Saint-Pétersbourg. Il traverse la Champagne, la Lorraine et s'arrête un moment à Metz. Tout ce qu'il a pu voir des résidences de Stanislas Leszczynski, porte la marque des architectes français. Plusieurs itinéraires sont possibles pour traverser l'Allemagne en direction de Berlin, mais le plus vraisemblable est celui qui passe par Mayence, Francfort, Giessen, Kassel, Brunschwig, Magdebourg et Potsdam. On arrive devant le pont de bateaux qui traverse le fleuve. Bien cernée par ses remparts médiévaux et en avant par les redans des fortifications modernes, devant le voyageur apparaît Mayence, analogue à d'autres cités françaises de la région et, cependant, différente. Avec quelque 50.000 habitants, ses ateliers, son commerce, c'est une ville prospère. Voilà trois siècles qu'est née ici une industrie nouvelle — l'imprimerie — aujourd'hui répandue dans le monde entier et qui a bouleversé la vie intellectuelle. Denon ne s'est pas beaucoup inquiété jusqu'alors des techniques de l'imprimerie, mais tout ce qui concerne la diffusion des planches gravées l'intéresse.

Il a repris sa route. Après la résidence du Grand Electeur, il va traverser des Etats, petits ou minuscules (on dit qu'ils sont plus nombreux que les jours de l'année), qui font l'Allemagne. Ayant en mémoire les vues gravées de la Cosmographie de Munster, pour les visiteurs étrangers, ces villes allemandes se ressemblent avec leurs hautes murailles médiévales, leurs bastions, les clochers aigus qui montent au ciel et leur allure de prospérité bourgeoise. Francfort a un peu plus de 40.000 habitants : une nombreuse population israélite y vit, riches et pauvres confondus dans un ghetto enfermé dans de hautes murailles ; une image anachronique et déroutante, car certains de ces Juifs tiennent dans le commerce et la finance une place considérable. Francfort a de nombreuses institutions culturelles : plusieurs bibliothèques publiques, des collections, un imposant Hôtel de Ville qui marque la différence des statuts municipaux entre la France et l'Allemagne. Enfin, des collections de gravures et de peintures. Kassel est une petite ville (moins de 20.000 habitants), mais c'est une ville où les centres culturels sont actifs, en particulier pour la peinture, avec une académie et une galerie célèbre dans toute l'Europe. On y trouve, comme dans presque toutes les collections de ce temps, l'Ecole italienne très largement représentée, mais aussi celle des Flandres et de la Hollande.

Nous savons que Denon a visité Berlin et s'est arrêté à Potsdam. L'arrivée à

Potsdam marquait une étape particulièrement importante. Denon devait rester plus de deux semaines dans cette ville qui portait la marque du caractère militaire et guerrier de la famille du Roi Sergent. La garnison formait à elle seule une petite ville, la résidence et le palais de Sans-Souci en constituaient une autre. Frédéric II a atteint la soixantaine, il est de peu l'aîné de Louis XV, mais quelles différences quant au caractère ! A deux doigts de sa perte, à plusieurs reprises, isolé, il a tenu tête à des adversaires plus puissants en apparence. Elevé à la dure, exigeant pour lui-même, il avait perfectionné cet instrument guerrier façonné par son père, l'armée prussienne, une monstrueuse et belle mécanique, parfaitement docile et sans cervelle. A son actif également son commerce avec Voltaire. Par celui-ci, avaient été claironnés dans toute l'Europe les talents vrais et supposés d'un roi philosophe. Il est vrai qu'il lisait beaucoup, qu'il jouait de la flûte et qu'il aimait la musique. Il est vrai aussi que ce souverain à l'intelligence aiguë, vêtu à la diable et sentant le tabac — il avait toujours une tabatière sous la main — admettait dans son intimité plusieurs chiens qui couchaient dans les bergères et en griffaient la garniture. Il semblait bonhomme, familier, d'abord facile. Mieux valait cependant se tenir sur la réserve, si l'on ne voulait pas être remis à sa place un peu rudement.

Il y avait à Sans-Souci de belles peintures, et entre autres, celles de Watteau dont à Paris personne ne parlait plus, depuis que la Pompadour avait mis en faveur François Boucher. Le chevalier Denon appréciait Watteau dont, bien plus tard il acheta, dans l'indifférence générale, le *Gilles*, chez un brocanteur du Palais Royal.

Frédéric II était aussi un grand amateur de peinture, un vrai. Aucun snobisme dans ses jugements. A une époque où l'on commençait à se lasser de Boucher, lui demeurait fidèle à Watteau. Celui-ci, parfaitement étranger à l'héroïsme, incarnait une poésie naturelle dont il est par toutes ses fibres illustrateur, brûlant généralement comme le sont les phtisiques d'un amour impatient et mélancolique. Watteau apparaissait d'abord comme le peintre de l'*Enseigne de Gersaint*. Il laissait indifférents la plupart des amateurs et des critiques de ce dernier tiers du siècle. Curieux et sans préjugés, Denon avait sans doute vu quelques petits tableaux dans des collections particulières, mais c'est bien dans les cabinets du roi de Prusse qu'il a pu comprendre Watteau. Il devait y voir une réplique de l'*Embarquement pour Cythère* dont la première version est le tableau de réception de Watteau à l'Académie. Il devait surtout y voir cette *Enseigne* que le marchand de tableaux Gersaint a commandée au peintre déjà tout proche de la mort, mais qui en refuse l'angoisse et le pathétique, et dégage si bien la simple et naturelle poésie de la vie quotidienne.

De Potsdam et Berlin pour gagner Saint-Pétersbourg, il y a plusieurs routes possibles, dont l'une emprunte les rivages de la Baltique : rien ne nous permet de deviner laquelle dut prendre Vivant Denon.

On était au début de l'automne. Il faisait beau et chaud, la Neva roulait ses eaux sombres à fleur des terres, mais, en cette saison, on n'avait pas l'inquiétude de la voir inonder ce sol urbain qui semblait, dès qu'on le creusait, se présenter comme une éponge imbibée. Bientôt, toute cette plaine serait une immense patinoire et ce fleuve, une gigantesque glacière. Lorsque la nuit polaire tomberait, seuls la brume incertaine d'un falot, le tintement des sonnettes accrochées au collier des chevaux attelés à un traîneau, signaleraient la présence de l'homme. Derrière les volets intérieurs fermés des palais de Saint-Pétersbourg, tout ce que la ville avait de lumières était dissimulé. Avec ses étages de logements ouverts sur la rue, l'animation, le commerce et les tavernes, Berlin par contraste apparaissait provinciale dans son souvenir.

Lorsque Denon arrive à Saint-Pétersbourg, Catherine va réaliser un de ses grands desseins. Sous couleur de défendre la liberté de pensée et pour soutenir les orthodoxes contre le fanatisme religieux des Polonais catholiques, elle est intervenue en Pologne, et c'est cette intervention que ses deux complices, en réalité ses rivaux, Frédéric II et Marie-Thérèse, vont invoquer pour se mêler à leur tour des affaires polonaises. D'autant plus que le roi polonais, Stanislas-Auguste Poniatowski, ancien amant de la tsarine, ne jure que par elle. Ce premier partage de la Pologne, décidé en 1772, laisse à Marie-Thérèse les terres riches du Sud avec les mines de sel et la ville prospère de Lwow ; à Frédéric, la Prusse occidentale sans Gdansk, mais avec l'embouchure de la Vistule, situation économique prépondérante, et à Catherine une grande partie des territoires blanc-russiens et ukrainiens, mais peu peuplés et d'une économie arriérée.

La France a tenté de s'en mêler, mais n'ayant aucun moyen direct d'intervention, s'est bornée à faciliter les contacts entre les opposants polonais et les gens de lettres favorables à leur cause. Voltaire et Diderot sont acquis au roi de Prusse et à la Sémiramis du Nord ; Rousseau encouragé et documenté par l'émissaire des patriotes insurgés contre la Russie, dits Confédérés de Bar, le comte Wielhorski, se lancera dans la bagarre avec ses *Considérations sur le Gouvernement de Pologne*.

Comme les cours de l'Europe continentale, la cour de Russie parle le français. Catherine elle-même entretient une correspondance suivie avec les Encyclopédistes ; elle a même offert, après l'interdiction de l'*Encyclopédie*, la possibilité d'en poursuivre la publication en Russie, offre qu'ils ont déclinée. Mais la France et la Russie ne sont pas au mieux de leurs relations et Versailles soutient la Sublime Porte que Catherine a attaquée. Les Russes victorieux vont, par le traité de Koutchouk Kaïnardji (1774), annexer Azov, obtenir l'indépendance de la Crimée et, surtout, garder la possibilité d'intervenir dans les affaires des Balkans.

C'est donc à une des grandes ambassades de l'Europe continentale que Denon se trouve associé, mais avec peu de moyens pour agir efficacement. Il va cependant pouvoir nouer avec les autres représentations étrangères des relations fructueuses. Il va surtout connaître cette cour de Russie et cette souveraine qui a su se donner les apparences du libéralisme en même temps qu'elle exerce sur un peuple si totalement soumis depuis des siècles, une autorité despotique et pas toujours éclairée.

La mission française était dirigée alors par un diplomate expérimenté, M. Durand de Distroff. Elle comprenait un secrétaire et un gentilhomme d'Ambassade, choisi par le Roi, Dominique Vivant Denon. Celui-ci n'avait d'autre titre que celui d'attaché d'Ambassade et ne recevait aucun traitement. Mais l'occasion lui était donnée de faire ses preuves. Il s'y appliqua et réussit. C'est ce que nous a révélé l'un de ses plus récents biographes, Ibrahim Ghali. Ce dernier a eu l'accès non seulement aux archives diplomatiques françaises, mais à la correspondance de l'ambassadeur d'Angleterre avec son gouvernement, très intéressé à connaître le succès ou l'échec de la mission française. Il a complété le décryptage, commencé par Gabriel Chevalier, des affaires jusqu'ici demeurées très confuses. Il faut reconnaître que la situation intérieure de la Russie brusquement aggravée par la révolte de Pougatchev compliquait une politique extérieure remarquablement et cyniquement efficace.

Denon devait y demeurer en poste près de trois ans. On l'avait reçu en audience, il avait pu entrevoir dans ces palais, des richesses fabuleuses, accumulées plutôt que mises en valeur, et qui parfois, confondaient étrangement le faste oriental et le luxe occidental. Catherine II aimait à faire sentir qu'elle était au fait de la philosophie, de la mode et des potins de Paris, tandis qu'elle s'attachait à bien tenir le contact avec ce que Pays-Bas Hanovre et Grande-Bretagne pouvaient, en matière d'industrie et de technique, leur apprendre de neuf.

Tout cela, Denon doit bien le savoir après deux ans de séjour, lorqu'arrive en Russie, à l'été 1773, un Diderot de 61 ans, plein d'enthousiasme et d'illusions. Il a dans ses papiers un projet de réforme pour la Russie qu'il pense excellent et à quoi il entend convertir Catherine. Mais, pour la tsarine, des siècles de servitude ne s'abolissent pas en un jour. Si elle a, en matière de politique extérieure, de grands desseins, il lui faut, pour les réaliser, calme et stabilité à l'intérieur de son royaume.

Mais revenons à Denon. Il a su se faire bien des relations, bien des amis dans cette Cour et trouver quelques informateurs. Il est au fait des efforts de la Russie pour constituer en Mer Noire une flotte capable d'affronter la flotte turque et d'être prise au sérieux quand elle pénètre en Méditerranée. Et ce sont bien les documents relatifs à cette affaire et le dossier qu'il avait réunis qu'il entend transmettre à Versailles et dont Diderot consentira, en rechignant, à se charger. Ce sera aussi, pour Catherine, l'occasion de se débarrasser de ce jeune diplomate trop informé [2].

Mais ce n'est pas cette affaire qui servira à justifier la demande de rappel. La France entretenait à Moscou un réseau d'informateurs que semble avoir dirigé le conseiller de légation, le chevalier de Langeac, qui, bien qu'appartenant à l'Ambassade n'avait pas le statut d'un diplomate en poste. Un de ses agents, une comédienne française, Mlle Dorseville, venait d'être arrêtée et était consignée au théâtre du Corps de Ballet (le 11 mai 1774). Langeac entreprit de la libérer et requit l'aide et la complicité de Denon. Les deux hommes appartenaient à deux services différents. Denon accepte cependant, et voilà, un beau soir, nos deux complices attendant au pied d'une fenêtre du théâtre que la demoiselle leur tombe dans les bras ; deux carrosses sont là qui les attendent, mais un soldat de la garde aperçoit les fugitifs, donne l'alarme, la demoiselle est reprise et reconduite au théâtre. Le gouvernement russe fait savoir au chargé d'affaires de France que Denon et Langeac doivent quitter la Russie dans les plus brefs délais (le 16 mai 1774).

Denon est muté à Stockholm. Il est « brûlé ». Sa carrière est-elle compromise ? Oui, sans doute. Mais peut-on exclure l'hypothèse d'une machination policière pour se débarrasser d'un diplomate trop avisé qui sait déjà beaucoup de choses et peut en apprendre bien davantage ?

Denon arrive à Stockholm à la fin de mai 1774. L'ambassadeur en poste est le comte de Vergennes qui, dans le même temps, reçoit l'annonce de sa nomination comme ministre des Affaires étrangères du nouveau roi Louis XVI. Il fait rappeler Denon, toujours gentilhomme d'ambassade, toujours sans appointements, mais ne lui donne aucune affectation.

Mais l'important, pour Denon, était d'être connu du comte de Vergennes. Ce grand seigneur était un homme cultivé, de bonnes manières, travailleur, régulier. Le

---

2. Gabriel Chevallier, *Denon, diplomate à l'ambassade de France en Russie.* (*Mémoires de la Société d'histoire et d'archéologie de Chalon-sur-Saône*, t. 37 (1962-63) p. 68 sq.)

ministère était alors installé dans un vaste hôtel de Versailles, où se trouve aujourd'hui la bibliothèque municipale. Depuis son accession au ministère, Vergennes poursuivait une politique hostile à l'Angleterre qui impliquait une restauration et un développement de la flotte de guerre française et préparait l'alliance avec les futurs Etats-Unis. Denon ne semble pas y avoir été associé.

Quelle était, à cette date, la situation de la France ? Depuis le traité de Paris, les hommes réfléchis, sinon les philosophes, rêvent d'une revanche sur l'Angleterre. Mais c'est une affaire de longue haleine, de longue patience, de ténacité, de continuité. Il ne faut que quelques mois pour faire du plus ignare des paysans breton, limousin, auvergnat, un soldat discipliné, passif, sachant tirer ; il faut des années pour faire un bon marin ; on peut maintenir en bonne forme une troupe immobilisée ; une flotte bloquée n'est plus en mesure de combattre faute d'entraînement.

Dans l'attente d'un nouveau poste, Dominique Vivant, à Paris, avait retrouvé sa table à dessin, ses crayons, ses pinceaux, son encre de Chine, ses plaques de cuivre et ses pointes. Il furetait dans les boîtes et les portefeuilles des bouquinistes et des marchands d'estampes, toujours curieux de compléter et d'étendre ses collections. Un jour, le secrétaire général du ministère l'appela : on voulait fortifier l'alliance traditionnelle de la France avec les cantons suisses.

L'affaire Voltaire

Au début de l'été 1775 Denon est à Genève. Ses biographes ont dit généralement qu'il était en mission auprès des cantons suisses pour préparer la négociation des nouveaux accords de coopération. Ibrahim Ghali remarque que personne n'en a apporté la preuve et lui-même dit avoir cherché en vain dans les archives diplomatiques. Soit ! Après avoir noté que la négociation d'un accord secret peut ne point laisser de traces, demandons alors que faisait Denon en Suisse. Le temps n'est pas alors aux ascensions ni aux équipées touristiques. Et quand on parle de la montagne, c'est plus pour en évoquer les abîmes effrayants que célébrer la splendeur des pics enneigés. Quelles raisons pouvait-il avoir de faire cette longue randonnée, coûteuse de surcroît ? Selon le sens commun, il s'agit bien d'une mission.

Quand on est à Genève, Ferney est aux portes, et Ferney est la capitale de l'Europe des Lumières parce que Voltaire y réside. Ce patriarche a quatre-vingt-un ans, les souverains de l'Europe ont les yeux fixés sur lui ; les uns attendent ses lettres, les autres attendent sa mort, emportant avec lui une partie, spécialement damnée, du monde philosophique. En face de lui, s'apprêtant à écrire pour solliciter une entrevue, Vivant Denon. Il a vingt-huit ans, il a été gentilhomme de la chambre du roi, puis gentilhomme d'ambassade, il fait des collections de dessins et d'estampes, il parle avec esprit etc. Tout cela ne fait pas un personnage important. Mais, et là Ibrahim Ghali a vu très juste, Denon est un journaliste né et un remarquable reporter. Sa caméra, c'est son crayon. Risquons-nous à dire qu'il a, de surcroît, une qualité essentielle, j'ose dire, un fameux « culot ». Plusieurs traits de son caractère et les pointes de son esprit l'approchent de Voltaire : le scepticisme, l'humour, la curiosité ouverte, le respect de l'intelligence et de la raison, une grande défiance des effusions et du pathos. Vivant décida qu'il verrait Voltaire et qu'il ferait son portrait. Il demanda audience.

LE DÉJEUNÉ DE FERNEY.

De N.ⁿ d'après Nature à Ferney le 4 Juillet 1775.

Gravé par Née et Masquelier même Année.

2. **Le déjeuné de Ferney.** *Gravé par Née et Masquelier d'après le dessin de Denon « d'après nature, à Ferney » le 4 juillet 1775.*

A Genève, le 3 juillet 1775

« Monsieur,

J'ai un désir infini de vous rendre mon hommage. Vous pouvez être malade, et c'est ce que je crains ; je sens aussi qu'il faut souvent que vous vouliez l'être : et c'est ce que je ne veux pas dans ce moment-ci. Je suis gentilhomme ordinaire du roi, et vous savez mieux que personne qu'on ne nous refuse jamais la porte. Je réclame donc tout privilège pour faire ouvrir les battants.

J'étais, l'année dernière, à Pétersbourg ! j'habite ordinairement Paris, et je viens de parcourir les treize cantons dont vous voyez que j'ai pris la franche liberté. Si avec cela vous pouvez trouver en moi quelque chose qui vous dédommage des instants que je vous demande, alors mon plaisir sera sans reproche et deviendra parfait.

Je ne m'aviserai point, Monsieur, de vous faire des compliments ; vous êtes au-dessus de mes éloges, et vous n'avez pas besoin de mes humilités ; et puisque j'ai trouvé un moyen d'être votre camarade, je me contenterai de vous assurer que vous n'en avez point qui vous soit plus parfaitement dévoué, Monsieur, que Votre très humble et très obéissant serviteur.

Denon »

Voltaire, au reçu de cette lettre, a sans doute hésité, peut-être eût-il mieux fait de persister dans son refus. Il accepte cependant et le voilà engagé :

« Monsieur mon respectable Camarade,

Non seulement je peux être malade, mais je le suis, et depuis environ quatre-vingt-un ans. Mais mort ou vif, votre lettre me donne un extrême désir de profiter de vos bontés. Je ne dîne point, je soupe un peu. Je vous attends donc à souper dans ma caverne. Ma nièce, qui vous aurait fait les honneurs, se porte aussi mal que moi : venez avec beaucoup d'indulgence pour nous deux ; je vous attends avec tous les sentiments que vous m'inspirez.

Votre très humble et très obéissant serviteur.
Voltaire »

Voilà Denon introduit. Combien de temps va-t-il rester ? Celui d'un souper, d'une nuit ou, comme l'ont dit certains biographes, une huitaine de jours. Jusqu'à une date récente, on a attribué à Denon de nombreux dessins, rassemblés ensuite en une planche gravée. En fait, ils sont d'un artiste suisse, Huber. Denon, lui, dessina le *Déjeuner de Ferney*, rehaussé d'aquarelle qu'il s'empressa de montrer à son retour à Paris et qu'il devait peu après faire graver. La gravure eut du succès. Voltaire en fut informé et en prit alarme. Denon joua l'ingénu en protestant.

Paris, le 5 décembre 1775

« Si je n'ai joui que quelques instants, Monsieur, du bonheur d'être près de vous et de vous entendre, un peu de facilité à saisir la ressemblance a prolongé ma jouissance ; et m'occupant à retracer vos traits, j'ai arrêté par le souvenir le plaisir qui fuyait avec le temps.

LES ANNÉES
D'APPRENTISSAGE

Les secours d'un artiste habile, ceux d'un ami aussi aimable par les grâces de l'esprit que par les qualités du cœur, tout a concouru à décorer et à éterniser l'hommage que je voulais vous faire d'un talent que vous venez de me rendre précieux : je désire qu'il soit auprès de vous l'interprète de la reconnaissance que je conserve des politesses vraiment amicales par lesquelles, pendant mon séjour à Ferney, vous avez voulu absolument me prouver notre confraternité.

Je suis, ... »

Voltaire est piqué au vif. Pourrait-il se dégager ? En tout cas il s'enferre de plus en plus, comme en témoigne la lettre du 20 décembre 1775 :

« De ce plaisant Calot vous avez le crayon ;
Vos vers sont enchanteurs, mais vos dessins burlesques :
Dans votre salle d'Apollon,
Pourquoi peignez-vous des grotesques ?
Si je pouvais, Monsieur, mêler des plaintes aux remerciements que je vous dois, je vous supplierais très instamment de ne point laisser courir cette estampe dans le public. Je ne sais pourquoi vous m'avez dessiné en singe estropié, avec une tête penchée et une épaule quatre fois plus haute que l'autre. Fréron et Clément s'égaieront trop sur cette caricature. »

Denon répond avec la même insolante candeur :

« (...) Je suis en vérité désolé de l'impression que vous a faite mon ouvrage. Je ne plaiderai point sa cause : mon but est manqué, puisqu'il ne vous a pas fait le plaisir que je désirais. Mais je dois vous rassurer sur la sensation qu'il fait ici : on le trouve plein d'expression ; chacun se l'arrache, et ceux qui ont l'honneur de vous connaître assurent que c'est ce qui a été fait de plus ressemblant. (...) Pardon, Monsieur ; mais j'ai dû non seulement vous faire l'aveu de mon erreur sur ce portrait, mais vous dire naturellement et pour votre tranquillité, tout ce que je savais du succès de cette estampe.

Je suis, avec un profond respect, ... »

Voltaire est ulcéré et, au grand plaisir des rieurs, le confesse ; sa famille est scandalisée et tout le monde à Ferney juge très sévèrement cette gravure. Denon affiche une réelle consternation et se dit bien sincèrement contrit.

« (...) je vous réitère mes excuses au sujet de votre portrait et de l'estampe de votre *Déjeuner*. Je me reproche bien sincèrement le chagrin que cela vous a causé, ainsi qu'à votre sensible famille. J'étais bien loin de penser, lorsque je fis ces dessins, qu'ils feraient autant de bruit. Je ne voulais que me retracer les moments que j'avais passés à Ferney, et rendre pour moi seul la scène au naturel, et telle que j'en avais joui. (...) Je ne réfléchis pas, dans le moment, que tout ce qui tient à vous doit avoir de la célébrité ; et je laissai graver sans réflexion ce que j'avais dessiné sans conséquence. Au reste, la plus grande partie de ceux qui se sont procuré cette estampe n'y ont vu que la représentation d'une scène de votre intérieur qui leur a paru intéressante. (...) Je ne sais quel acharnement on met à vous effrayer sur cette production : si vous la connaissiez, vous verriez que votre figure n'a que l'expression simple que donne une discussion vive et familière. C'est m'affliger réellement que de vous faire croire que j'aie pu penser à vous ridiculiser ; c'est dénaturer dans votre esprit tous les sentiments que je vous ai voués, et dégrader mon caractère. Eh ! monsieur, pourquoi voir toujours des ennemis ? les triomphes ne servent-ils qu'à multiplier les craintes ? qu'est-ce donc que la gloire si la terreur habite toujours avec elle ? (...) »

La comédie a duré huit mois, de juillet 1775 à février 1776. Denon devient presque célèbre, le vieux patriarche est ridicule et garde une écharde profondément enfoncée dans sa chair.

Ainsi, Denon désormais « lancé », se partageait entre ses curiosités de collectionneur, la gravure et les lettres. Il n'était pas connu comme auteur depuis la publication, bien oubliée, de *Julie*, mais il allait, avec éclat, faire son entrée dans la vie littéraire avec un conte : *Point de lendemain*, publié en 1777 dans *Mélanges littéraires ou Journal des Dames*, sans nom d'auteur. Dans les milieux littéraires, dans les salons, tout le monde désigne Dominique Vivant Denon ; il s'en défend, fait l'innocent et réussit à maintenir un certain doute. Exactement ce qu'il faut pour piquer la curiosité et assurer le succès de l'ouvrage. Celui-ci subira une éclipse entre 1812 et 1861, mais depuis cette date, et jusqu'à nos jours, il est réédité et récemment, en 1989, traduit en italien.

C'est à cette époque qu'il noue, ou renoue, des relations avec un autre graveur amateur, dont il va être le compagnon de voyage et le collaborateur en Italie du Sud : l'abbé de Saint-Non.

CHAPITRE TROISIÈME

LA DÉCOUVERTE DE L'ITALIE

Le Voyage dans les Deux-Siciles

Lorsque Denon découvre l'Italie, en 1777, il a trente ans. Amateur érudit, il en connaît l'histoire, il en a étudié les monuments et il en sait la langue. Où a-t-il appris l'italien, on ne sait ; mais ce qui est assuré, nous le verrons tout à l'heure, c'est qu'il connaît non seulement la langue de Dante et de Pétrarque, mais aussi certains dialectes. C'est sans doute pour ces raisons que l'abbé de Saint-Non décide de s'assurer ses services et sa collaboration pour son *Voyage pittoresque ou description du Royaume de Naples et de Sicile* (1781-1786), car c'est par l'Italie du Sud et la Sicile que va commencer son initiation ; or, s'il connaît déjà par l'estampe et les dessins, Naples et l'Ecole napolitaine, ce qu'il sait de la Calabre et de la Sicile, il le tient d'abord de ses lectures.

Il va devenir « antiquaire » par l'étude sur place des plus purs et des mieux conservés monuments de la Grèce : là ne se bornera pas sa curiosité. La nature des sols, les modes de culture, les traditions et les usages, on peut dire que tout l'intéresse et tout est neuf pour lui. Cette curiosité, au reste, est celle de l'abbé de Saint-Non dont l'ouvrage apparaît comme un assemblage de textes empruntés à un géologue et géographe déjà connu et bientôt célèbre : Dolomieu [1] qui ne fut pas le compagnon

---

1. C'est à la demande de l'abbé de Saint-Non que le commandant de Dolomieu, membre de l'Ordre de Malte, avait rédigé ses études sur l'Etna et sur le tremblement de terre de Messine, insérées dans le *Voyage pittoresque*.

de l'expédition animée par l'Abbé de Saint-Non, mais dont certains écrits à peu près contemporains ont été insérés dans l'ouvrage.

Dans quelles conditions matérielles Denon a-t-il participé à l'expédition ? Sur ce point, nous sommes mal informés. Il avait, au reste, suffisamment de revenus personnels pour assurer son indépendance. L'abbé de Saint-Non, qui le désigne sous le nom du « Voyageur » et qui cite abondamment ses notes et son texte, pensa d'abord pouvoir le laisser dans l'anonymat. Denon protesta et sa collaboration fut reconnue, comme nous le voyons dans les mises au point quelque peu embarrassées de Saint-Non dans son introduction au IVᵉ volume.

Denon est l'unique auteur et le principal acteur du *Voyage en Calabre* et du *Voyage en Sicile*, lesquels se sont succédé. Mais si le récit du *Voyage en Sicile* se trouve dans le *Voyage pittoresque* de l'Abbé de Saint-Non, et s'il a été réédité par Denon qui en réclamait la paternité sous le titre *Voyage en Sicile*, c'est dans un autre ouvrage qu'il faut chercher le texte concernant la Calabre : le *Voyage* de Swinburne, en y ajoutant les notes dont Benjamin de Laborde a complété sa traduction. Par une convention passée avec Swinburne, Denon lui adressait en effet ses notes de voyage à mesure que se déroulait son itinéraire.

Lorsque Saint-Non avait fait part à Denon de son projet d'un grand ouvrage abondamment illustré sur Naples, la Calabre et la Sicile, il lui avait demandé de se charger de recruter des dessinateurs qui travailleraient sous sa direction à noter fidèlement paysages et scènes pittoresques, et surtout monuments. Denon avait accepté avec d'autant plus d'empressement qu'il rêvait de connaître l'Italie. Il eût sans doute préféré commencer par l'étude de l'Italie du Nord, de la Toscane et de l'Emilie, mais les Deux-Siciles fournissaient l'occasion d'approfondir ses connaissances en archéologie grecque et romaine.

Denon était donc chargé de donner aux dessinateurs le programme de leurs travaux, de fixer le point de vue où ils devaient se placer, et de surveiller l'exécution. Leur voyage commence à Lyon d'où ils partent le 24 octobre 1777. Ils s'embarquent sur le Rhône, le descendent jusqu'à Avignon, ne prennent pas la route terrestre directe pour Marseille, mais passent par Nîmes et Arles, où se trouvent des monuments considérables de l'Antiquité romaine. Ils ne s'arrêtent pas. Denon le déplore, et c'est sans avoir vu les ruines qu'ils s'embarquent à Marseille sur une tartane à destination de Civita-Vecchia : un voyage de quatre jours où ils longeront l'Ile d'Elbe, mouilleront à Piombino, puis dans la rade de Celamone ² avant d'atteindre, le soir du 8 novembre, Civita-Vecchia. Premier contact, première surprise : dans l'auberge où sont descendus nos voyageurs, un homme les accueille qui, de chacun des étrangers, improvise un portrait en vers qu'il entremêle de longues citations de Dante, du Tasse et de Pétrarque. Bientôt, le patron de l'auberge l'interrompt et le renvoie à l'écurie où son travail l'attend : ce poète est un palefrenier.

A Rome, Denon se précipite à visiter Saint-Pierre et le Vatican, le Colisée, l'île tibérine, le mausolée d'Hadrien, l'Esquilin, la place Navone, le Panthéon, la Colonne

---

2. « La première fois, écrit Denon, où je touchai au rivage d'Italie. »

Trajane, la Fontaine de Trévi, Saint-Jean de Latran [3] avec toute la hâte d'un voyageur pressé de reconnaître ce dont il a si longtemps rêvé. Mais avec, aussi, l'esprit critique de l'archéologue : une déception à Saint-Pierre sans qu'il s'en explique, mais il est frappé par « l'unité d'un monument où l'on a travaillé pendant deux siècles ». La colonnade du Bernin, avec dans l'axe l'obélisque et les fontaines de part et d'autre, ont été achevées depuis plus d'un siècle ; bien qu'il y manque le monument qui devait en fermer l'entrée, Denon en saisit l'ensemble. A propos du Panthéon d'Agrippa, il « déplore les ravages du temps et des hommes sur ce monument », dont il conteste au reste la paternité à Agrippa qui serait seulement l'auteur du portique. Il est à noter qu'il néglige ou tout au moins qu'il omet de parler de la plupart des édifices de la Renaissance ou de l'époque baroque. Il sort de Rome par la via Appia, laissant à sa gauche Frascati et à sa droite le lac Albano, il passe par Velletri, Terracine.

Avant d'entrer à Ponti, dans le Royaume de Naples, il traverse Gaëte, Capoue et arrive à Naples deux jours après son départ de Rome. Il s'y trouve aux prises avec « la douane la plus impertinente du monde. C'est la première idée que la population de cette ville nous donne, même en sortant de Paris. Quelque larges que soient les rues, elles sont si embarrassées, si bruyantes ; les gestes multipliés, la pantomime turbulente des passants, y jettent tant de mouvement et d'activité qu'il faut se recueillir un instant pour y discerner quelque objet ».

Quand on vient de Rome, l'arrivée à Naples peut se faire par la voie d'en-haut, que le guide français de 1796 nous décrit comme bordée de lauriers-roses toujours en fleurs. On pourrait aussi prendre la voie d'en-bas, où dans un perpétuel encombrement de fardiers, de charrettes et de voitures à bras, ornées de guirlandes d'oranges, on entend les jurons des cochers, le cri des enfants et l'admirable voix d'un chanteur des rues qui chante des airs d'opéra. C'est ainsi qu'on arrive au port avec ses quais et les grands bâtiments de la douane.

Il y a aussi cette voie « venant de Rome, taillée dans une montagne de tuf et qui a l'air d'un ravin à travers lequel on découvre une petite partie de la ville, dont les édifices vont se couvrant les uns et les autres sur un plan incliné ». On débouche sur la rue de Tolède qui partage la ville en deux. Là aussi une agitation, un brouhaha qui étonne même un Parisien, mais à côté des voitures marchandes, on y trouve aussi des carrosses qui se rendent au Palais Royal.

Denon devait séjourner à Naples du 15 novembre 1777 environ jusqu'au début de mars 1778 : trois mois et demi qui seront consacrés à l'étude des monuments de la ville et des environs, des ruines entrevues d'Herculanum, de Pompéï et de Portici, et nos voyageurs poussèrent même jusqu'à Paestum. Pour l'ensemble des monuments et des paysages de Naples et des environs, l'illustration s'inspire en partie des dessins de Vernet. C'est dans la cathédrale que le voltairien Denon assiste le

---

3. Dans un ouvrage publié en 1912, mais qui n'a pas été remplacé, *Rome et la renaissance de l'Antiquité à la fin du XVIIIᵉ siècle*, Louis Hautecœur cite toutes les sources manuscrites, imprimées ou gravées, qui nous donnent un tableau exact des monuments antiques et de leur état, dans la seconde moitié du XVIIIᵉ siècle. Entre autres choses, cet ouvrage établit que de nombreux monuments qui ne présentent aujourd'hui que leur carcasse de brique, étaient alors revêtus de plaques de marbre qui les habillaient, dont les a dépouillés la rapacité iconoclaste des fabricateurs de chaux. Comme son titre ne l'indique pas, il ne limite pas à Rome son enquête, et expose l'histoire des fouilles d'Herculanum, de Pompéï et de Portici, menées par des ignorants sans méthode et destructeurs de témoignages irrémédiablement perdus. Nous y renvoyons le lecteur, tenant à borner notre étude au récit de Denon.

16 décembre à la liquéfaction du sang de Saint-Janvier qu'il rapporte avec le mauvais esprit qu'on imagine. Il visite l'église de Saint-Philippe de Néri, le cloître des Chartreux, le palais de la reine Jeanne, les Catacombes, la grotte du Pausilippe, les tombeaux de Virgile, de Jean de Carracioli, du roi André, du maréchal comte de Lautrec et du marquis de Pescaire, le Palais de la Roccella. On a fait, cela va sans dire, connaissance avec les pâtisseries si réputées et les incomparables glaces napolitaines.

Denon, de son côté, écrivant à tous les correspondants dont on lui a donné les noms, prépare le voyage de Calabre et l'exploration de la Sicile. Le voyage qu'ils vont entreprendre passe pour périlleux. Le Roi de Naples a même constitué une garde particulière qu'il loue aux voyageurs pour les protéger des bandits calabrais, et de ceux de la Sicile, non moins redoutés. Dans ces régions, peu ou point d'auberges ; il faut s'assurer d'un gîte chez l'habitant, savoir se contenter d'une masure pour y dormir et, à l'occasion, bivouaquer. On est loin des commodités de la France ou de l'Allemagne et ceci rappelle à Denon la Sainte Russie.

L'Ecole de peinture napolitaine, comparée aux Ecoles de Toscane, de Milan ou de Venise apparaît secondaire ; du reste, en France, assez mal connue. Denon n'y voit que trois grands peintres : Luca Giordano, Solimène et Calabrèse. Graveur de reproduction, il s'intéressera particulièrement à Luca Giordano. Les œuvres que l'on trouve dans les églises sont, parfois, difficiles à voir ; mal éclairées et obscurcies par la fumée des cierges et les couches d'huile et de vernis successives. Décidément, le voyage sera essentiellement monumental et archéologique.

La petite expédition quitte Naples au début de mars 1778. Ce n'était pas du tout une « terra incognita » qu'elle allait visiter [4]. Arrivé à Reggio, Denon note que leur voyage a duré 55 jours et qu'ils ont parcouru 756 milles. Coquetterie d'archéologue, il compte les distances en milles et ce mille est le mille romain, inusité en France au XVIIIe siècle. Tenons-nous-en aux indications données par Denon et voyons la longueur de l'étape : elle est en moyenne et en mesure actuelle de 20 kilomètres. Si l'on tient compte des difficultés du tracé et de l'état des routes, cela représente environ de 4 à 6 heures de déplacement par jour. Le matériel des dessinateurs, les cartes et les ouvrages qu'ils traînent avec eux, le linge de corps et les vêtements, sans parler des quelques armes qu'il est prudent d'emporter, tout cela fait un lourd bagage et exclut les déplacements à pied. Il leur faut donc des montures et des animaux de bât. Avec le temps passé pour chercher le gîte et le couvert, c'est chaque jour, deux à trois heures perdues. Reste donc, et ceci est apprécié en moyenne journalière, une dizaine d'heures au maximum et six à sept au minimum qui sont réservées chaque jour au voyage. Au départ, nous sommes à l'équinoxe ; à l'arrivée, la durée du jour est d'environ quinze heures. Bien entendu, il faut tenir compte du fait que certains jours sont consacrés aux déplacements, et d'autres tout entiers à la prospection des sites et des lieux. Nous sommes cependant incités à remarquer que le temps de l'étude est compté. Reste que, comme l'écrit Denon, « à cette époque de l'année, la beauté, la variété et la dégradation de la verdure suffisent pour composer dans ce lieu un tableau si tranquille, si doux. » Le pas d'un mulet rythme les sensa-

---

4. A cette époque, la Sicile est devenue à son tour une terre promise pour les voyageurs : le Surintendant des Bâtiments d'Angivillers offre de subventionner les élèves de l'Académie à Rome, curieux d'en faire l'exploration. L'un des bénéficiaires, Hoüel, publie en 1782 un *Voyage pittoresque des Iles de Sicile*.

tions d'un voyage tout autrement que la vitesse autorisée sur une autoroute. De Troja à Brindisi, ils sont passés par Lucera, Manfredonia, Barletta, Canossa, Cannes, Trani et Bari. La bataille de Cannes a été l'occasion pour Denon d'une dissertation stratégique où, pour la première fois, se manifeste l'intérêt qu'il porte aux choses militaires. Elle montre aussi sa familiarité de la littérature latine.

Brindisi, où l'on voit encore la maison où mourut Virgile, est la ville où aboutit la via Appia, indiquée par une haute colonne miliaire toujours debout. C'était au temps des Romains le principal port pour les navires marchands assurant les relations avec la Méditerranée orientale. Autre port important à l'époque romaine et aujourd'hui bien déchu, Otrante. Métaponte, où Cicéron ne voyait plus que des ruines dépeuplées, avait-elle été une grande cité ? L'état de ces ruines en rendait l'interprétation difficile. On y retrouve cependant l'agora et les ruines d'un temple dorique, et les ruines d'un autre temple du même style, dédié à Apollon Lycien. Fondée en 708 avant J.-C. cette colonie de Sparte devait prendre un grand développement, mais commit l'erreur de se livrer à Hannibal. Sévèrement châtiée par les Romains après leur victoire sur Carthage, elle reprit sous l'Empire une partie de son importance et de sa prospérité passée. Hors les ruines d'un amphithéâtre, il ne subsiste aucun vestige remontant à l'Antiquité classique. La fin du VIIIe siècle avant J.-C. est marquée par l'activité colonisatrices des Grecs. Ce sont les Achéens qui fondent Crotone en 710 avant J.-C. L'histoire de cette ville est marquée par sa rivalité avec Sybaris. Tous les témoignages lapidaires devraient se trouver sur l'emplacement de la Cité antique, mais don Pedro de Tolède devait en décider autrement, et c'est avec les débris des monuments grecs et romains qu'il construisit au XVIe siècle le château fort qui domine le site.

A Reggio, les restes des thermes romains, les débris du stylobate d'un temple grec, c'est bien peu pour évoquer l'histoire d'une cité qui, depuis sa fondation en 723 avant J.-C., a connu bien des pillages, des destructions et s'est toujours relevée rapidement en raison de la prospérité du pays qui l'entoure et de sa situation exceptionnelle. Aux calamités des guerres devaient s'ajouter des désastres provoqués par les tremblements de terre. Ce qui donne un intérêt particulier aux dessins de Messine que fit faire Denon de la ville et du site, c'est qu'ils témoignent d'un état que les séismes de 1783 devaient bouleverser.

Le récit très vivant et qui retrace les impressions et les difficultés du voyage, se mêle assez souvent à la description du monument ou du paysage par les auteurs anciens que Denon cite. Il donne une idée de l'étendue de ses lectures ; nous pourrions dire de son érudition, en prenant garde de donner à ce terme la moindre connotation de pédantisme ou de cuistrerie. Denon — plus sans doute que ses compagnons d'aventure — s'intéresse aux monnaies ; il s'applique à dater toutes celles qu'on lui présente, et même, pour un long règne, à préciser l'époque [5].

Pas d'hésitation non plus lorsqu'il s'agit des nombreux tyrans qui ont régné dans chacune des cités de la Grande Grèce. A moins de supposer à chaque fois un helléniste auprès de lui, on peut avancer qu'il connaissait le grec, et non seulement

---

5. Comme tout collectionneur, Denon apprécie les pièces parfaites, mais ce qui l'intéresse plutôt que le bel exemplaire, c'est une suite aussi complète que possible, car on y trouve sur l'état politique, économique et social, dans la durée, des informations essentielles.

le grec littéraire, mais celui qu'exige le déchiffrement des inscriptions. Epigraphiste, il est à l'aise devant les fragments d'inscriptions qu'il trouve sur son chemin, soit d'une stèle abandonnée au bord de la route, soit d'un fragment d'architecture inséré dans un mur. Hérodote, Thucydide, Suétone, Tite-Live, Cicéron, César, Tacite, Julien, sont invoqués pour l'identification d'un site, que ce soit d'une ville disparue ou d'une bataille. L'intérêt qu'il porte aux opérations militaires est frappant ; nous le verrons plus tard en Egypte, ce qui lui permet de discerner, dans ce qui paraît une mêlée confuse, quelles sont les forces en présence, les chances et les malchances de chacune, et l'issue logique du combat. Ainsi, stratège et tacticien, Denon nous explique le sort d'une campagne et l'habileté ou l'impéritie d'un général.

De même, pourrait-on dire que Denon est un démographe. Souvent les chiffres de population, l'effectif des troupes, le nombre des victimes sont exagérés par les auteurs anciens. Sur place, Denon les jauge, les critique. C'est pour lui une occasion de marquer l'originalité de ces Cités-Etats qui formaient la Grande Grèce : villes nées de la mer, dans un site heureux, mais qui ne cherchent pas à conquérir un vaste territoire, ne veulent pas entretenir avec les populations autochtones autre chose que des relations commerciales et de bon voisinage. S'il y insiste, c'est peut-être parce qu'au XVIIIe siècle, les cités telles que Gênes ou Venise sont devenues des Etats territoriaux, et donc, que la notion de Cité-Etat est un peu perdue dans l'esprit public.

L'objet du voyage étant de visiter des sites ou des villes maritimes, le chemin à suivre est celui de la côte. Lorsque la distance est un peu longue et le pays à traverser désert et sans intérêt, c'est la route de mer qu'il faut prendre : de grandes barques ou des felouques marchant à voile ou à rames, selon le temps. On longe la côte de près, pour pouvoir à l'occasion se porter à terre. La menace des pirates barbaresques est toujours présente à l'esprit.

Quant à la route terrestre, c'est parfois une route comme toutes les routes terrestres, plus ou moins mal empierrée, avec des creux et des bosses, avec de simples passages à gué et des ponts, généralement romains, sur les itinéraires importants. Parfois la route n'est plus qu'un sentier muletier escaladant des à-pic et côtoyant des abîmes, inaccessibles aux chevaux. C'est donc tantôt des mulets, tantôt des chevaux que montent nos voyageurs, pour des étapes qui parfois dépassent quarante milles (le mille a une valeur de 1472,50 mètres). Les étapes sont inégales, mais, dans la préparation du voyage, on a voulu, autant que possible, joindre l'étape et la visite archéologique. Comme les auberges sont rares, on compte sur le correspondant local pour, au mieux, vous héberger, au moins vous procurer gîte et couvert. Mais il arrive que le correspondant refuse de vous recevoir (ça s'est produit au moins une fois), ou qu'il soit mort, et c'était la catastrophe, car il s'agissait en l'espèce d'un érudit local auteur d'un gros livre. Les « gîtes enchanteurs », où l'on trouvait à la fois couches moelleuses aux draps frais et nourritures savoureuses, abondantes et variées, alternaient avec l'obligation de camper dans une masure sans portes ni fenêtres et de manger du pain et de l'ail, trop heureux encore d'avoir l'un et l'autre.

Parfois, on avait cheminé une grande heure, à nuit tombée ; on allait vers une lumière clignotante et qui semblait lointaine ; enfin, on arrivait, on entrait, on saluait. On se trouvait au milieu d'une société aux mines patibulaires, ou tout au moins estimées telles — la réputation des bandits de la Calabre est venue jusqu'à nous. En fait, ces brigands furent reconnus braves gens, honnêtes pêcheurs qui avaient leurs barques mouillées au pied de la falaise. Tout fut partagé : pain, poissons, eau, vins et le sol pour s'étendre et dormir. Ce voyage, tel que le décrit Denon, tient tantôt de l'Odyssée, tantôt de la Chevalerie errante.

Nous l'avons signalé, le voyage calabrais est rapide, tout étant bien entendu relatif aux conditions matérielles des déplacements. Seules nous en rendent compte les notes du voyage de Swinburne, où Denon est invoqué et cité.

Si Denon l'intitule *Voyage*, le périple de la Sicile a bien plutôt le caractère d'un séjour. Mise à part l'excursion maltaise du 4 au 19 septembre 1778, soit deux semaines, ce séjour sicilien s'étale sur près de sept mois, du 2 mai au 26 novembre, avec des allées et venues, des changements de l'itinéraire prévu, et le souci de s'attarder à l'essentiel. L'essentiel, pour Denon, c'est l'Antiquité. Il passe, on pourrait dire sans s'arrêter, auprès de ces œuvres qui, pour nous, ont aujourd'hui tant de charme, dues à la volonté des princes normands, et qui s'accommodent des traditions et de la science des ouvriers et architectes musulmans qu'ils emploient, pour traiter le programme inspiré par les traditions du Nord et la religion chrétienne. Faut-il parler d'œillères ? Le terme d'architecture ou de technique sarrazine, Denon l'emploie parfois, mais que représente-t-il pour lui ? En fait, l'architecture gothique au moins, celle du XIIe siècle et de la première partie du XIIIe. Ce tour de la Sicile, entrepris dans un esprit archéologique, passait par les sites dont nous dirons les principaux : le théâtre de Taormine, Catane, Ségeste, Selinonte, et Agrigente, Trapani, Marsala, Licata, Ispica, et Syracuse.

Soucieux d'apporter au lecteur non tant des impressions que des informations précises, Denon consacre toute une page aux temples de la Sicile, ramenés à une échelle commune, et qui font bien ressortir l'identité des programmes, l'unité des proportions, l'égalité des rapports entre diamètre et hauteur des colonnes ou entre chapiteau et entablement. Le souci de précision s'allie fort bien à la bonne humeur des relations pittoresques. C'est ainsi qu'au retour de Malte, nos voyageurs soupçonnés de porter le choléra ou la peste, sont sommés d'aller au large et doivent longtemps négocier pour obtenir qu'on leur livre, en mer, du pain, de l'ail et du vin.

L'examen des illustrations du *Voyage pittoresque* est intéressant par ce qu'il laisse entrevoir des curiosités et de l'intérêt des voyageurs. Dans les monuments antiques reproduits, il faut comprendre les frontispices et les culs de lampe qui représentent bon nombre de vases ayant sans doute fait partie de l'importante collection de Denon [6].

Le retour par la côte ouest de la Campanie devait être pour nos voyageurs une révélation différente ; moins visitée que la Sicile, elle comportait cependant bien des œuvres essentielles. La curiosité ouverte de Denon le porte à s'intéresser aussi aux habitants, à leurs coutumes, à leurs modes de vie. La nature de ces sols volcaniques éveille son intérêt : il prélève des échantillons de roches à proposer à l'examen des hommes de science.

Ainsi le voyage en Sicile représentait une étape essentielle de la culture italienne de Denon : il a vu, noté, dessiné tout ce qui était révélateur d'une sensibilité artistique et, plus largement, d'une sensibilité humaine. Oui, il connaissait bien l'Italie, de Rome jusqu'à l'extrême sud. Mais cette culture rapidement acquise a besoin de

---

6. On en conserve certains exemplaires coloriés.

3. **Aqueduc de Corigliano.** *Gravure de E. De Ghendt d'après Cl. L. Chatelet. Saint Non.* Voyage pittoresque ou Description du Royaume de Naples et de Sicile, *III, pl. 51.*

4. **Plan et élévation géométrale... du temple hipètre de Pestum.** *Gravure de P.A. Barabé d'après P.A. Paris. Saint Non. Voyage pittoresque..., IV, pl. 24 bis.*

5. *Vue prise sur l'Etna en sortant de la région des bois.* Gravure de Fr. Allix et J. Dambrun, d'après Cl. L. Chatelet. *Saint Non.* Voyage pittoresque..., *IV, pl. 22.*

→

6. *Vue prise à l'entrée des excavations faites dans les thermes de l'ancienne ville de Catane.* Gravure de P.G. Berthault d'après J.L. Desprez. « *Le Prince de Biscaris eut la bonté de nous conduire lui-même à cette excavation qu'il a fait faire à ses frais, ainsi que celles de l'Amphithéâtre* ». *Saint Non.* Voyage pittoresque..., *IV, pl. 28.*

*LA DÉCOUVERTE
DE L'ITALIE*

7. *Vue du site général et des environs du temple de Ségeste. Gravure de Coiny et De Ghendt d'après Chatelet. Saint Non. Voyage pittoresque..., IV, pl. 60.*

8. *Marche ou procession du char de sainte Rosalie à Palerme. Gravure de J. Duplessis Bertbaux et Dequevauvilliers d'après J.L. Desprez. Saint Non. Voyage pittoresque..., IV, pl. 58.*

9. **Vue intérieure des Latomies de Syracuse.** *Gravure de Coiny d'après Chatelet. « Le Temps qui enlaidit tout, avant de tout détruire, a produit ici un effet bien contraire... C'est le Temple du silence bâti dans un désert ». Saint Non.* Voyage pittoresque..., *IV, pl. 114.*

s'approfondir et de se vérifier. Elle est plus celle d'un archéologue que d'un historien de l'art.

Il est vrai que Denon, par son attention et ses qualités, est merveilleusement apte à saisir les mérites d'une œuvre, qu'elle soit graphique ou plastique. Il est vrai aussi qu'il allie, à une vaste culture livresque, une expérience des hommes et une connaissance des cours souveraines qui lui permettaient de mieux lire les historiens.

L'Ambassade de Naples

Si la vocation de l'archéologue et de l'historien avait trouvé l'occasion de s'affirmer, celle du diplomate s'était réveillée au spectacle de la situation économique et sociale des populations visitées, dont il allait longuement entretenir Hennin [7]. Celui-ci, qui l'avait connu lors de son voyage auprès des Cantons Suisses, allait être appelé par Vergennes au ministère des Affaires étrangères.

De son côté, le marquis de Clermont-d'Amboise [8], ambassadeur du Roi à Naples, à qui Denon avait été présenter ses respects, avait jugé ce candidat fort intéressant et écrit à Versailles pour demander sa nomination à Naples. Cette nomination devait intervenir peu après, au printemps 1779.

La lettre de Denon du 26 février précédent est un exposé remarquable de la situation du royaume et vaut d'être citée.

Naples, 26 février 1779 [9]

« J'ai reçu, Monsieur, la lettre que vous m'avez fait l'honneur de m'adresser. Je suis bien sensible à l'intérêt que vous me témoignez et je ferai mon possible pour le conserver et mériter votre confiance. J'ai bien senti la vérité de ce que vous me dites, qu'une nation neuve est bien intéressante à observer. C'est ce qui m'a fait entreprendre un voyage que j'ai fait ces années dernières et j'ai vu, pendant neuf mois que j'ai employé à parcourir des provinces de ce Royaume que celle-ci n'avait pas encore commencé. Hors les portes de Naples on est encore au 15e siècle et dans Naples même, il n'y a que les modes et les manières de la Cour qui soyent du 18e. On peut

---

7. Pierre-Michel Hennin, diplomate français, né le 30 août 1728, attaché au ministère des Affaires étrangères, second secrétaire du comte de Broglie en Pologne (1752-1755), chargé d'affaires à Dresde (1756), expulsé par ordre de Frédéric II, ministre résident en Pologne (1764), puis en Suisse (1765-1778), premier commis au département, secrétaire du Conseil d'Etat (1778), secrétaire de la chambre et du cabinet du roi (depuis 1783). Mort le 5 juillet 1807.
Denon, alors à Naples, écrit à Hennin le 26 février 1779 une longue lettre, où il décrit la situation politique, économique et sociale du royaume de Naples. C'est une sorte de lettre de candidature adressée à un personnage influent, affecté au département des Affaires étrangères. Entre temps est parvenue au Ministère la demande de l'ambassadeur de France à Naples, le marquis de Clermont-d'Amboise, qui sollicite la nomination de Denon comme premier secrétaire à Naples. Pendant les trois années où Denon est chargé d'affaires, c'est Hennin qui lui fait part des observations qu'appellent ses dépêches. Que reproche-t-on à Denon ? d'exprimer crûment la nature des intrigues qui agitent la cour de Naples.
8. Clermont-d'Amboise avait été dans sa jeunesse auteur d'un ballet joué dans un théâtre privé. Il avait fréquenté les salons de Paris, singulièrement celui de Madame du Deffand et fait du théâtre dans sa « Petite Maison ». Cet homme aimable pratiquait une diplomatie feutrée, attentif aux écueils et soucieux de les éviter. Il s'ennuyait à Naples et l'esprit comme la culture de Denon l'avait rapidement séduit.
9. Bibliothèque de l'Institut-Hennin 1258 — Lettre de Denon à Hennin. Naples 26.II.1779. Nous reproduisons le texte original sans modifications.

dire qu'il semble que ce pays attende pour se mettre au courant un prince comme Pierre 1er ou un ministre comme Richelieu.

« Depuis la conquête des Romains sur les Brutiens, la Calabre a toujours été traitée en pays rebelle ou vaincu, elle a passé avec les siècles de dévastations en opression, elle est encore maintenant en partage et sous le joug des moines et des barons qui à la vérité n'ont plus de canon depuis la conquête que le Roy Charles fit de son Royaume, mais qui conservant leurs droits féodaux ruinent, tyrannisent, et décou-ragent leurs vassaux par des agens qui leur apportent dans la capitale les dépouilles partagées de ce peuple malheureux et pauvre au milieu de l'abondance. Lorsqu'on n'a pas vu les plaines de la Pouille et les vallées de la Basilicate et de la Calabre, on ne peut se faire une idée de la susceptibilité de la fertilité de ces provinces encore inconnues ; elle surpasse celle de la Sicile même si fameuse pour avoir été le grenier d'abondance de l'Empire romain et qui depuis la guerre des Esclaves, a toujours été la proye de tous les conquérans de l'Europe et de l'Afrique. Lorsque l'on lit l'histoire, on ne conçoit pas comment le sol et la population de cette partie de l'Italie ont pu fournir à la levée des armées, aux massacres, aux contributions que chaque divers Souverains y ont si rapidement et si consécutivement levés, il n'y a que l'abondance de ce Royaume qui puisse en expliquer la possibilité, et que la réalité de ces faits historiques qui soit capable de donner une idée de cette abondance. Après tant de siècles de trouble et de calamité, l'Etablissement de la Maison de Bourbon semblait devoir y ramener tous les avantages de la Paix et le lustre d'une heureuse et tranquille Monarchie et cependant le Gouvernement conserve encore toute l'empreinte et les vices des régimes passés.

« Le Roy Charles y a été trente ans pensionnaire, passé au trône d'Espagne il a voulu conserver le rôle de tuteur et le Roy son fils, sans savoir ce qu'il veut faire de son autorité, n'a encore que la manie de vouloir faire croire qu'il est émancipé, cette prétention qui serait peut-être avantageuse au Royaume s'il avait de grandes vues pour objet, n'est nourrie et soutenue que par l'amour-propre d'un ministre nonchalant, qui n'a pour toute vertu que de la douceur et de l'apathie et pour tout talent que l'art de cacher son insuffisance sous un mistérieux silence qui n'est que stupidité pour ceux qui le suivent et peuvent l'examiner de près. Cet homme toujours vacillant et toujours menacé restera suivant tout apparence longtems en place parce que le Roy ne se soucie pas assez de rien pour en préférer un autre que la Reine qui passe pour gouverner parle beaucoup, ne conclut rien, avec une imagination assez active n'a pas assez de suite dans les idées pour former un plan et prendre une résolution. Violente et passionnée, elle est toujours l'esclave et la victime de ses goûts et met toute sa politique à concilier entre eux ceux qui en sont les objets ou les instruments, se venge impérieusement de ses rivales et s'abaisse jusqu'à feindre aux yeux de ses femmes de chambre confidentes, croit cacher ses intrigues par de l'intrigue et paye cher des plaisirs qu'elle goûte peu.

« Le ministre et le directeur des finances qui fournissent aux dépenses secrètes du Souverain et de la Souveraine, achètent ainsi le droit de subvenir impunément aux leurs, laissant la Caisse royale sans épargne, par conséquent sans moyen d'établis-sements nouveaux. Un ministre de la marine, produit par un médecin en faveur quelques instants, s'est attiré par un babil mesuré une confiance qui pouvoit lui faire jouer un grand rôle s'il en avait la consistance, mais plus occupé, je crois, de conserver longtemps un magnifique traitement que de risquer d'échouer dans d'autres Départements, il développe dans le sien de grands plans d'une exécution éloignée, projette de nouveaux ports, promet une marine formidable et cependant ne s'est pas encore informé où sont les forêts du Royaume.

« Le Code des Lois est un modèle de législation, mais 10 000 hommes de Robe dans la seule ville de Naples sont occupés jour et nuit à vicier ce beau corps et l'ont défiguré de telle sorte qu'il ne lui reste plus de forme. Le système des vice-royautés, d'attirer à soi les affaires, de les suspendre pour lier les plaideurs a survécu à un point que les procès durent encore cinquante ans et que les concussions de gens de loi sont si exorbitantes que les avocats fameux font des fortunes à l'égal de celles de nos anciens financiers.

« L'administration municipale est négligée jusque là qu'on n'a pas encore calculé ce qu'il fallait pour approvisionner Naples et qu'au milieu de Provinces d'une excessive fertilité, elle est à chaque instant menacée de disette, enfin les impôts mis sur tous les objets sont si maladroitement placés et tellement contraires à l'Emulation et à l'industrie, que les habitants de ce Royaume sont obligés de nous vendre leur soye pour acheter nos Etoffes, de nous livrer leurs huiles pour que nous leur fassions du savon et qu'avec d'aussi bons et d'aussi grands vignobles que les nôtres, ils ne vendent pas de vins et n'en boivent de bons que ceux que nous leur vendons.

« Cependant, comme tout va toujours bien dans le meilleur des mondes possibles, rien ne périclite dans celui-ci et l'on est fondé de croire que rien ne peut péricliter et qu'on est toujours susceptible de tout. Dans la situation pacifique de ce Royaume, un seul homme de génie dans le gouvernement pourroit certainement le mettre en très peu de tems dans le cas de jouer un rôle intéressant dans le système politique de l'Europe, mais devons-nous le désirer avec l'envie qu'on nous y porte, avec la disposition qu'on y a de nous braver dans l'Etat même de faiblesse, que n'oseroit-on pas ? Si on pouvoit se passer de nous, surtout si le véritable lien des Nations, le Commerce, n'étoit plus qu'un objet de rivalité entre nous, ils ont avec abondance toutes nos productions, donnez-leur le goût des Arts et l'émulation, ils auront bientôt toute notre industrie, c'est ce qu'un Colbert ici nous montreroit dans l'espace de dix ans.

« Il faut dire cependant à la gloire du Ministre actuel qu'il a conçu et commencé une des plus grandes et des plus utiles entreprises c'est un grand chemin qui doit traverser le Royaume dans toute sa longueur, ouvrir des provinces qui n'avoient de sorties et d'écoulement que par les deux mers, et qui éprouveroient par ce moyen une nouvelle circulation et par conséquent une nouvelle existence ; cette route lieroit des provinces limitrophes, qui restent étrangères l'une à l'autre par le défaut de communication, cette louable entreprise conçue depuis quatre ans commencée dès lors devroit être déjà exécutée, mais quelques difficultés rencontrées aux passages des rivières, à la construction des ponts, ont arrêté les travaux, et le Chemin reste là ; en aboutissant à Reggio, il auroit produit l'avantage de raprocher pour ainsi dire, le Royaume de Sicile, de le rendre contigu et d'en faciliter la conquête, car si le Roy d'Espagne l'a conquis par les armes, il reste encore à son fils de s'en rendre maître par le changement de son Gouvernement. Le Code féodal y existe encore comme au tems où les Normands l'y portèrent, mais s'exerce de la part des barons envers leur souverain avec bien plus d'insolence que du tems de ces Princes, sans estime ni attachement pour le Roy, ils bravent et se moquent de ses représentants et de ses agens qu'ils sont toujours près de traiter comme ils ont traité Monsieur Foliani l'avant dernier Vice-Roy. Les droits et revenus du Souverain sont plus qu'absorbés par les frais d'une mauvaise administration et par la paye de troupes moins occupées de deffendre le pays que de contenir les habitans qui, sans armes, osent encore être impunément séditieux. Le don gratuit qui est ce que le Roy retire le plus clair de ce Royaume est accordé par les Etats qui en fixent eux-mêmes la somme sur l'humble représentation des besoins du Souverain. Les Barons éternellement riches parce que leurs richesses sont inaltérablement substituées ont quitté leur château depuis un siècle et sont venus pour la plus grande partie s'établir dans la capitale qu'ils ont rendu le Récipient de toutes les productions de l'isle. Ils sont sénateurs nés, juges criminels et civils, administrateurs, financiers, et avec cela, paresseux, spirituels, ignorants, magnifiques et despotes ; ils ne savent de loix et de Constitution que ce qu'il leur revient d'honoraires pour leurs séances et leurs jugements au Sénat, appelent tous les procès du Royaume à Palerme et par ce moyen, achèvent de faire verser dans cette ville le reste de l'argent qu'en leur absence, leurs vassaux dérobent à leur âpre tyrannie. Ces Barons avoient autrefois des troupes avec lesquelles ils se disputoient le terrain ou composoient avec les souverains ; quand ils furent moins riches, ils n'entretinrent que des Bandits qui servoient leurs passions particulières et qu'ils payoient en rapines, mais pendant le court espace de tems que la Sicile fut le partage de Charles-Emmanuel de Savoie, ce Prince attira près de lui les seigneurs, les rendit comptables des excès et des crimes de leurs gens et les Brigands disparurent, il seroit peut-être tout aussi aisé de remédier à tous les autres désordres, mais... mais il me semble que je me suis laissé aller à vous écrire une lettre beaucoup plus longue que je ne croyais et trop longue peut-être pour être lue, mais au reste le désordre de cette esquisse ressemble fort à celui du tableau dont je voulais vous faire la copie, c'est en faveur de cela que je vous demande grâce. Conservez-moi vos bontés et croyez, je vous prie aux sentiments distingués avec lesquels je suis, Monsieur,

votre très humble et très obéissant serviteur

Denon »

« Des courtisans dans la confidence du Roy veullent que Monsieur de la Sambuca soit au moment d'être renvoyé, que le Roy a dit lui-même qu'il ne vouloit plus de lui (ce sont les propres mots) si le Roy dit cela, je veux croire qu'il le pense, mais j'ose encore parier contre. Monsieur de la Sambuca doit marier sa fille dans quelques mois avec le plus riche héritier de Sicile, sa démission romproit à coup sûr le mariage ; le Roy qui a le cœur bon, et qui n'a pas à punir son Ministre, qui n'est et ne fait rien que ce qu'il a été et ce qu'il a toujours fait, ne voudra pas lui faire un si grand tort. Après ce mariage, les enfants de Monsieur de la Sambuca seront tous riches et placés ; il aura lui-même de grandes terres et de grands trésors, alors en le renvoyant le jour que cela arrivera il ne se lèvera que pour diner, et ne s'habillera que pour aller chez sa maîtresse et sera tristement l'homme le plus heureux du monde. »

Cette lettre, adressée au ministère des Affaires étrangères, pouvait passer pour une lettre de candidature. Elle fut reçue comme telle, et Denon, par une missive adressée à Hennin (25 mars 1779) est heureux de lui faire savoir qu'il vient d'être nommé à l'ambassade de Naples et s'en réjouit d'autant mieux que Naples « est du département de Hennin ». Celui-ci, le 20 avril 1779, répond à Denon qu'il se souvient du peu de moments où il a eu « l'honneur de le voir à Genève », et qu'il a été heureux d'être « l'organe du consentement » que M. Le Comte de Vergennes a donné à l'admission de Denon dans le corps politique. Voilà Denon secrétaire d'ambassade. La proposition venait du marquis de Clermont-d'Amboise dont notre antiquaire avait su capter l'intérêt et gagner les bonnes grâces. A l'occasion du Nouvel An de 1781, il se rappelle au souvenir de Hennin : les circonstances ne lui permettant pas de s'entretenir quelquefois avec Hennin, il en est réduit aux compliments d'usage. En tant que gentilhomme d'ambassade, Denon ne fait pas partie du corps politique. En clair, cela veut dire que ce n'est pas lui qui signe les dépêches adressées par l'ambassade au ministère. Hennin remercie en février 1781 et calme l'impatience de Dominique Vivant : « Le Ministre vous veut du bien, le temps deviendra plus favorable pour faire des pas dans la carrière politique... » Les relations avec l'ambassadeur demeuraient bonnes. Le séjour de Naples toutefois plaisait modérément à Denon qui, le 17 mars 1781, écrit : « Naples me deviendrait bien vite insupportable si l'oubli m'en faisait un exil qui me séparât de ceux que j'estime et que j'aime. »

Le même jeu bien connu et toujours actuel entre les agents qui sont au loin et le Ministère va se poursuivre en 1782, où enfin la solution intervient. Le marquis de Clermont-d'Amboise est rappelé à Paris, et Denon perd « le plus aimable des Ambassadeurs et le plus tendre des amis ». Denon est alors appelé à lui succéder comme chargé d'affaires.

En bavardant avec le personnel de l'ambassade, et au dehors, un peu au hasard des rencontres, il se familiarisait avec le dialecte et complétait son information. Le roi Ferdinand était un brave homme un peu craintif que le cérémonial de la Cour ennuyait et qui avait peu de goût pour la politique. Son père, Charles IV roi d'Espagne, qui avait régné sur Naples et les Deux-Siciles, l'intimidait beaucoup. La venue d'un vaisseau espagnol qui pouvait amener une lettre paternelle l'effrayait toujours. On pouvait provoquer chez lui une poussée de volonté, une prise de décision, mais cela ne durait guère. Une seule vraie passion chez lui : la chasse ; parcourant la campagne, carabine en main, guettant la palombe, il était heureux, pleinement heureux, oubliant les tracasseries et les querelles de sa femme. La reine Caroline, en vérité, était une maîtresse femme, rêvant de jouer en Europe un grand rôle, comme sa mère Marie-Thérèse ou comme cette Catherine qui régnait sur la Russie. Son ennemi n° 1 c'était ce roi d'Espagne, exhortant son fils à montrer du nerf, de l'autorité ; ses alliés, c'étaient les Habsbourg, son père, ses frères.

Il y avait cependant une Habsbourg qu'elle détestait, c'était sa sœur cadette, Marie-Antoinette, reine de France. Vivre à Versailles, cette ville aristocratique, la plus animée, la plus spirituelle, la plus gaie des cours d'Europe, convenable en tous sens, où la société semblait d'une parfaite hiérarchie, mais sans écume ni racaille. On disait bien que son mari avait été lent à se décider, mais il n'était pas ridicule comme ce Ferdinand.

Sur le dévergondage des cours d'Europe, Denon était au fait, ayant vécu à la cour de Russie, où, entre le favori d'une nuit et le tenant du titre, il fallait savoir distinguer. Si la reine Caroline avait des favoris ? Mais, bien sûr ! Le prince de Caramanica, le comte Razumovsky. Pour le moment, on parle beaucoup d'un certain

Acton, un Irlandais qui, ayant quitté son pays, avait servi comme bas officier dans la marine française, s'était querellé avec ses supérieurs, avait quitté le service du roi de France et était venu à Naples chercher fortune. Vite informé de sa présence et de ses intrigues auprès de la reine par ses espions, le roi d'Espagne avait écrit à son fils qu'il se rendait ridicule et qu'il devait réagir. Un accès de caractère prit le Roi, mais qui devait être sans lendemain, car bientôt, il déclarait que M. Acton était un homme tout à fait remarquable et qui travaillait au bonheur du royaume. Il paraît qu'il est en passe de devenir ministre de la Marine... Il est vrai que la marine napolitaine, comme vous le savez, ne compte pas beaucoup .

Bientôt, la flotte anglaise basée en Méditerranée venait s'embosser en baie de Naples, confirmant la victoire anglaise. Elle était commandée par l'amiral Nelson qui, entre autres raisons de se rendre à terre, avait celle d'aller visiter son ambassadeur, et particulièrement la maîtresse de ce dernier : la future lady Hamilton, qui devait, beaucoup plus tard, mourir à Calais dans la misère.

Le ciel de Naples était toujours merveilleusement bleu, douce la brise et les glaces, délicieuses. Des voyageurs venaient du Nord, s'arrêtaient quelques jours et repartaient vers Paestum ; ils s'appelaient Kaufmann, Raphaël Mengs et leurs discussions animées mettaient de l'intérêt dans les bavardages des salons napolitains qui, de nature, n'étaient pas du tout philosophes.

Le temps passait ; le chargé d'affaires Denon devait assister avec le corps diplomatique aux cérémonies et aux fêtes officielles ; c'est lui aussi qui devait intervenir lorsque l'honneur du pays était en jeu. Par exemple, lorsqu'une frégate française, voulant accoster pour renouveler son eau et acheter des vivres frais, se voyait enjoindre de déposer au préalable ses poudres : un privilège ancien en dispensait les bateaux français. Il fallut discuter ferme, mais le privilège fut reconnu. Denon l'annonça triomphalement et la cour de Naples en garda de l'humeur.

C'était, ai-je dit, au chargé d'affaires de rédiger les dépêches ; comme il avait peu à dire, il lui plaisait de conter le détail des intrigues de l'alcôve royale. Cela lui valut de Hennin, alors premier commis au ministère des Affaires étrangères, des remontrances. Il devait savoir ce qu'il ne convient pas de mettre « dans une dépêche destinée à être lue au Conseil ». Les écarts de langage et de conduite de sa belle-sœur Marie-Caroline pouvaient affecter Louis XVI.

Denon était-il un mauvais diplomate ou, au contraire, un diplomate trop avisé, attentif à l'envers du décor et empressé à le décrire ? Il est trop intelligent pour ne pas sentir que ce décor n'est qu'un faux-semblant, et ne pas prendre très au sérieux tout ce qui se cache derrière : l'effritement de cette coalition politique des souverains qu'on appelle le pacte de famille, la persévérance des Habsbourg à en poursuivre le démembrement, les efforts de la Russie pour miner et déborder la puissance ottomane, la volonté de l'Angleterre d'être la plus forte, la plus présente, la plus vigilante des armées navales en Méditerranée occidentale. C'est un combat très souvent mesquin qui semble se réduire à des querelles de préséance, mais ce n'est pas un vain combat. Denon s'y applique avec obstination, maladresse parfois, mais avec un vrai sens de responsabilité et un certain courage. Comment cet esprit averti et fin ne sentait-il pas qu'à Versailles on s'agace de son entêtement. Vergennes est attentif à tout ce qui se passe en Atlantique et dans les colonies anglaises d'Amérique. Les souverains de Naples réclament le départ de ce petit gentilhomme d'ambassade, chargé d'affaires ? Soit ! On nommera un aristocrate de haut lignage, le baron de

10. *Le corps diplomatique à Naples en 1784.* Eau-forte de Denon. Au centre le Cardinal de Bernis, ambassadeur de France. À gauche Lord Hamilton, ambassadeur d'Angleterre et archéologue.

11. *Lady Hamilton.* Eau-forte de Denon, vers 1784. La maîtresse de l'ambassadeur d'Angleterre dans un des spectacles de « poses plastiques » qu'elle donnait à ses invités.

Talleyrand (le 13 janvier 1784). Mais on ne le presse pas de partir (il mettra plus d'un an à faire ses malles), et on ne répond pas à la demande de rappel du chargé d'affaires, présentée par la couronne napolitaine.

Ce n'est pas seulement des intrigues d'alcôve que Denon nourrit ses dépêches. Dès que l'on sort de Naples, on se trouve au XVe siècle, écrit-il à Hennin, après avoir visité les provinces du sud. Quatre années passées dans la familiarité de la misère, de la brutalité, de l'injustice de l'état social, tel qu'il le voit, il le décrit, sans se soucier de savoir si ce tableau réaliste sera bien reçu au Conseil. Lorsqu'il décrit l'odyssée pathétique du révolté Angiolillo del Duca, Denon retrouve des accents voltairiens du Voltaire de l'affaire Calas.

C'est l'histoire d'un « bandit d'honneur » qui pendant deux ans tint la campagne dans la Pouille et la Basilicate sans commettre un crime de sang, aidant les paysans affamés, et protégé par toute la population. Lorsqu'il est pris par suite d'une trahison, s'offre pour le défendre un avocat célèbre. Mais, sur l'ordre du roi, son procès ne sera pas instruit. Soumis aux plus terribles tortures, il ne révélera jamais les noms de ceux qu'on appelle ses complices.

Revenons à la diplomatie. Décidé à ne pas presser l'installation d'un ambassadeur, mais agacé par les réclamations réitérées du diplomate napolitain en poste à Versailles, le ministère français des Affaires étrangères envoie signor Collichi aux fins d'une enquête. Le caractère ambigu de cet agent semble bien montrer le peu d'importance qu'on attache à cette démarche. Un peu plus tard, dans l'été 1783, c'est le cardinal de Bernis, ambassadeur de France auprès du Saint-Siège à Rome que l'on invite à se rendre à Naples pour examiner la situation et en faire le rapport. Son voyage se place en été 1784. Il connaît Denon depuis longtemps. Leurs relations sont des plus amicales, cette situation est connue du ministère. Son voyage n'a donc pas pour objet de sanctionner le chargé d'affaires, mais plutôt de calmer le jeu. Lorsque quelques mois plus tard Denon annonce qu'il va donner sa démission, il peut se demander si son départ sera marqué par un nouvel affront de la souveraine, ou si les traditions seront respectées. C'est la seconde hypothèse qui est bonne : il sera reçu en audience d'adieu au cours de laquelle Marie-Caroline l'informe qu'elle regrette son départ et, toujours selon l'usage, elle lui remet une bague ornée d'un diamant et une petite cassette d'émail. Les apparences sont sauves, Denon regagne la France.

CHAPITRE QUATRIÈME

RETOUR EN FRANCE

Après s'être arrêté quelque temps à Chalon et avoir mis en ordre ses affaires de famille, Denon remonte à Paris. Il se rend à Versailles où on le trouve en septembre 1785. L'accueil qui lui est fait au ministère des Affaires étrangères le confirme dans son intention de quitter le service. Le décret royal du 2 octobre 1785 en prend acte en ces termes :

« Le sieur Denon, capitaine d'infanterie, a été employé pour le service du roi dans les cours étrangères pendant près de neuf ans, savoir environ 18 mois en Russie sous les ordres de feu M. Durand, alors ministre de Sa Majesté à cette cour, et 7 ans à celle de Naples. Dans cette dernière cour il a rempli d'abord les fonctions de secrétaire d'ambassade pendant la résidence de M. Clermont-d'Amboise et ensuite celles de Chargé d'Affaires depuis le retour de cet ambassadeur en 1782, jusque vers le mois de juin dernier, que le baron de Talleyrand, son successeur, est arrivé à Naples. Le traitement du sieur Denon en qualité de secrétaire d'ambassade était de quinze cents livres d'appointements annuels, qui avaient été portés à trois mille à compter de la présente année, mais l'ordre de son rappel lui ayant été adressé peu de temps après, il n'a pas joui de cette augmentation. »

Remarquons que Dominique Vivant qui signait ses dépêches napolitaines : de Non, reste pour la Cour et pour Vergennes le sieur Denon. Ainsi les prétentions nobiliaires de Denon ne sont pas reconnues.

Faut-il penser que la pension de deux mille quatre cents livres et la gratification exceptionnelle de dix mille livres pour services rendus qui lui sont peu après accordées, sont une manière de compensation, ou supposer, comme le fait Ibrahim Ghali sans en apporter la preuve, qu'on voulait ainsi reconnaître les multiples services rendus à la Surintendance des Bâtiments par l'archéologue, l'historien d'art et le collectionneur ?

Denon atteignait la quarantaine, un âge où l'on fait un bilan, où l'on compte ce qui vous a apporté un bénéfice moral, les expériences fécondes comme les erreurs et les échecs. Le poste qu'il quittait était honorable et le climat de Naples valait mieux que celui de Saint-Pétersbourg. Mais au moins, il s'en passait des choses au bord de la Neva ! Les décisions qu'on y prenait, les intrigues qu'on y nouait intéressaient le sort du monde. Cela valait la peine. La ronde des amants de Catherine, les coteries qui se formaient pour mettre dans son lit un successeur, avaient au début amusé Denon ; la splendeur orientale des réceptions, l'extravagance des dons de la souveraine — 3000, 5000, 7000 âmes à ses amants congédiés — tout faisait là un monde barbare et intéressant. Enfin, des minuscules principautés d'Allemagne à l'immense Russie, y avait-il une commune mesure ? Sans doute, la Suède, grande en surface, petite en population.

Diplomate contesté et qu'on laisse contester, Denon à Naples a découvert sa vocation de collectionneur et considérablement enrichi ses connaissances. Il s'est initié à un monde artistique bien mal connu et, de lui, à peu près ignoré. A l'Antiquité d'abord : à l'architecture grecque, puis romaine, et à la sculpture comme à la peinture des Grecs et des Romains, dans la mesure, intermittente, où le roi permettait la visite de Pompei et la connaissance des bronzes que l'on avait extraits d'Herculanum. Seul un homme averti et vivant à Naples pouvait suivre l'activité des faussaires, comme l'écrivait justement Denon.

Dans ce pays où le travail était plutôt rare et peu régulier, où les gens étaient ingénieux et adroits, fabriquer des objets antiques et les vendre aux touristes était devenu une industrie prospère. Toutefois lorsqu'il était plus simple de fouiller, de trouver des objets authentiques et de les vendre, on préférait cette activité. C'est ainsi qu'en Etrurie, où les zones funéraires étaient importantes, les tombes faciles à repérer avec leurs petits tumulus et relativement aisées à ouvrir, beaucoup de sépultures étaient dévastées simplement pour en tirer quelques pièces de mobilier, des vases et des statuettes ; les sarcophages ornés, certains portant des personnages à demi couchés, étant très encombrants, étaient laissés sur place, abandonnés et dégradés.

A cette époque où l'on n'avait aucune technique définie et codifiée, on a gaspillé des trésors. Ce fut le cas pour le théâtre d'Herculanum. Cette petite ville avait été ensevelie sous une épaisse couche de cendres, encore chaudes, mais non incandescentes ; il n'y avait pas eu d'incendie provoqué par la catastrophe, les habitants avaient fui, laissant derrière eux leurs demeures et les bâtiments publics intacts. Lorsqu'on décida de fouiller à l'emplacement que la rumeur fixait pour celui de l'agglomération, on creusa un puits profond, pas très large. On tomba sur le théâtre et, sans souci de faire le moindre relevé, on commença à remonter les statues, les équipements, les bronzes, au hasard des fouilles. On aurait pu dégager la scène, avec ses décors, son rideau, son mobilier tel qu'il était, pour une représentation. On n'en fit rien, perdant ainsi une occasion de connaître ce qu'aucun autre théâtre antique découvert à l'état de ruines monumentales ne nous a permis de savoir.

Ces bronzes que l'on tirait du sol ou que l'on retrouvait sous les ruines, étaient, par leur aspect, déconcertants. Non seulement ils avaient perdu leur patine originelle, mais beaucoup étaient boursouflés, oxydés et couverts comme d'une lèpre. Un long et délicat travail de restauration était nécessaire. C'est sans doute la raison pour laquelle Winckelmann, lorsqu'on lui présenta les spécimens qu'on avait dégagés, lors de son séjour à Naples, en fut surpris et déconcerté. Il avait construit sa théorie sur le beau antique, sur des statues de marbre dont la plupart ne lui étaient connues que par la gravure, dans l'ignorance où il était de la peinture narrative ou décorative des Anciens. Les statues qu'il vit à Rome étaient dépouillées de leur patine ou de leur peinture. Et voilà qu'on lui montrait des fragments de bronze altérés par le temps ; ça ne s'accordait pas du tout avec l'idée, quelque peu abstraite, qu'il se faisait de cette beauté marmoréenne. Il en conclut, un peu vite, que si la statuaire grecque avait, au VIᵉ et au Vᵉ siècles avant J.-C. atteint la perfection, cette perfection ne se trouvait que dans les œuvres de marbre. Il devait alors retourner à la sérénité du cabinet pour parachever son système.

Denon était un curieux ; c'était, certes, un amateur en ce sens qu'il aimait ce qu'il voulait acquérir et qu'il savourait de le posséder. Mais c'était aussi un homme soucieux de réunir, non un ensemble de beaux objets isolés, mais un ensemble chronologique ou cohérent de pièces formant une suite ou composant la production d'un pays, d'une région ou d'un atelier. On venait souvent lui proposer des monnaies anciennes — Naples était pour la diversité des provenances, l'étendue géographique des territoires d'origine, une terre privilégiée — il s'attachait beaucoup moins à posséder des exemplaires hors série qu'à former des groupements. Ainsi faisait-il pour les médaillons, ainsi pour les pierres gravées, mais c'était surtout les pièces monétaires qui l'intéressaient, pour ce qu'elles traînaient d'histoire avec elles, et en cela, il faisait preuve peut-être inconsciemment, de ce qu'on appelle « un esprit scientifique ».

Pendant qu'il était « chargé d'affaires », il disposait de tout l'hôtel de l'ambassade, et il rangeait dans les salons quelques sculptures ou fragments. Les céramiques y furent jointes. Cette collection était, en quelques années, devenue considérable. On y trouvait des pièces venues d'Attique et apportées par des marchands grecs pour leur clientèle des colonies ; on y trouvait aussi des vases italiotes et campaniens, ainsi que des vases romains. Si considérable était cette collection que Denon dut renoncer à la rapporter à Paris pour lui-même ; il la vendit au roi, par l'intermédiaire du surintendant des bâtiments, le comte d'Angivillers, avec qui il s'était déjà trouvé en rapport pour une expertise de tableaux. Par contre, il gardait tous ses portefeuilles d'estampes et de dessins qu'il avait considérablement gonflés depuis son entrée en Italie : une documentation précieuse, irremplaçable.

Les années 1785-1787 marquent une rupture et un tournant : ayant dit adieu à la diplomatie, Denon a décidé de se consacrer désormais à la gravure et de faire de l'amateur qu'il était un maître incontesté.

Le graveur. L'apprentissage académique

L'ensemble de son œuvre gravé, selon le catalogue qu'il a lui-même publié en 1807, fait 317 pièces ; elles se classent en gravures de reproduction, gravures en manière de dessin, gravures originales et portraits ; les gravures de reproduction sont

12. **L'Adoration des mages.** *Gravure de Denon d'après Luca Giordano. Morceau de réception de Denon à l'Académie en 1787. Eau-forte et pointe sèche.*

13. *Billet de visite de Denon à Venise.* Eau-forte de Denon. c. 1790. Denon a gravé plusieurs de ces petites eaux-fortes pour lui et pour son amie Madame Albrizzi.

14. *Ex-libris de Denon.* Eau-forte.
On lit sur le livre « Denon à Venise l'an 1790 ». Placé dans un volume de copies de Rembrandt gravées par les élèves vénitiens de Denon. B.N. Estampes.

RETOUR EN FRANCE

nombreuses, les pastiches aussi. En ce domaine, Denon atteint la perfection au point de pouvoir faire reconnaître par un auteur une planche pastichée pour un original.

Denon veut être académicien et à part entière. Associé amateur, agréé comme tel, il le pourrait sans difficulté, graveur adroit, collectionneur reconnu comme expert, son entrée à l'Académie serait sans problème et sans conteste — il y a des précédents. Mais ce qu'il veut, c'est être reçu comme artiste, et pendant deux ans encore, il y travaille. Il s'est bien approprié les techniques. Ses portraits sont lestement croqués, très vivants, perspicaces. Mais, ces mérites reconnus, faut-il voir en lui un créateur, un talent original ? Je ne pense pas.

Le 31 mars 1787, Denon était reçu par l'Académie de peinture et de sculpture. Il avait gagné son pari. Le cercle des amitiés s'est reformé et s'est étendu. Il a un logement au Louvre. Il avait devant lui une carrière d'artiste et une carrière mondaine, ouvertes et bien dégagées. Sans grande fortune, il avait ses aises pour satisfaire ses goûts et ses manies de collectionneur. Ayant éprouvé les climats de la Neva à la baie de Naples et à la Sicile, il savait quelle douceur c'est de vivre à Paris. Alors, pourquoi partir ? Je l'y crois stimulé par l'exemple d'un Seroux d'Agincourt qui a quitté son monde, sa province et sa condition de fermier général pour préparer une histoire générale de l'art. On écrit beaucoup sur l'Art en cette dernière moitié du XVIIIᵉ siècle, sur les arts, sur leur naissance, leur ordonnance, leur perfection, leur décadence. On a des idées et on voudrait atteindre à des idées claires, construire un système, éclairer le mystère de la création artistique.

Penser juste, penser vrai : ce peut être en soi-même une fin. Mais pour un esprit actif et enclin au système, on doit aller plus loin. Si le beau idéal a un sens, ce n'est pas seulement par la délectation qu'il procure aux esprits éclairés, c'est aussi par la pédagogie qu'il propose aux artistes créateurs. Telle est à peu près l'idée de Quatremère de Quincy. Je ne crois pas que Denon se soit avancé aussi loin ; nous le verrons, sous l'Empire, lorsqu'il sera chargé de choisir et de guider les artistes, sembler incliner en ce sens. Mais était-il sincère ou courtisan ? Lorsque, plus tard, indépendant, ayant quitté toute fonction, il entreprend son *Histoire des Arts du dessin*, il pense en sociologue et non en théoricien.

Amaury Duval s'en est tenu au programme du *Monument des Arts du dessin* ; si nous ajoutons aux pièces mentionnées dans cet ouvrage, des fragments de roches éruptives, de lave et quelques morceaux de roches sédimentaires, ramassées et conservées par Denon, nous voilà proches de l'un de ces cabinets de curiosités où voisinent les fossiles, les carcasses d'animaux, les plantes et tous les produits de l'industrie humaine. Ainsi assemblés, ils résument l'histoire du globe, celle des espèces animales, celle de l'homme telle qu'elle apparaît dans les objets qu'il a fabriqués et dans la diversité de ses arts. C'est peut-être en ce siècle des Lumières, le dernier moment où l'homme a eu l'illusion de pouvoir embrasser la totalité des connaissances. Denon, dans l'entreprise du Musée Napoléon, s'est limité au domaine des arts et a su l'étendre à des domaines alors négligés ou méprisés.

Dans ses collections privées, il se laissait aller vers la tentation de l'universel. Si le XIXᵉ siècle a retenu son nom c'est en qualité d'archéologue et de muséographe, image certes assez vaste mais encore réduite si l'on prend en compte les autres facettes que nous laisse entrevoir l'œuvre du collectionneur.

CHAPITRE CINQUIÈME

RETOUR EN ITALIE
VENISE

Avoir dépassé 40 ans, être académicien, en parfaite santé, indépendant de tout lien, de toute contrainte, de toute obligation, libre de n'en faire qu'à sa tête, de voir qui vous plaît, et disposer de la fortune qui permet tout travail qu'il vous convient d'entreprendre, tout voyage qui vous fait envie ; avoir des hommes une expérience assez variée, assez grande pour ne pas risquer d'être la victime d'un emballement, n'est-ce pas le bonheur ? Je dirai que c'est un bonheur à la Stendhal. Henri Beyle et Vivant Denon ne se connaissent pas, il y a entre eux une génération ; ils se rencontreront dans une vingtaine d'années ; s'apprécieront-ils, seront-ils, un moment, confidents ? On peut le supposer, l'imaginer ; en fait, on ne sait pas très bien. C'est dommage. Ils avaient en commun bien des curiosités, des goûts : la peinture, entre autres, la même défiance d'être dupes, et, avec le décalage qui s'impose, la même ironie, la même désinvolture pour sentir passer les années et vivre la cinquantaine.

Une chose les sépare : la musique. Je ne sais si Denon aimait Métastase, mais pas une ligne, pas un mot, pas un souvenir qui nous permette de dire : il a aimé Haydn, il a vécu avec Mozart. Quand on a, comme lui, choisi de vivre à Venise, c'est un peu triste.

De Turin à Naples, à Palerme, Messine et Métaponte, Denon connaissait l'Italie, mais pas encore Venise. Il ne semble pas qu'il l'ait visitée avant cette année 1788, où il s'y installe. Il y recevra, quatre ans plus tard, la visite de Madame Vigée-Lebrun, qui y débarque avec sa fille. Elle nous a laissé le récit de son séjour et nous dit que

15. **Filippo Albrizzi.** *Eau-forte de Denon, faite à Mantoue en 1805. Peppino (Pippi pour les intimes), fils de Madame Albrizzi. Quelques années plus tard, elle devait insister, en vain, auprès de Denon pour qu'il le recommande à Napoléon pour être mis au nombre de ses pages.*

16. **Portrait de Madame Albrizzi-Marini** par Elisabeth Vigée-Lebrun. Ce tableau, fait à Venise en 1792, porte l'inscription du peintre : « Pour son ami Denon ». La toile figure dans la Vente Denon (N° 210). Museum of Art, Toledo (Ohio).

Denon y menait une vie bien réglée : le matin, il demeure chez lui [1] et travaille, soit qu'il classe ses dessins, soit qu'il grave à l'eau-forte ; parfois, il reçoit quelques jeunes gens à qui il donne des leçons — gratuites... — de dessin et de gravure. Vers une heure, il prend une collation frugale que lui apporte un traiteur voisin. A deux heures arrive le coiffeur qui le rase, le coiffe, le poudre ; puis il s'habille et sort. L'après-midi se passe en promenades, ou au café « Alle Rive » où il retrouve des amis ; il dîne, soit en société, soit au cabaret. La soirée se passe dans l'un des salons de Venise : ceux-ci lui sont ouverts et l'on apprécie ses connaissances, son goût, son jugement.

Madame Vigée a parlé du graveur et du professeur de gravures, elle n'a trop rien dit du collectionneur qui, fidèle à ses habitudes, explorait les portefeuilles des libraires. Venise était en Italie une ville privilégiée pour les amateurs d'estampes. Du temps de Denon devait s'ouvrir la succession d'un banquier, graveur à ses heures et collectionneur passionné, Zanetti. Nanti d'une grande fortune, il achetait dans toute l'Europe, revendant ensuite ce qui lui paraissait secondaire et gardant le meilleur. C'est ainsi qu'il avait acquis une collection complète des gravures de Jacques Callot pour la somme de 1950 francs. Cet ensemble exceptionnel devait figurer à la vente de 1828 des collections Denon ; celui-ci l'avait acquis à la mort de Zanetti en même temps que quarante dessins du Parmesan, soixante du Guerchin et une remarquable collection d'épreuves de Rembrandt. Si quelques amateurs comme Zanetti, informés des modes, prisaient Rembrandt, les graveurs vénitiens en faisaient peu de cas : quelques traits légers esquissaient sur la planche la silhouette d'un monument ou d'un voyageur vêtu d'une longue cape et coiffé d'un chapeau tricorne. On ignorait les effets du clair-obscur, les lavis et la sépia. Rembrandt cependant avait ses amateurs en Europe et les faussaires multipliaient les états réputés authentiques et rarissimes. D'après Lugt le graveur Le Bas en vend de sa fabrication (à 3 livres au lieu de 8 ou 9 louis pour les originaux), Antoine de Peters, peintre du roi de Danemark, fabrique des « faux états uniques » au besoin et le marchand Basan fait copier chez lui toutes les pièces rares de Rembrandt. C'est une mode européenne : rien qu'en France et en Angleterre on a dénombré 24 imitateurs de Rembrandt.

Denon n'est pas un faussaire, mais c'est un virtuose du fac-similé, il connaît à fond les techniques de Rembrandt et il va les révéler aux graveurs vénitiens. L'imitation de Rembrandt apparaît à Venise comme une nouveauté et Denon, grâce à l'acquisition de la collection Zanetti, a la possibilité de donner comme modèles les meilleures épreuves. Ses deux principaux élèves : Costantino Cumano et Francesco Novelli, deviennent d'excellents copistes. Selon Aglietti (*Memorie per servire all' Istoria letteraria*) Denon a « ouvert lui-même une voie nouvelle à l'art de la gravure où il adoucit la vive expression de Rembrandt par la grâce de Parmesan ». [2]

Dans l'Europe convulsée, Venise apparaissait comme un havre de paix. Qu'en était-il, en fait ? C'était en apparence une ville vivante, avec nombre d'étrangers, surtout pendant le carnaval qu'on allongeait le plus possible. Par la vente des charges, le Sénat comptait alors un millier de membres ; c'était beaucoup, mais il n'avait aucun pouvoir. Toujours des courtisanes, en général considérées ; beaucoup de tripots où

---

1. Il habite chez signor Antonio Sardi, au pont des Barretteri.
2. Ces informations proviennent de Giannantonio Moschini : « *Dell'incisione in Venezia* », texte écrit vers 1825-1830 (éd. Venezia, 1923).

l'on jouait gros jeu, de nombreux théâtres, lyriques ou de comédie ; le théâtre était partout, sur les places, au coin des rues, un théâtre improvisé et toujours renouvelé.

Un seul quartier était triste et presque désolé : celui de l'Arsenal, ce vaste ensemble de halles, de magasins, de cales couvertes ou à ciel ouvert, qui, au temps de la prospérité maritime de Venise, mettait à l'eau, chaque mois, plusieurs navires, était alors désert et muet. Les postes de gardes qu'on maintenait veillaient sur le vide. Quelques échelles dans le Levant et des colonies sur la côte adriatique maintenaient un certain mouvement de vaisseaux, mais qui n'étaient pas vénitiens. Où donc était la fortune de Venise ? En terre ferme, la noblesse préférait cultiver ses domaines, multipliait ses villas, au long de la Brenta. On « investissait dans l'immobilier ». Ainsi meurt une ville ; ainsi mourait une ville ; il ne faudra qu'un bataillon de l'armée de Bonaparte pour qu'elle tombe comme un fruit blet.

Avec une attention distraite, Denon a suivi les événements de France, les Etats Généraux, la nuit du 4 août, le calme apparent de 1790, la Fédération, les massacres de septembre.

Denon continue de fréquenter l'ambassade. De ce jour, il devient suspect ; si l'armée n'existe plus, la police à Venise est bien active ; Denon se sait surveillé.

Sa pension n'est plus versée, ce qui est grave. Denon possède quelques arpents de vigne dans le terroir de Chambertin. On lui envoie de petits fûts, des caisses de bouteilles ; Denon se fait négociant en vins ; à Venise, commercer n'est pas déchoir. A-t-il, avec l'ambassade de France, plus que des relations de courtoisie, Denon donne-t-il des informations ? C'est possible, c'est assez probable, et, pour le Conseil des Dix, c'est certain.

C'est au début de juillet 1792 que Denon est expulsé par le Conseil des Dix et sur la dénonciation du tribunal de l'Inquisition, qui l'accuse d'intrigues contre l'ambassadeur de S.M. le Roi Louis XVI, de faire de la propagande jacobine, et d'exercer un commerce illicite de ses vins de Bourgogne.

Denon fait appel, sans succès, aux bons offices de son amie, la comtesse Albrizzi à qui il écrit : « Croyez, Madame, qui si j'eusse quelque reproche à me faire, je n'aurais pas l'indiscrétion de m'adresser à vous pour vous prier d'intéresser à mon sort M. Pesaro et l'engager à prier ses confrères de revoir sans prévention ce qui peut avoir égard à moi. Je suis convaincu que dans ce cas le nouveau tribunal, mieux instruit, daignera me plaindre et réparer le tort que l'on m'a fait, en me rendant la paix que je cherchais à Venise, et la confiance que j'avais dans la justice de son gouvernement. »[3]

En toute hâte, Denon doit régler les affaires les plus urgentes, mettre une partie de ses livres chez des amis, et avec un maigre bagage, fait pour l'essentiel de ses outils de gravure, il est expulsé. Il gagne la Toscane, y demeure quelque temps. Bientôt il apprend qu'il est inscrit sur la liste des émigrés et qu'on s'apprête à séquestrer ses biens. Il décide de rentrer à Paris, de s'expliquer : c'est comme artiste qu'il est venu en Italie et bien avant la Révolution. Pourquoi serait-il un émigré ? Il grave, il dessine, c'est son métier que diable ! La façon dont il fut accueilli lorsqu'il revint à Paris fin 1792 peut donner à croire que la République française ne le tenait pas pour un adver-

3. D.V. Denon, *Lettere inedite a Isabella Teotochi Albrizzi*, Publicazioni dell' Istituto di Lingue e Letteratura. Sezione Francese dell' Università di Padova, 1979, p. 46.

17. **Denon habillé « *à la Rembrandt* »**. *Eau-forte de Denon, vers 1790. Fantaisie évoquant le goût de Denon pour le peintre hollandais.*

18. **Denon en 1792**. *Eau-forte de Denon d'après H. Ramberg.*

saire. David le fit désigner comme graveur de la République et on lui confia la gravure du Serment du Jeu de Paume.

David ne fut guère héroïque les 10 et 11 thermidor, devant la Convention. Cependant, il s'était engagé généreusement au moins deux fois : la première, c'est en faisant donner au jeune Gros, son élève, suspect de sympathies royalistes, une mission à l'armée d'Italie pour chercher les œuvres d'art dignes d'entrer au Muséum. La seconde fois, en protégeant Denon, naturellement suspect du fait de son appartenance antérieure au corps de la diplomatie royale.

CHAPITRE SIXIÈME

DE ROBESPIERRE
A BONAPARTE

Du 9 thermidor an III à messidor an VI (1798) où Denon s'embarque pour l'Egypte, cela fait trois ans ; Denon aurait pu retourner à Venise ou cultiver des vignes en Bourgogne, ou solliciter une place d'expert auprès des armées de la République pour le choix des objets d'art à « rapatrier ». Non, il demeure à Paris ; il semble attendre. Quoi ? Mais le sait-il lui-même ? Assez vite, après la fin de la Terreur, des salons s'ouvrent et quelques-uns de l'ancien régime entrebâillent leur porte, avant de l'ouvrir à deux battants. Comme naturellement, Denon y fréquente, retrouve de vieilles connaissances, en fait de nouvelles. Il a terminé la gravure des costumes républicains, personne ne songe à lui passer d'autres commandes ; le Directoire aura ses costumiers. Dans l'œuvre gravé de Denon, il est bien difficile d'établir une chronologie pour une soixantaine de portraits, dont beaucoup demeurent anonymes. Un certain nombre d'entre eux datent de ce temps.

Cependant, l'art contemporain continue ses cheminements ; la liberté a ses limites ; on a dû renoncer aux expositions sans jury ni contraintes ; il a bien fallu limiter les dimensions et reconstituer les jurys. Si détestables que fussent les Académies royales, avec leurs hiérarchies et leur formalisme, tout compte fait, leur dogmatisme était libéral. L'académisme, au sens mauvais du terme, sera bien plus le fait de l'Institut que des anciennes Académies royales.

Le réalisme révolutionnaire, dans sa phase « terroriste », c'est David qui l'exprime avec la plus grande ferveur, avec Marat dans sa baignoire et le petit Bara serrant sa cocarde. Peut-être Lepelletier, si nous pouvions le voir, nous saisirait-il moins, en raison de ce glaive par trop symbolique suspendu par un fil au-dessus du cadavre. Pour nous aujourd'hui, quelle chute de tension, quand nous passons du Marat aux Sabines ! Il n'est pas besoin d'aimer l'Ami du Peuple, ni même d'avoir pour lui de la compassion pour sentir cette forme d'émotion.

Comme plusieurs de ses élèves qu'il avait aidés et soutenus sans que jamais la passion politique prévalût pendant la Terreur, Denon devait à David le rétablissement de sa pension, la place de graveur de la République, la liberté, la vie peut-être. S'en est-il souvenu après Thermidor ? Aucun témoignage, aucun indice sur ce point. Notons tout de suite que leurs relations sous l'Empire paraissent cérémonieuses et quelque peu distantes. Il est vrai qu'ils avaient été rivaux dans la course au pouvoir.

Denon n'apparaît guère dans les années qui suivent Thermidor et jusqu'au départ pour l'Egypte. Lorsqu'en 1795, le Directoire crée l'Institut, avec une classe des Beaux-Arts qui ne compte que 28 architectes, peintres, sculpteurs et graveurs, Denon n'en fait pas partie ; il est vrai que le nombre des membres de l'Institut de sa classe était très limité — beaucoup plus restreint que celui des académiciens de l'Ancien Régime. Ne hasardons point d'hypothèses et bornons-nous à noter le fait : le nouveau pouvoir académique semble l'ignorer — et c'est fâcheux.

Un seul fait assuré : en juillet 1796, il signe, avec cinquante artistes, une pétition dont nous allons parler. Notre propos est de savoir si le Denon signataire de cette pétition et le Denon qui pille l'Europe pour son musée, sont le même homme. Il devrait figurer dans le Dictionnaire des Girouettes, si le protestataire de 1796 se renie sous l'Empire. Essayons de voir clair dans ces eaux troubles.

Les Musées sont-ils en question ?

Le 14 août 1796, un groupe d'artistes publiait une pétition-manifeste adressée au Directoire, demandant la constitution d'une commission d'artistes et de gens de lettres qui, « avant que rien ne soit déplacé de Rome » conformément aux clauses de l'armistice du 24 juin, fera un rapport sur cette question de la remise à la France d'un certain nombre d'œuvres d'art de l'Antiquité classique et de la Renaissance, qui se trouvent dans les collections pontificales [1]. Cette pétition intervenait en même temps que Quatremère publiait ses *Lettres à Miranda* où, avec des arguments quelque peu différents, il prenait la même position. Selon son plus récent commentateur, Edouard Pommier [2], Quatremère affirmait là son opposition au régime républicain et ses convictions de royaliste libéral, qui l'avaient entraîné, le 13 vendémiaire, dans le rang des insurgés. Les signataires de la pétition étaient des républicains, dont certains, comme David, avaient été jacobins ; ils se trouvaient momentanément associés, mais l'origine et l'objet de leurs protestations étaient différents. Qu'en disait Quatremère ? Que toute politique d'annexion était contraire au principe même de la liberté, qu'elle

---

1. Rappelons les circonstances : le 13 juin 1796, Bonaparte occupe Bologne et les Légations pontificales le 20 juin, mais refuse de marcher sur Rome ; le 24 juin, il signe un armistice : le Pape verse une contribution dont le quart se compose de cent objets d'art et 500 manuscrits.
2. Cf. Quatremère de Quincy, *Lettres à Miranda...* Paris, éd. Macula, 1991, p. 141-142.

est dangereuse et pourrait être funeste. Rome est une réussite unique dans l'histoire. Elle a autrefois pratiqué une politique d'annexions et de pillages ; mais elle a su intégrer ces œuvres et de celles-ci faire un art nouveau. Cela mérite le respect. Mais d'autre part, le site même de Rome, ses paysages sont devenus le cadre, le milieu physique, intellectuel et spirituel de cet art, dans sa durée, dans son évolution et dans sa renaissance. N'y touchons pas, ne brisons pas cet ensemble.

La plupart des signataires de la pétition avaient, eux aussi, vécu à Rome et savaient que le Tibre et la Seine ne coulent pas dans les mêmes rives et sous des ciels identiques. Ainsi se trouvaient posés le problème de l'enracinement et celui du cadre. Alors, pourquoi n'avoir pas protesté contre l'enlèvement de la descente de croix de Rubens, démontée d'un autel de Saint Bavon pour être exposée au Louvre ? L'illogisme de cette abstention peut s'expliquer assez bien : l'architecture gothique n'est pas considérée, en soi, comme un cadre à respecter ; bien rares sont ceux qui en sentent la beauté ; l'éclairage du musée sera plus favorable et ce voyage va permettre de nettoyer une peinture que la fumée des cierges allumés par la superstition a considérablement encrassée. Et si l'on avait protesté contre l'enlèvement des quarante colonnes antiques de la cathédrale d'Aix-la-Chapelle, on eût été bien mal venu ; de sites divers, toutes étaient en provenance de Ravenne ou d'Orient, des remplois.

« Démontrer que l'esprit de conquête dans une République est entièrement subversif de l'esprit de liberté ». Si tel était le message que voulait faire entendre Quatremère, il n'implique pas qu'il fût monarchiste, partisan d'une royauté libérale, quelque chose comme « la Nation, la Loi, le Roi », ce qui s'accorderait assez bien avec son passé de député à l'Assemblée législative. Les signataires de la pétition ne peuvent être soupçonnés de monarchisme : David est du nombre et sans doute n'est-il pas le seul Jacobin.

Certes, les signataires et Quatremère ont en commun une certaine idée de Rome. Rome est en soi un musée, en tout cas, une chose unique au monde, irremplaçable, inimitable. N'y touchez pas, laissez-le tel qu'il est, avec ses contrastes, ses contradictions, dont l'histoire a fait une harmonie. Sa richesse, sans doute, fait que quelques prélèvements ne sauraient la détruire, mais sachez bien que, sorties de leur cadre, de leur milieu, les œuvres que vous allez soustraire à leur environnement perdront une part de leur sens, cesseront d'être intelligibles. C'est rendre un mauvais service aux artistes que vous prétendez servir que leur présenter ces fragments. Mais ce qui rapproche aussi les signataires de la pétition de 1796 de Quatremère, c'est la crainte des aventures militaires et le désir de voir « s'unir les lauriers d'Apollon aux palmes de la Victoire et aux rameaux si désirés de l'arbre de la paix »[3].

Denon, en route vers Berlin et Potsdam en 1806, après Iéna, pensait-il différemment ? Je ne crois pas. Il avait, tout d'abord, conscience d'être voué à une grande tâche : faire un musée comme on n'en avait jamais vu, comme on n'en verrait pas un autre ; un musée qui apparaîtrait comme une création volontaire et non accidentelle ou fortuite. Un musée-œuvre d'art.

Sous le Directoire, Denon habite rue Salpêtrière un appartement assez modeste, où il reçoit un jour, sur la recommandation d'Isabey, le peintre Gérard.

---

3. Cf. Quatremère de Quincy, *Op. cit.*, p. 142.

19. **Habit civil de citoyen français.** *Eau-forte de Denon d'après David. Projets de costumes commandés à David par le Comité de Salut Public en 1793.*

20. *Habit de citoyen français dans l'intérieur.* Eau-forte de Denon d'après David.

21. **Serment du Jeu de Paume.** Eau-forte de Denon d'après le dessin de David exposé au Salon de 1791. Ce travail lui servit de certificat de civisme : « il ne l'eût pas fait s'il n'eût été bon patriote » déclara le peintre.

22. *Salon de l'an VIII. Gravure de Monsaldy. Evénement très couru de la vie parisienne. Denon y a exposé en 1787, 1791, 1795 et 1796.*

23. **Tobie et Ange.** *Gravure de Denon d'après un Rembrandt du Louvre. Exposé au Salon de 1795 avec trois autres gravures.*

Gérard a vingt-cinq ans. Il est inconnu, besogneux, en quête de protections. Il montre quelques dessins et quelques portraits à Denon qui tout de suite reconnaît un grand talent. Il propose à l'artiste d'organiser dans son appartement une exposition à laquelle il va convier ses relations. Et c'est ainsi que Joséphine de Beauharnais va connaître et son peintre et son conseiller. Le salon de Joséphine s'ouvre à Denon.

Bonaparte et les Beaux-Arts

Plusieurs mémorialistes ont déclaré que Napoléon était fort peu sensible aux arts et cité, par exemple, le fait que, sans marquer la moindre émotion, en passant devant les tableaux accrochés pour une exposition, il lui arrivait de dire : « De qui est ça » ? sur le ton d'une parfaite indifférence. Ceci ne pourrait être un bon argument, car Napoléon a souvent affecté la plus grande réserve devant les choses où il n'était pas certain d'avoir une connaissance assurée. Ajoutons qu'il était très myope et qu'il se refusait à porter ni lunettes ni lorgnons, et que, sans doute, il voyait mal la plupart des tableaux qu'on lui présentait. Cela ne l'a pas empêché, au reste, de refuser parfois telles œuvres, en particulier tels portraits de lui, dont il était mécontent pour des raisons qui n'avaient pas grand-chose à voir avec la critique d'art.

Un fait est assuré : ce n'est pas dans son enfance ni dans son adolescence qu'il a pu recevoir une éducation artistique : La Corse est, de tout le bassin méditerranéen, le pays le plus dépourvu ; la grande maison familiale était bien vide, et si dans les collèges où son père l'avait placé, il reçut des maîtres qui enseignaient, une sérieuse formation intellectuelle, l'histoire de l'art n'y tenait aucune place. On a noté ses dons littéraires et quelques esquisses nous permettent de penser que, parmi les disciplines où il a un moment rêvé d'exceller, il y avait l'art dramatique et le roman. Mais celles où il a, par ses dons, intéressé ses maîtres, c'est avant tout les sciences, les mathématiques d'abord, la physique et la chimie ensuite. Devenu homme, et dans le temps où il a des loisirs, c'est toujours vers ces sciences qu'il se tourne pour compléter son bagage personnel ou simplement pour son plaisir. Lorsqu'il est élu membre de l'Institut en 1796, il se montre assidu aux séances. Lorsqu'il quitte l'Egypte et revient en France sur la frégate *La Muiron*, pendant plusieurs jours, il s'enferme pour étudier les mathématiques et la chimie.

C'est au cours de la première campagne d'Italie qu'il a l'occasion de rencontrer Monge, lors des soirées qu'il passe avec les commissaires de la République, que le Directoire a envoyés près de lui, pour faire le tri des objets d'art et de science que l'on veut annexer à la France. Parmi ces commissaires, le mathématicien Monge a l'expérience de ce genre d'opérations, puisqu'il a été envoyé dans les Flandres et en Allemagne à la suite de l'armée de Sambre-et-Meuse. C'est en Italie aussi que Bonaparte prend, et pour la première fois, contact avec un artiste auquel Joséphine a demandé de faire le portrait du général.

Cet artiste est Gros, élève de David, qui, dès le 25 janvier 1793, avait obtenu un passeport délivré par la Section des Tuileries. Mais, à ce passeport, il manquait un visa ; Gros, qui n'avait pu prendre place sur un convoi à destination de Gênes, se rendit à Nîmes puis Montpellier, où il rencontre le sculpteur Pajou. Introduit dans la société de cette ville, il y fit quelques portraits et c'est l'escarcelle mieux garnie qu'il put enfin prendre le chemin de l'Italie, le 27 mars.

Après de multiples avatars, Gros arrive enfin à Gênes ; il visite les églises, s'émerveille des tableaux qu'il y voit, notamment de Rubens et de Jules Romain, mais s'afflige de l'indifférence pour les arts de ces patriciens banquiers qui font payer l'entrée de leurs galeries, « faisant acheter ainsi le regret de savoir que là sont des chefs-d'œuvre enfouis tout vivants dans les tombeaux d'un faste orgueilleux et ignorant, possédant les choses par don et les ayant comme des armoiries sur leurs voitures ». Il se rend alors à Florence, où il retrouve quelques élèves de l'Académie de France.

Les commissaires du gouvernement à la recherche des objets de science et d'art, Tinet, Monge, Berthollet, Moitte, Barthélémy, qui savaient la présence de Gros en Italie et la connaissance qu'il avait des œuvres d'art de ce pays, l'invitèrent le 18 nivôse de l'an V de la République :

« Les commissaires du gouvernement à la recherche des objets de sciences et d'arts, au citoyen Gros : La commission des Arts se trouvant chargée d'exécuter plusieurs opérations auxquelles son zèle pourrait ne pas suffire, elle a pensé que votre concours lui serait utile. Elle vous propose donc de lui être attaché jusqu'à ce que les circonstances lui permettent de remplir seule les vues du gouvernement. Si cette proposition vous convient, elle vous invite à vous rendre près d'elle, maison Miller, Corso Romano, le 19, à deux heures après-midi, pour prendre avec vous les mesures nécessaires. Salut et fraternité. »

Dans le même temps, la citoyenne Bonaparte qui s'était enfin décidée ou résignée à rejoindre son époux, était arrivée à Gênes. Le ministre de France, Faipoult, qui savait le désir de Gros de peindre le portrait de Bonaparte, les mit en relation. Joséphine offrit à Gros de l'accompagner à Milan. Elle le présenta. Gros, dans une lettre à sa mère, raconte l'entrevue : « Voilà ce jeune artiste dont je t'ai parlé, dit-elle — Ah !, je suis charmé de le voir. Vous êtes élève de David ?... » Retenu à dîner, logé au Palais, Gros, le lendemain, commence le portrait. « Mais l'on ne peut même donner le nom de séance au peu de temps qu'il me donne. » Cette impatience à poser devant un peintre ou un sculpteur est légendaire. David s'en plaindra à son tour, mais, pour Gros, les études qu'il fit cette fois-là et sa mémoire le servirent bien. Le *Bonaparte au Pont d'Arcole* devait être la première effigie du général victorieux. Ce qui peut nous surprendre, c'est le médiocre succès qu'elle rencontra au Salon lorsqu'elle y fut exposée, et le peu d'intérêt qu'y portèrent les chroniqueurs contemporains.

CHAPITRE SEPTIÈME

LA CAMPAGNE D'ÉGYPTE

Denon a pris part à la campagne d'Egypte. Atroce et sublime, la guerre a été pour lui un apprentissage. Bon journaliste, il en a décrit quelques épisodes. Mais son objectif était de mieux connaître les monuments et tous les signes d'une culture fabuleuse et presque ignorée. La chance s'en étant présentée, il a été le premier à publier un livre sur cette campagne et sur cette culture. Le succès en fut immense et ce succès bouleversa sa vie en le portant à une fonction où il pouvait donner sa mesure.

Qu'était la campagne d'Egypte pour la France de ce temps ? Une aventure fantastique, passionnante et risquée. Cette armée fut présentée, à l'origine, comme constituant l'aile gauche de l'expédition lancée à la conquête des Iles Britanniques. Pour un petit nombre d'initiés, l'objectif était l'Egypte. Etant des « initiés », Denon a voulu participer à l'expédition. « Toute ma vie j'avais souhaité connaître l'Egypte ». C'est ainsi que commence son récit.

Essayons maintenant, en quelques mots, de dire comment se présentait l'expédition. Pour le Directoire qui la décidait, c'était une manière d'éloigner Bonaparte et de l'impliquer dans une aventure qui pouvait tourner mal. Pour les animateurs, c'était une opération militaire, mais doublée par l'exploration scientifique. On emmenait près de quarante savants de toutes disciplines. C'était au nombre de ceux-ci que se voulait Denon.

Qu'était l'Egypte ? Une province de l'empire ottoman. Celui-ci s'étendait sur les Balkans, la Macédoine, la plupart des îles grecques, l'Asie mineure et tous les pays riverains de la Méditerranée, de la Syrie à Tlemcen. En Egypte, comme dans la plupart des provinces de l'Empire, le Sultan était représenté par des beys qui avaient sous leurs ordres des troupes de cavaliers, soldats de métier, braves, capables de se nourrir pendant un temps avec une poignée de dattes, et qui suffisaient à maintenir l'ordre et assurer la sécurité des collecteurs d'impôts.

Depuis François 1er, la France entretenait, dans les échelles du Levant, des agents consulaires chargés de faire respecter les conventions. En cette fin d'hiver et ce début de printemps 1798, régnait une grande activité dans le monde militaire français : des unités de l'armée du Rhin et de l'armée des Pays-Bas étaient rappelées à Paris, où on leur donnait un équipement neuf avant de les acheminer vers l'un des ports où s'opéraient les principales concentrations, Marseille et Toulon. Destination ? L'Angleterre : « vous êtes l'aile gauche de l'armée d'invasion ». On ne protestait pas, et la population, accoutumée à tenir l'Angleterre pour l'ennemi numéro un, ne faisait pas d'objections. Seuls, quelques mauvais esprits auraient pu remarquer que, dans le même temps, on négligeait de renforcer les armées échelonnées au long du littoral atlantique et sur les côtes de la Manche.

Destination, l'Angleterre, mais la consigne officielle apparaissait de moins en moins crédible, à mesure que, de Villefranche à Gênes et à Civita-Vecchia (les Français occupaient alors les Etats du Pape), s'accumulaient les stocks d'équipements. Combien d'hommes se trouvèrent ainsi rassemblés ? On parlait de 40.000. C'était exagéré : en fait, ils étaient 33.000 au départ, mais 4.000 demeurèrent à Malte, et ce sont ces 29.000 hommes qui devaient débarquer à Alexandrie. Ainsi, le but réel de l'expédition était bien l'Egypte, les « initiés » qui sont toujours plus nombreux qu'on ne veut le croire, le savaient et le disaient.

En fait, dans les salons parisiens, c'était le secret de polichinelle. Denon fut l'un des premiers à le savoir, et l'un des premiers aussi à désirer d'en être. Ses relations avec le général en chef étaient lointaines, mais avec Joséphine, fort actives et c'est par elle qu'il obtint enfin la bonne réponse : « Qu'il aille voir le général Dufalga ». Celui-ci était chargé d'assurer l'embarquement de la quarantaine de savants et de techniciens que Bonaparte emmenait en Egypte. Le Général Dufalga devait veiller à l'équipement des savants et accepter leurs exigences pour ce qui concerne le matériel scientifique. Ce n'était pas une sinécure, et il était plus facile de régler le sort des 30.000 hommes de troupe que des quarante physiciens, chimistes, géologues, mathématiciens et dessinateurs.

Les hommes se traitaient en fonction de leur arme : fantassins, cavaliers, artilleurs ; la grande majorité étaient des piétons. 600 chevaux de cavalerie étaient prévus, un chiffre bien modeste ; en fait, avec les chevaux de l'artillerie, du génie et le train, cela devait faire plus d'un millier de montures. L'artillerie lourde avait été exclue, elle fit défaut à Bonaparte devant Saint-Jean d'Acre. Avec les munitions, le train des équipages, le génie et le service de santé, il allait falloir réquisitionner en tout plusieurs centaines de navires. Au total, les bâtiments étaient au nombre de 350 avec tous les tonnages et tous les gréments, depuis le cap-hornier, gros porteur, jusqu'aux tartanes. Une telle armada supposait une flotte de guerre : 45 vaisseaux seulement purent être trouvés sans dégarnir le front atlantique, mais comme on avait peu construit depuis huit ans, c'était pour la plupart de vieux bâtiments, les uns presque hors d'âge (53, 57 ans), et qu'on ne pouvait armer en lourd : quelques unicharges en gros calibre et les membrures se fussent disloquées. En fait, une trentaine de navires de haut bord et de frégates, le reste étant des avisos, plus légers, très maniables, mais mal armés.

Ainsi, pour quelqu'un de bien informé, l'expédition se présentait comme une aventure à grands risques. Si la flotte eût rencontré une forte escadre anglaise, bien exercée, tenant la mer depuis des années — ce qui n'était plus le cas de nos vaisseaux, bloqués en rade et n'ayant pas acquis la longue routine du service en mer — le convoi, étiré sur une longue distance, eût été disloqué, dispersé et condamné à couler bas ou à fuir.

De Toulon à Alexandrie et aux Pyramides

Le 19 mai (30 floréal, an VI), l'*Orient*, vaisseau amiral, et l'ensemble de l'escadre quittent Toulon. Cinq jours plus tard, le 24 mai [1], la frégate la *Junon*, où se trouvait Denon, met à la voile à son tour.

« Le 25, j'étais en mer... » Par les côtes de la Corse, puis de la Sardaigne, et jusqu'au 22 juin « il n'y eut rien de nouveau. Nos provisions s'achevaient, notre eau fétide ne pouvait plus être chauffée ; les animaux utiles disparaissaient et ceux qui nous mangeaient centuplaient... »

Bientôt la Sicile, avec Marsala, Mazzara, Sélinonte, Agrigente. La Sicile disparaît, on marche sur Malte. Le 22 prairial, à 4 heures du matin, Denon assiste au débarquement des troupes d'assaut commandées par Desaix. « Le premier jour, tout était en armes : les chevaliers en grande tenue, une communication perpétuelle de la ville aux forts où l'on faisait entrer toutes sortes de provisions et de munitions ; tout annonçait la guerre : le second jour, le mouvement n'était plus que de l'agitation. »

La population est hostile à la poursuite d'une résistance ; les chevaliers hésitent, tergiversent. Le 24, ce fut la capitulation. « A cinq heures, nos troupes entrèrent dans les forts et furent saluées par la flotte de cinq cents coups de canon. » C'est seulement le 25 prairial que Denon se rend à terre et entre à la Valette : « Je connaissais cette ville surprenante ; je ne fus pas moins frappé, la seconde fois, de l'aspect imposant qui la caractérise. » Après une visite à ses « anciennes connaissances », Denon retrouve « avec un plaisir nouveau les belles peintures à fresque de Calabrese » à l'église de Saint-Jean, le tableau de Michel-Ange de Caravage et dessine à la bibliothèque un vase étrusque, un vase de verre, une lampe et un disque orné d'une figure de sphinx.

La ville semblait déserte : les cafés et tous les lieux publics étaient fermés. « Nos soldats, la tête échauffée par le soleil et par le vin, avaient épouvanté les habitants qui avaient fermé leurs boutiques et caché leurs femmes... » Le Ier messidor au matin, le général sortit, laissant dans l'île 4.000 hommes, deux officiers du génie et d'artillerie, un commissaire civil et « tous ceux qui, poussés par une inquiète curiosité, s'étaient embarqués sans trop de réflexion, qui, par une suite de leur inconstance ou de leur inconséquence s'étaient dégoûtés sur la route... »

Une navigation sans histoire jusqu'au 9 messidor où la *Junon* reçoit l'ordre de

---

1. M. Raoul Brunon a publié en 1990 le *Voyage dans la Basse et la Haute Egypte* aux éditions Pygmalion-Gérard Watelet. Il n'indique nulle part, ni dans l'*Avertissement*, ni dans la bibliographie, ni ailleurs quelle édition ancienne il a reproduite. J'ai noté plusieurs différences entre son édition et celle que j'ai utilisée : celle de 1802 en 3 volumes in-12 et un atlas contenant les gravures.

24. **Prise de Malte.** *Gravure de Dineste d'après Nodet. Le siège mis le 9 juin 1798 se termina le 12 par la reddition de la place.*

25. **Conquête de l'Egypte par les Français en Messidor an 6.** *Gravure de Desaulx. Arrivée de la flotte française devant les côtes d'Egypte.*

forcer les voiles, de se rendre à Alexandrie, d'y prendre langue avec le consul de France et d'embarquer tous les Français pour les protéger contre l'hostilité possible de la population. Le 11 messidor au petit matin, on distingue la côte : « Pas un arbre, pas une habitation ; ce n'était pas seulement la nature attristée, mais la destruction de la nature, mais le silence et la mort. » De mauvaises nouvelles y attendent les Français : quatorze vaisseaux de guerre anglais ont quitté Alexandrie le jour précédent après avoir ameuté la population. La *Junon* fait demi-tour et vient rendre compte à l'*Orient*. La flotte se remet en marche et arrive au large d'Alexandrie. Bonaparte donne alors l'ordre de débarquer. Un vent violent ne permet pas de jeter l'ancre. A grand-peine on débarque quelques troupes et un peu d'armes et de matériel ; le 13, le fort de Marabou est pris : « Là fut planté le premier pavillon tricolore en Afrique ». Le 14, le temps, un peu meilleur, permet d'achever le débarquement. « Nos troupes marchent sur Alexandrie et se heurtent à une vive résistance. »

Pendant ce temps, la *Junon* reçoit l'ordre de protéger l'entrée du convoi dans le vieux port. « Je saisis cette occasion pour aller à terre ». Tout est désert, les maisons barricadées. « Tout ce qui n'avait pas osé combattre avait fui et tout ce qui n'avait pas été tué se cachait de crainte de l'être, selon l'usage oriental. » Le premier tableau qui s'offrit aux yeux est un cimetière, tombeaux de marbre blanc sur un sol blanc.

« Quelques femmes maigres et couvertes de longs habits déchirés ressemblaient à des larves... le silence n'était interrompu que par le sifflement des milans qui planaient sur ce sanctuaire de la mort. Nous passâmes de là dans des rues étroites et aussi désertes. En traversant Alexandrie, je me rappelai et je crus lire la description qu'en a faite Volney : forme, couleur, sensation, tout y est peint à un tel degré de vérité que, quelques mois après, relisant ces belles pages de son livre, je crus que je rentrais de nouveau à Alexandrie. » Le 16 au matin, Denon accompagne Bonaparte dans une reconnaissance de « tous les forts, c'est-à-dire des ruines, de mauvaises constructions, où de mauvais canons gisaient sur quelques pierres qui leur servaient d'affût ».

Suit une dissertation sur la colonne de Pompée, ainsi nommée par des savants qui ne l'avaient jamais vue, d'où Denon conclut que ce monument est fait de pierres et de morceaux disparates, où la colonne elle-même, « d'un style et d'une exécution très purs » se distingue du piédestal et du chapiteau dont le travail est « lourd », et que tout le quartier devrait être fouillé pour permettre une reconstitution d'ensemble. La ville arabe est maintenant un désert, avec quelques jardins dans les mois de l'inondation. Denon visite ensuite et dessine l'obélisque, dit de Cléopâtre, ainsi qu'une vue pittoresque du paysage.

Au fond du port, des débris de fabriques, la plupart œuvres des Arabes qui ont utilisé des restes antiques. Parmi ces débris, des bains arabes, où « nos soldats font leur lessive ». Un peu plus loin, une mosquée, fort délabrée, avec au milieu de la cour un petit temple octogone avec une « cuve de brèche égyptienne d'une beauté incomparable ». De là, il se rend à la porte de Rosette, quartier qui porte toutes les marques de la bataille.

Bonaparte, à mesure que les divisions sont débarquées et reconstituées en unités ordonnées, les met en marche. La chaleur, la soif, sont des épreuves déjà pénibles, mais le harcèlement de nos troupes par les bédouins oblige à respecter une discipline de marche très rigoureuse. Quant aux mamelouks, ayant reconnu des troupes à pied et n'ayant pour l'infanterie que mépris souverain, ils tiennent la victoire pour assurée. A la réalité de la soif, de la famine et d'une chaleur accablante s'ajoutaient les mirages aussi trompeurs la dixième fois que la première. Les points d'étape avaient été fixés sans reconnaissance préalable et au vu d'informations cartographiques rudimentaires.

« Un officier, entre autres, disait à sa troupe au moment du départ : Mes amis, vous allez coucher à Béda, vous entendez, à Béda. Cela n'est pas plus difficile que cela : marchons, mes amis ! et les soldats marchèrent. » Arrivée à Béda, la troupe n'y trouva qu'une fontaine d'eau bourbeuse qu'il fallait recueillir au gobelet, et aucune habitation...

« Il est sans doute difficile de citer un trait plus frappant de naïveté d'une part et de confiance de l'autre : c'est avec ce courage insouciant qu'on entreprend ce que d'autres n'osent projeter et qu'on exécute ce qui paraît inconcevable. »

Autre découverte pour ces soldats qui ne connaissent que la France et pour certains, les Flandres et l'Italie du Nord : des mentalités inintelligibles ; en voici un exemple que Denon justement a noté : « Le second jour de marche de nos troupes au départ d'Alexandrie, quelques soldats rencontrèrent près de Béda, dans le désert, une jeune femme, le visage ensanglanté : elle tenait d'une main, un enfant en bas âge, et l'autre main égarée allait à la rencontre de l'objet qui pouvait la frapper ou la guider. Leur curiosité est excitée : ils appellent leur guide, qui leur servait en même temps d'interprète ; ils approchent, ils entendent les soupirs d'un être auquel on a arraché l'organe des larmes : une jeune femme, un enfant au milieu du désert ! Etonnés, curieux, ils questionnent, ils apprennent que le spectacle affreux qu'ils ont sous les yeux est la suite et l'effet d'une fureur jalouse : ce ne sont pas des murmures que la victime ose exprimer, mais des prières pour l'innocent qui partage son malheur et qui va périr de misère et de faim. Nos soldats, émus de pitié, lui donnent aussitôt une part de leur ration, oubliant leur besoin près d'un besoin plus pressant ; ils se privent d'une eau rare dont ils vont manquer tout à fait, lorsqu'ils voient arriver un furieux qui, de loin, repaissant ses regards du spectacle de sa vengeance, suivait de l'œil ses victimes ; il accourt arracher des mains de cette femme ce pain, cette eau, cette dernière source de vie que la compassion vient d'accorder au malheur. "Arrêtez ! s'écrit-il : elle a manqué à son honneur, elle a flétri le mien ; cet enfant est mon opprobre, il est le fils du crime." Nos soldats veulent s'opposer à ce qu'il la prive du secours qu'ils viennent de lui donner ; sa jalousie s'irrite de ce que l'objet de sa fureur devient encore celui de l'attendrissement, il tire un poignard, frappe la femme d'un coup mortel ; saisit l'enfant, l'enlève et l'écrase sur le sol. »

Arrivée au bord du Nil, l'armée s'y précipite tout habillée, pour se désaltérer par tous les pores. Les pastèques étanchent la soif, la marche au long du fleuve est moins pénible. En vue des pyramides on se heurte au camp retranché des mamelouks. Bonaparte prononcera les mots fameux : « Allez et pensez que du haut de ces monuments quarante siècles nous observent ». Mourat-Bey, en ne voyant que de l'infanterie, dit qu'il allait « nous tailler comme des citrouilles ». Ce fut son expression. En fait, après avoir essuyé le feu de la division Dugua qui les canone et affronté la division Desaix formée en carré, les mamelouks se retirèrent dans un parc planté de palmiers. Délogés par des tirailleurs, ils prirent la route du désert vers le Sud. Bref, une déroute complète dont Denon a dessiné les plans de bataille et la vue d'ensemble.

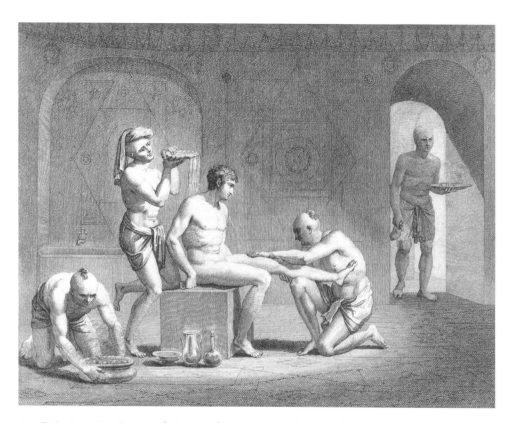

26. **Bain égyptien.** *Gravure de L. Petit d'après Denon. Denon indique que les soins comprenaient une friction, une douche, une fumigation odorante. Un café redonnait des forces après ce traitement.* Voyage dans la Basse et la Haute Egypte. *pl. 35.*

27. *Manière de passer le Nil assis sur un double faisceau de paille.* Gravure de J. Duplessis Bertaux d'après Denon. Voyage en Egypte, *pl. 78.*

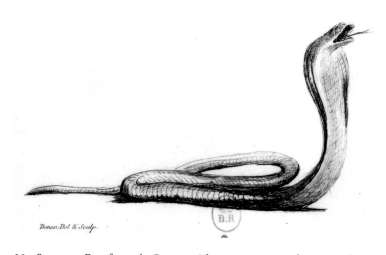

28. *Serpent.* *Eau-forte de Denon. Observateur attentif, Denon dénonce la supercherie du charmeur de serpents.*

La Basse Egypte et le Caire

Après la bataille des Pyramides, Denon entreprend l'exploration du delta. Partie d'Alexandrie avec une petite troupe et sous le commandement du général Menou, embarquée sur un aviso, la petite expédition gagne l'embouchure du Nil. Avec d'extrêmes difficultés, en dépit des vents contraires, des brisants et du tumulte provoqué par la rencontre des eaux du Nil et de la mer, l'aviso réussit à pénétrer dans le fleuve.

Changement de décor : un paysage de jardins étagés, une population accueillante et protestant de sa fidélité, mais cette image idyllique est bientôt contrariée par l'avis qu'une troupe envoyée le jour précédent reconnaître le terrain a été attaquée, les barques coulées et les survivants fusillés. Il faut sévir : le général Menou rassemble un commando et se porte sur le village de Salmie ; il défait sans grand-peine une troupe hétéroclite de guerriers et de paysans, le village est brûlé et le bruit de notre terreur se répand aux alentours. S'ensuit une réception dont Denon nous raconte le cérémonial : « Une maison publique, qui presque toujours avait appartenu au Mamelouk ci-devant seigneur et maître du village, se trouvait en un moment meublée à la mode du pays, en nattes, tapis et coussins : un nombre de serviteurs apportait d'abord de l'eau fraîche parfumée, des pipes et du café : une demi-heure après, un tapis était étendu ; tout autour, on formait un bourrelet de trois ou quatre espèces de pain et gâteaux, dont tout le centre était couvert de petits plats de fruits, de confitures et de laitages, la plupart assez bons, surtout très parfumés. On semblait ne faire que goûter de tout cela ; effectivement, en quelques minutes, ce repas était fini : mais deux heures après, le même tapis était couvert de nouveau : d'autres pains et d'immenses plats de riz au bouillon gras et au lait, de demi-moutons mal rôtis, de grands quartiers de veaux, des têtes bouillies de tous ces animaux et de soixante autres plats, tous entassés les uns sur les autres : c'étaient des ragoûts aromatisés, herbes, gelées, confitures et miel non préparé. Point de sièges, point d'assiettes, point de cuillers ni de fourchettes, point de gobelets ni de serviettes ; à genoux sur les talons, on prend le riz avec les doigts, on arrache la viande avec ses ongles, on trempe le pain dans les ragoûts et on s'en essuie les mains et les lèvres ; on boit de l'eau au pot : celui qui fait les honneurs boit toujours le premier ; il goûte de même le premier tous les plats, moins pour vous prouver que vous ne devez pas le soupçonner que pour faire voir comment il est occupé de votre sûreté, et le cas qu'il fait de votre personne. On ne vous présente une serviette qu'après le dîner, lorsqu'on apporte à laver les mains ; ensuite, l'eau de rose est versée sur toute la personne, puis la pipe et le café. »

Tout paraissait aller au mieux, hors quelques épisodes dramatiques dans la prise de possession du terrain. Bonaparte avait ordonné à la flotte de s'embosser dans la baie de Corfou. L'ordre n'étant pas arrivé, Brueys n'ayant pas jugé possible après sondage de faire entrer la flotte dans le port d'Alexandrie, préfère s'embosser dans la baie d'Aboukir, où la découvrit la flotte anglaise qui devait l'anéantir le 14 fructidor. En 24 heures, la situation était inversée : l'armée française était prisonnière de sa conquête.

Notre flotte détruite a rendu à nos ennemis l'empire de la Méditerranée. Ce désastre bouleverse la situation des Français, que les Anglais croient à bout de ressources. En fait, la Haute-Egypte nous fournissait en abondance le meilleur blé et la farine, et la Basse, le meilleur riz, des troupeaux innombrables de buffles, bœufs, moutons et chèvres : « Pour le luxe de nos tables, nous pouvions ajouter toutes espèces de volailles, poissons, gibiers, légumes et fruits ».

Cependant, nos soldats insouciants, se moquaient de nos marins qui avaient été battus, imaginèrent que Mourat-Bey avait un chameau blanc, chargé d'or et de diamants.

Etant de loisir, Denon profite d'une caravane pour aller chercher les ruines de Canope : « les groupes de militaires, ceux des marchands dans leurs différents costumes, soixante chameaux chargés, autant de conducteurs arabes, les chevaux, les ânes, les piétons, quelques instruments militaires offraient la vérité d'un des plus beaux tableaux de Benedetto ou de Salvador Rosa. » A minuit, la caravane arrive au bord de la mer, couverte des débris de la flotte. Suit un très éloquent morceau célébrant la mémoire des disparus.

Denon reprend sa marche le long de la côte, découvre une main dont la première phalange, de 14 pouces, appartenait à une figure de 36 pieds... Il s'agit d'une Isis tenant un nilomètre. Plus avant dans la mer, on voit mêlé aux fragments du colosse celui d'un sphinx. D'après les dires de Strabon et tout ce qu'il a vu et décrit, il ne reste à Denon aucun doute que se trouvent là les ruines de Canope.

Arrivé à Rosette à 3 heures du matin, Menou ordonne une fête pour le jour anniversaire de la naissance du prophète... Denon assiste à une fête avec chants, musique et danse ; la danse était celle d'une « volupté qui arrive très rapidement à une lascivité d'autant plus dégoûtante que les acteurs, toujours masculins, expriment de la manière la plus indécente les scènes que l'amour même ne permet aux deux sexes que dans l'ombre du mystère ».

Denon fait des remarques sur l'ethnographie : les Coptes, « antique souche égyptienne » ; après les Coptes, les Arabes : l'arabe pasteur, l'arabe bédouin, l'arabe cultivateur, « le plus civilisé, le plus corrompu, le plus asservi, le plus avili », enfin les Turcs. Les Grecs sont à classer au nombre des étrangers. Enfin les Juifs, « qui sont en Egypte ce qu'ils sont partout, haïs sans être craints, méprisés et sans cesse repoussés, jamais chassés, volant toujours sans devenir très riches et servant tout le monde... », et les Barabas, les « gens d'en-haut » habitants de la Nubie et des frontières de l'Abyssinie. Il quitte, avec plusieurs savants, Rosette pour le Caire. Tout ce qu'il voit sur son chemin est si ruiné et si dégradé que la lecture en est bien difficile et il avoue sa déception. Sitôt arrivé, l'occasion se présente de se rendre à Gizeh où il s'installe dans la maison de Mourat-Bey.

Il est frappé par la démesure de la construction des Pyramides, mais note que, faute « d'échelle vivante », elles ne font pas l'impression qu'on attend.

« On ne sait ce qui doit le plus étonner, de la démence tyrannique qui a osé en commander l'exécution, ou de la stupide obéissance du peuple qui a bien voulu prêter ses bras à de pareilles constructions. »

Il revint des Pyramides « harassé au moral comme au physique » ; il eut la chance de voir, dans toute la pureté de son image première, le Sphinx que nous ne connaissons aujourd'hui que défiguré par des soldats qui s'amusèrent à le prendre pour cible. Le texte vaut d'être cité :

« Je n'eus que le temps d'observer le Sphinx, qui mérite d'être dessiné avec le soin le plus scrupuleux, et qui ne l'a jamais été de cette manière. Quoique ses proportions soient colossales, les contours qui en sont conservés sont aussi souples que purs : l'expression de la tête est douce, gracieuse et tranquille ; le caractère en est africain : mais la bouche dont les lèvres sont épaisses, a une mollesse dans le mouvement et une finesse d'exécution vraiment admirables ; c'est de la chair et de la vie. Lorsqu'on a fait un pareil monument, l'art était sans doute à un haut degré de perfection ; s'il manque à cette tête ce qu'on est convenu d'appeler du style, c'est-à-dire les formes droites et fières que les Grecs ont données à leurs divinités, on n'a pas rendu justice ni à la simplicité ni au passage grand et doux de la nature que l'on doit admirer dans cette figure : en tout, on n'a jamais été surpris que de la dimension de ce monument, tandis que son exécution est plus étonnante encore. » « Au Caire depuis un mois, » je n'avais pas vu « une belle rue, pas un beau monument : une seule place vaste mais qui a l'air d'un champ ».

Les indigènes par leurs coutumes « invitent au repos ». Si l'on analyse leurs vêtements, avec des hauts-de-chausses enjuponnés, leurs manches qui débordent des doigts, « un turban avec lequel on ne peut baisser la tête », la pipe et le chapelet qu'ils tiennent, on ne doit « rien attendre de leur industrie hors ce qui est la routine ordinaire ». Pas de souci de faire mieux.

Quelles causes à cette stagnation dans l'industrie ? « Ils bâtissent le moins qu'ils peuvent ; ils ne réparent jamais rien. » Ainsi s'assemblent des montagnes de débris aux abords mêmes de la ville. Les édifices du Caire sont « un mélange de magnificence, de misère et d'ignorance. » Les Turcs ne trouvant plus sous leurs mains des colonnes de l'ancienne Egypte « chargent les Francs de leur faire parvenir des colonnes à la douzaine. Ceux-ci les achètent à Carare... »

La révolte du Caire

Denon était au Caire ; crayon en main, il dessinait le cimetière des mamelouks, au moment où un soulèvement suscité par des Musulmans fanatiques sembla tout un soir et toute une nuit mettre en péril l'occupation. Avec trois de ses collègues, Denon s'était vu assigner comme résidence une villa située à quelque distance du centre et du quartier général, principale cible de la révolte. La villa de Denon n'était pas fortifiée ; elle n'avait que très peu d'ouvertures sur l'extérieur au niveau des ruelles qui la bordaient, mais elle était accessible par les terrasses qui communiquaient avec les demeures voisines.

Aucun poste militaire dans le voisinage, mais heureusement, nos Français avaient reçu des fusils et quelques munitions. Ils firent le coup de feu toute la nuit avec quelques accalmies, où heureusement ils étaient trop tendus pour céder à l'assoupissement. Au matin, les liaisons furent rétablies avec le Quartier Général que Denon et ses compagnons rallièrent aussitôt. Le calme étant revenu, Denon assista à la soumission des rebelles et à la scène fameuse demeurée sous le titre : *Bonaparte pardonnant aux révoltés du Caire.* Denon, dans la relation qu'il en fait, souligne que la contrition des révoltés, ou tout au moins de leurs chefs, lui parut peu sincère.

« La populace, quelques grands et tous les dévots se montrèrent fanatiques et cruels... la classe moyenne, celle où dans tous les pays résident la raison et les vertus, fut profondément humaine et généreuse. »

« En arrivant le matin au quartier général, je trouvai Bonaparte entouré des grands de la ville et des membres de l'ancien gouvernement ; il en recevait le serment de fidélité : il dit au schérif Korain : "Je vous ai pris les armes à la main, je pourrais vous traiter en prisonnier mais vous avez montré du courage et, comme je le crois inséparable de l'honneur, je vous rends les armes et pense que vous serez aussi fidèles à la République que vous l'avez été à un mauvais gouvernement". Je remarquai dans la physionomie de cet homme spirituel une dissimulation inébranlable et non vaincue par la généreuse loyauté du général en chef ; il ne connaissait pas encore nos moyens et ne savait pas assez si tout ce qui s'était passé n'était pas un coup de main militaire ; mais quand il vit trente mille hommes et des trains d'artillerie à terre, il ne quitta plus le quartier général. Bonaparte était couché, qu'il était encore dans son anti-chambre ; chose bien remarquable dans un musulman. »

Il est certain que Bonaparte fit un pari où les risques étaient grands, mais qui par là même devait servir d'autant mieux son autorité et sa gloire. D'où l'intérêt qu'il porta plus tard à cet épisode et à son illustration.

Au lendemain de la révolte du Caire, il était bien difficile de ne pas faire de réflexions moroses. Le mythe qu'avait voulu entretenir Bonaparte, à savoir que les Français étaient les amis du peuple égyptien et que leur ennemi commun contre lequel ils devaient s'allier était la Sublime Porte, représentée par les janissaires et personnifiée par Mourat-Bey, avait révélé son inconsistance. La vérité était que cette armée était prisonnière de l'Egypte, et que tôt ou tard, il faudrait négocier son rapa-triement. Mais ceci était l'affaire des politiques et des militaires. Denon était venu pour voir des monuments et les dessiner : le delta, le Caire même avaient réservé des déceptions que seule la Haute-Egypte pourrait compenser. Mais l'état de belligérance demeurait, pas question de se déplacer sans la protection de l'armée. Denon savait les projets de Desaix et voyait ses préparatifs.

Alors que la plupart des membres de l'Institut d'Egypte demeuraient au Caire, travaillant sur les documents et les informations qu'ils avaient rassemblés, Denon préféra suivre la division Desaix qui allait, à la poursuite de Mourat-bey, remonter le Nil jusqu'à Assouan.

La Haute-Egypte

Il fallait une troupe bien formée, disciplinée et courageuse, aguerrie, mais pas trop nombreuse afin de garder sa mobilité avec un armement suffisant pour compen-ser les maigres effectifs. Une liaison permanente avec le Caire, pour permettre l'en-trée en ligne des renforts et l'évacuation des malades et des blessés. Le Nil était l'artère essentielle, mais cela supposait tout au long de prendre un certain nombre de points d'appui, solidement tenus. En face, Mourat-Bey, régulièrement vaincu quand il attaquait de front, mais insaisissable au désert où il se retirait après chacun de ses échecs ; la simplicité de son armement, l'extrême sobriété de ses hommes lui étaient autant d'avantages.

Le corps français atteignit Assouan, l'île de Philae, mais, militairement, l'ex-pédition fut un échec coûteux. On pourrait dire que le seul qui pourrait se déclarer comblé, c'était Denon ; il avait vu, dessiné les monuments, objets de ses rêves. En bon journaliste, il avait pris sur le pays, ses habitants, ses paysages, quantité de notes, d'observations sur le vif. Il pouvait aussi être content de lui.

Physiquement, il avait bien tenu le coup : il avait, cependant, payé son tribut à l'ophtalmie dont la plupart des soldats étaient atteints (il était resté aveugle pendant une dizaine de jours, se lavant les yeux et buvant quantité d'eau vinaigrée). D'une chute de cheval, il s'était relevé sans dommage comme on verra plus loin. Pendant des mois, il avait suivi les marches et contre-marches de cette troupe, attendu pendant des semaines les embarcations qui devaient apporter au corps expéditionnaire des chaussures et des munitions, festoyé ou jeûné selon les circonstances et tiré par la longe à travers la plaine aride un cheval épuisé qui butait à chaque pas. Il avait aussi lié une amitié, forte et confiante, avec les généraux Belliard et Desaix dont il se trouvait l'encombrant civil associé.

Peut-être convient-il de dire quelques mots de ses compagnons d'épreuves. Le général Belliard qui devait mourir en 1832, pair de France, ancien major-général, Grand-Croix de la Légion d'Honneur, s'était engagé en 1791, à l'âge de 21 ans. Il avait rapidement conquis ses grades et on le voit adjudant-général au moment de la trahison de Dumouriez. Un moment compromis, emprisonné, il se réengage comme simple soldat. Après avoir servi quelque temps en Vendée, il est affecté à l'armée d'Italie et se couvre de gloire à Castiglione, Vérone, Caldéro, Arcole. D'un courage exceptionnel, il a su, en des circonstances difficiles, faire preuve d'une intelligence hors pair. Il était de 22 ans le cadet de Denon, mais cette différence d'âge n'empêcha pas leur amitié.

Avec Desaix, les relations sont plus aisées et sans doute plus rapides. Officier d'Ancien Régime, d'une famille de vieille noblesse, il refuse en 1791 d'émigrer avec son père et sa belle-sœur. Ayant servi à l'armée d'Italie, il s'est lié avec Bonaparte qui le fait nommer général de division et le charge d'organiser l'armée d'Egypte. A Civita-Vecchia, il dirige l'embarquement d'une division de 7000 hommes et rejoint à Malte le convoi général. C'était un stratège en même temps qu'un homme cultivé, et c'est un authentique égyptologue que l'Institut d'Egypte devait élire comme membre, le 10 novembre 1799.

Militairement, on doit considérer l'expédition en Haute-Egypte comme un échec. A chaque fois qu'il a affronté l'armée française rassemblée, Mourat-Bey a été vaincu, mais il n'a cessé de harceler ses lignes de communication, d'entraver son ravitaillement et a su se dégager à temps pour se réfugier au désert. Le climat, les fièvres, l'ophtalmie, ont coûté bien des vies humaines et parfois paralysé, tout au moins ralenti, la progression de la colonne. Celui qui, pour l'opinion publique du temps et pour la nôtre, a su nous donner de cette guerre quelques images saisissantes et, l'ayant déclarée atroce et sublime, nous a apporté l'image véridique de l'Egypte antique, c'est Denon.

Ce qui frappe à la lecture du récit, c'est l'insatiable curiosité du voyageur que tout sollicite et à qui rien n'échappe : qu'il s'agisse d'un charmeur de serpents, dont il discerne d'un coup d'œil le charlatanisme, de la science des Egyptiens ou des amours du chameau.

Nous ne pouvons, car ce serait dépasser les dimensions que nous nous sommes fixées, étudier toutes les étapes du voyage. Retenons-en les points essentiels.

Les nécessités de la campagne obligent la colonne Desaix de poursuivre sa marche en avant. Denon, qui ne peut abandonner les références classiques, compare la situation à celle d'Antoine.

« Nous faisions la guerre », dit-il, « comme Antoine chez les Parthes : les légions romaines... épuisées de pertes journalières, fatiguées de victoires, tinrent à sortir du territoire d'un peuple qui, toujours vaincu et jamais subjugué, venait le lendemain d'une défaite harceler avec une audace toujours renaissante ceux à qui, la veille, il avait abandonné un champ de bataille toujours inutile au vainqueur. » Dans ce pays où il ne pleut pas, les crues du Nil sont un mystère ; Denon s'interroge et hasarde une hypothèse sur le régime du fleuve et tente d'expliquer l'orographie du pays.

Sa curiosité universelle va de pair avec l'humour, ainsi qu'en témoigne l'anecdote suivante. Il note, au passage, le délabrement de la pyramide Hilahoun : « Comme je revenais d'Hilahoun... le Général [Desaix] me charge d'aller porter un ordre à la tête de la colonne : je me mets au galop ; un soldat qui marchait hors des rangs m'entend venir, se tourne à gauche comme je passais à sa droite, et par ce mouvement, me présente sa baïonnette que je n'ai plus le temps d'éviter, et dont le coup me soulève de ma selle et le contrecoup jette le soldat par terre. Voilà un savant de moins, dit-il en tombant, car pour nos soldats en Egypte, tout ce qui n'était point militaire était savant... j'en fus quitte pour un habit déchiré. » Desaix les rejoint avec des renforts, la campagne commence.

« Mon amour-propre était exalté de marcher avec une armée toute brillante de victoires, d'avoir repris mon poste à l'avant-garde de l'expédition, d'être sorti le premier de Toulon, et de marcher avec l'espoir d'arriver le premier à Syène, enfin de voir mes projets se réaliser et de toucher au but de mon voyage...

J'allais fouler une terre couverte de tout temps du voile du mystère, et fermée depuis deux mille ans à tout Européen. Depuis Hérodote jusqu'à nous, tous les voyageurs, sur les pas les uns des autres... s'en rapportaient à des récits orientaux pour tout ce qui n'était pas sur les bords du fleuve... » La colonne quitte Benesouef le 26 frimaire 1798 au soir. Les mamelouks se dérobent continuellement au combat.

Courte halte et dessins à Oxyrinchus.

Arrivée à Assiout (Nicopolis) — tombeaux creusés à même la montagne — sépultures de l'ère chrétienne. Poursuivant toujours les groupes insaisissables du fuyant Mourat-Bey, Desaix et la colonne arrivent à Ptolemaïs. Là commence une région qu'Hérodote n'a décrite que d'après des récits mensongers.

A Girgé, Denon rencontre un prince nubien, à la tête d'une caravane qui revenait de l'Inde avec dents d'éléphants et poudre d'or. Il se rendait au Caire pour prendre : café, sucre, plomb, fer, etc.

« Nous lui parlâmes de Tombout [2], cette fameuse ville dont l'existence est encore un problème en Europe... Tombout était au sud-ouest de son pays », il vendait à ses habitants ce qu'il venait chercher au Caire.

En attendant les barques et la cavalerie qui ne venaient pas, Desaix et Denon écoutent des conteurs arabes. « Sa mémoire [celle de Desaix] prodigieuse ne perdait pas une phrase de ce qu'il avait entendu : et je n'écrivais rien de ces contes, parce qu'il me promettait de me les rendre mot pour mot. »

Le 1er mars, les barques du convoi étant arrivées, ainsi que la cavalerie, Desaix décide de reprendre la marche en avant. Denon, pendant les 21 jours de repos forcé,

---

2. Il s'agit de Tombouctou.

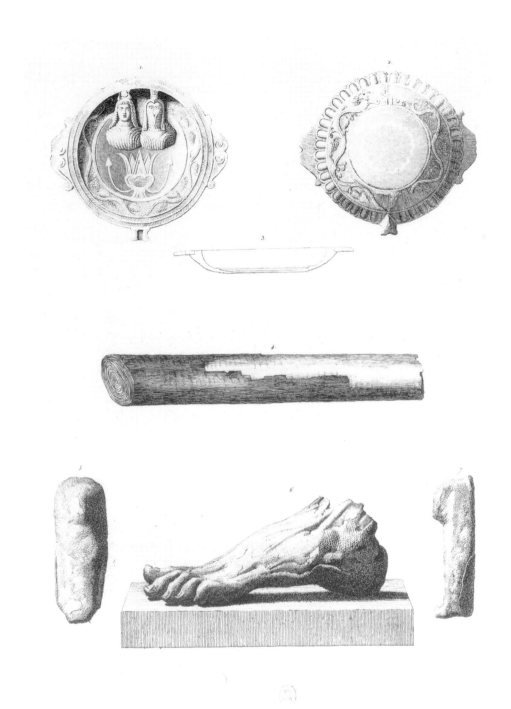

29. **Antiquités égyptiennes.** *Gravure de Fr. L. Gounod d'après Denon. Le pied de momie allait être une des pièces majeures de la collection de Denon.* Voyage en Egypte, *pl. 100.*

30. **Denon dessinant les ruines d'Hiéraconpolis.** *Gravure de J.J. Coiny d'après Denon. « Je m'y suis représenté avec toute ma suite et dans le délabrement où m'avaient réduit les fatigues de la route ».* Voyage en Egypte, *pl. 54 bis.*

31. **Jardin de l'institut du Caire.** *Gravure de Pillement fils d'après Denon. Créé le 22 août 1798, l'Institut avait 36 membres. Denon devait y commenter son voyage en Haute Egypte, mais en fût empêché par son retour précipité en France avec Bonaparte.* Voyage en Egypte, *pl. 25.*

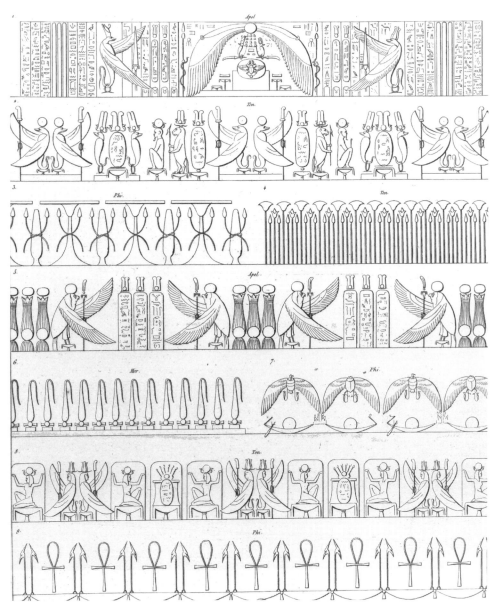

32. *Frises emblématiques de différents temples égyptiens.* Gravure de Galien d'après Denon.
Voyage en Egypte, *pl. 117.*

33. Manuscrit trouvé dans l'enveloppe d'une momie. *Gravure de Réville. Ce papyrus a fait partie des collections de Denon. Il est représenté aussi dans les* Monuments des arts du dessin. Voyage en Egypte, *pl. 136.*

34. Quartier général dans des tombeaux, près de Nagadi. *Gravure de L. Petit d'après Denon. Au centre le général Belliard et son état major. A droite Denon. « Une image vraie de notre manière d'être à cette époque ».* Voyage en Egypte, *pl. 79.*

35. ***Portrait de Dolomieu, dessiné devant Kafr Schaabas Ammers.*** *Eau-forte de Denon. A cet endroit, leur groupe avait été attaqué et Dolomieu avait failli se noyer dans le Nil en crue.*

36. *Portrait du pacha qui commandait les troupes turques à Aboukir en l'an 7.* Eau-forte de Denon. *Il avait blessé Murat avant d'être fait prisonnier.*

37. **Combat de Birambar et mort du général Duplessis.** *Gravure de J. Duplessis Bertaux d'après Denon. Duplessis s'étant jeté sur le bey Osman fut tué d'un coup de lance. Voyage en Égypte, pl. 78.*

38. *Vue de l'isle de Philae. Gravure de Cl. Fr. Fortier d'après Denon. Voyage en Égypte, pl. 71.*

aurait voulu aller à Abidos. Desaix le remettait toujours. Après la bataille de Saman-hout, défaite et fuite de Mourat-Bey, qui n'est pas encore vaincu.

« Desaix n'était point l'enfant gâté de la fortune, et son étoile était nébuleuse : l'expérience ne pouvait le convaincre de notre insuffisance pour gagner de vitesse l'ennemi que nous poursuivions : il ne voulait rien entendre... L'artillerie était trop lourde, l'infanterie trop lente, la grosse cavalerie trop pesante... »

Nous approchions de Tyntira : j'osai parler d'une halte ; mais le héros me répondit avec humeur ; cette défaveur ne dura qu'un moment ; bientôt, rappelé à son naturel sensible, il vint me rechercher et partageant mon amour pour les arts, il se montra leur ami, et peut-être plus ardent que moi. Doué d'une délicatesse d'esprit vraiment extraordinaire, il avait uni l'amour de tout ce qui est aimable à une violente passion pour la gloire, et à un nombre de connaissances acquises, les moyens et la volonté d'ajouter celles qu'il n'avait pas eu le temps de perfectionner ; on trouvait en lui une curiosité active qui rendait sa société toujours agréable, sa conversation continuellement intéressante. »

Tyntira — forte impression que les ruines font sur Denon. Il en lève le plan, fait plusieurs croquis.

« Rien de plus simple et de mieux calculé que le peu de lignes qui composent cette architecture. Les Egyptiens n'ayant rien emprunté des autres, ils n'ont ajouté aucun ornement étranger, aucune superfluïté à ce qui était dicté par la nécessité : ordonnance et simplicité ont été leurs principes ; et ils ont élevé ces principes jusqu'à la sublimité... [les lignes] sont respectées, elles semblent sacrées : tout ce qui est ornement, richesse, somptuosité de près disparaît de loin, pour ne laisser voir que le principe qui est toujours grand. »

« La peinture en Egypte n'était encore qu'un ornement de plus ; suivant toute apparence, elle n'était point un art particulier : la sculpture était emblématique et, pour ainsi dire, architecturale. L'architecture était donc l'art par excellence, dicté par l'utilité... »

C'est à Hermopolis que Denon éprouve une émotion que n'ont su lui procurer ni les pyramides, ni Sakkarah : « Je soupirais de bonheur. Je voyais les premières pierres qui eussent conservé leur première destination, qui, sans mélange et altération, m'attendaient là depuis 4000 ans... Ce dont je ne pus douter... c'est que les Grecs n'avaient rien inventé et rien fait d'un plus grand caractère. »

Une telle remise en question de la supériorité alors incontestée de l'art grec (et romain) c'est, pour un ami de J.-L. David et un lecteur de Winckelmann, une manière de révolution.

« Thèbes aux cent portes », cette expression d'Hérodote traduit bien l'impression de gigantisme que donnait cette cité devenue légendaire et que, en fait, un seul petit nombre de Grecs avaient pu visiter. Les ruines même à demi ensevelies par les sables gardaient cette magie et Denon rapporte que, lorsque l'armée au détour de la route aperçut les ruines de Thèbes, elle s'arrêta saisie et les soldats éblouis applaudirent. C'étaient cependant de simples gens, ces soldats de l'armée de Desaix, mais les plus anciens qui avaient vu les Flandres et le Rhin, puis l'Italie, n'avaient gardé que des souvenirs curieux ou charmés : tout, en somme, demeurait à la mesure de l'homme dans cette Europe ; Alexandrie était trop ruinée pour permettre à des âmes frustes une évocation frappante. Les pyramides par leur démesure étonnaient, cet étonnement laissait comme un malaise, mais à Thèbes, l'immensité des constructions se faisait grandiose et le sentiment qui avait saisi toute l'armée a si fortement marqué Denon qu'il a tenu à en porter témoignage.

Il s'en faut cependant que le premier accueil des Thébains ait témoigné de quelque sympathie. Se portant en avant, Desaix et Denon s'étaient aventurés parmi les colonnes toujours debout. Tout à coup, une grêle de pierres s'abattit sur eux, quelques javelots heureusement mal ajustés furent lancés, et nos deux cavaliers, en hâte, rebroussèrent chemin. Ce premier contact d'ailleurs devait être bref et l'armée continua sa progression. C'est sur le chemin de retour que Denon, demeurant plusieurs jours dans la région, put visiter Karnak, Louxor et la Vallée des Rois.

Si, en Basse-Egypte, l'évocation des cultures grecque et romaine s'impose à presque chaque pas, à Alexandrie comme dans le delta, c'est en Haute-Egypte et à Thèbes comme à Tintyra que la personnalité des architectes et des sculpteurs égyptiens s'impose, non comme une préface, mais comme le discours même d'un art profondément original et capable d'arriver à la perfection. Il est intéressant de noter le cours des réflexions que suscitent ces révélations.

« Au Nord de ces temples, nous trouvâmes la ruine de deux figures de granit renversées et brisées ; elles peuvent avoir trente-six pieds de proportion, toujours dans l'attitude ordinaire, le pied droit en avant, les bras contre le corps : elles ornaient sans doute la porte de quelques grands édifices détruits dont les ruines sont enfouies. Je m'acheminai vers les deux colosses dits de Memnon ; je fis un dessin détaillé de leur état actuel : sans charme, sans grâce, sans mouvement, ces deux statues n'ont rien qui séduise ; mais sans défaut de proportion, cette simplicité de pose, cette nullité d'expression a quelque chose de grave et de grand qui en impose : si, pour exprimer quelque passion, les membres de ces figures étaient contractés, la sagesse de leurs lignes en serait altérée, elles conserveraient moins de formes à quatre lieues d'où on les aperçoit et d'où elles font déjà un grand effet. »

En remontant le Nil Denon arrive à Esno ; une fois de plus le frappe la négligence, l'incurie des Egyptiens d'aujourd'hui : les quais et le port sont à l'abandon, les masures occultent en partie un portique de temple que Denon estime « le monument le plus parfait de l'antique architecture ».

Edfou trouve Denon en meilleures dispositions, bien qu'il y soit arrivé au soir et n'ait pas eu le temps d'achever son exploration. Des masures encombrent l'intérieur du temple et sont accrochées aux monuments un peu comme des nids d'hirondelles en Europe. A Appolinopolis, il trouve même une certaine poésie au contraste « pittoresque » que font ces bicoques, précaires constructions, avec la pérennité de l'édifice antique.

L'île de Philaée marque le point extrême du voyage au Sud. L'accueil des habitants fut violemment hostile et les militaires français essayèrent en vain de les convaincre de leurs intentions pacifiques. Des monuments de diverses époques imbriqués les uns dans les autres sans souci d'une composition d'ensemble font un échantillonnage intéressant de l'histoire de l'architecture, mais l'ordonnance en fait défaut.

Le bateau qui devait ramener Denon au Caire faisait de nombreuses escales et permettait quelques découvertes. La plus sensationnelle fut dans la Vallée des Rois, dont la plupart des tombeaux demeuraient inaccessibles, celle d'une momie qui tenait en sa main un papyrus. Ainsi, les Egyptiens de l'Antiquité avaient des livres : ce papyrus, Denon l'emporta et bien des années plus tard, il constituait une pièce maîtresse de sa collection dont il était le plus fier.

De retour au Caire, il a repris sa place à l'Institut d'Egypte et il est très sollicité par ses collègues, il se sent prisonnier, mais le travail est si passionnant qu'on n'y songe guère. Cependant la Sublime Porte a décidé d'intervenir, comprenant que si Mourat-Bey est insaisissable, il est en même temps incapable d'emporter la décision. C'est dans ce climat qu'est montée une expédition, dernier espoir du Sultan et du Grand Vizir. L'affaire se solde par un échec : la bataille d'Aboukir, où les Français remportent une victoire qui pourrait effacer le désastre maritime survenu un an plus tôt.

Denon était-il à la bataille d'Aboukir, le 25 juillet 1799 ? 6000 Français devaient battre 18.000 Turcs tués au combat, faits prisonniers ou noyés en se jetant à la mer pour regagner leurs vaisseaux.

Le 19 août 1799, Denon, alors au Caire et qui logeait avec la mission au Palais de l'Institut, recevait de Berthier l'ordre de se rendre à Alexandrie pour le 22 août au matin. Un ordre analogue atteignait Monge et Berthollet, ainsi que les généraux Murat, Marmont, Lannes et Duroc.

Denon fut embarqué sur la frégate la *Cassère* avec Murat, Marmont et Perceval, tandis que Bonaparte prenait avec lui sur la *Muiron*, Duroc, Monge, Berthier, Berthollet, Bienvenue et Eugène de Beauharnais. La petite escadre, composée des deux frégates déjà nommées et de deux avisos, était placée sous les ordres de l'amiral Ganteaume. Elle devait parvenir à Fréjus le 9 octobre. Dispensés de la quarantaine, les passagers purent débarquer immédiatement.

Un événement littéraire

Il fallut près de trois ans à Denon pour rédiger le récit de l'expédition, graver les planches, les faire tirer et imprimer l'ouvrage qui parut en l'an X en deux tomes in-folio, avec un atlas de 141 planches, chez Didot l'aîné. Il s'était hâté, lentement, de sorte que l'ouvrage ne témoignait d'aucune précipitation et se présentait sous le meilleur aspect ; et il était bon premier à présenter un tel ensemble de documents sur la Basse et la Haute-Egypte. Immédiatement traduit en anglais et en néerlandais, un peu plus tard en italien, il connut un franc succès.

Nous retrouvons dans le *Voyage dans la Basse et la Haute-Egypte* cette curiosité très ouverte, intéressée à décrire le mode de vie, les outils, les instruments de musique et les comportements du fellah comme ceux de l'artisan dans sa ville, que nous avons signalée chez le voyageur de Calabre et de Sicile. Mais, si le sociologue est présent, c'est finalement l'amateur d'art qui l'emporte, ce dont témoigne le passage suivant :

« ...J'ai dessiné jusqu'aux rochers, jusqu'aux carrières de granit d'où sont sorties ces figures colossales, ces obélisques plus colossales encore, ces rochers couverts d'hiéroglyphes. J'ai voulu prendre une idée de l'art de la peinture chez les Egyptiens, de leurs armes, de leurs meubles, de leurs ustensiles, de leurs instruments de musique, de leurs cérémonies, de leurs triomphes. »

L'auteur, graveur mondain, diplomate retiré, collectionneur éclectique, prenait figure d'archéologue glorieux d'avoir été le compagnon et le chroniqueur d'une épopée qui passionnait la France et l'Europe. Ce n'est pas sans dessein que Bonaparte l'avait compris au petit nombre de ceux qu'il ramènerait avec lui.

La précision du récit, la manière vivante dont Denon exposait aussi bien une exploration archéologique que les batailles auxquelles il avait assisté, avaient frappé le général. Bonaparte avait compris, également, quelle mine documentaire il pourrait être pour les peintres chargés d'en illustrer certains épisodes.

Denon est devenu un auteur célèbre, en France et en Europe, et, après s'être endetté jusqu'au cou, un homme fortuné. Il a 56 ans, il sera membre de l'Institut, on l'entoure, on se le dispute dans les salons parisiens. Il pourrait se reposer sur cette gloire et se délasser en gravant.

Pendant que Denon est accaparé par l'illustration et l'impression de son livre, que s'est-il passé dans le monde des arts ?

Les années 1800-1802 sont une période indécise. Bonaparte remet de l'ordre dans l'Etat et laisse Lucien, ministre de l'Intérieur, administrer les arts. Dans le temps court des loisirs qu'il s'accorde, il arrive à Bonaparte de s'entretenir avec David et d'ébaucher de grands projets d'urbanisme. En 1802, il invite Canova à venir à Paris.

En Antoine-Jean Gros, Bonaparte avait trouvé le peintre qui saurait le mieux traduire les étapes décisives de sa vie militaire, des *Pestiférés de Jaffa* au *Champ de bataille d'Eylau*. David serait le peintre des grands moments de la vie impériale. David a-t-il sérieusement pensé à jouer le premier rôle dans la vie artistique de son temps ? Etre ce que Le Brun avait été pour Louis XIV ? La question demeure ouverte, même après l'exposition de 1989-90 et la publication du catalogue qui permet de suivre, presque pas à pas, les gestes et les paroles de David.

« Bonaparte est mon héros » — avait dit David à ses élèves en esquissant sur le mur de l'atelier le profil du général (1795). L'auteur du coup d'Etat du 18 Brumaire était-il toujours un homme de Plutarque ? David s'était contenté de soupirer que nous n'étions pas assez vertueux pour être républicains.

A l'époque de la première campagne d'Italie, les deux hommes ne se sont jamais rencontrés, mais les gazettes font écho aux accusations portées contre David, dont les adversaires ne désarment pas. Bonaparte fait offrir à l'artiste de le rejoindre au Quartier Général ; il y trouvera sécurité. David refuse et, sans doute la raison principale est-elle son attachement à ses élèves : ceux-ci sont intervenus à plusieurs reprises, et parfois avec succès. Mais ce n'est pas seulement la reconnaissance qui inspire l'artiste : il se sent chargé d'âmes ou plutôt de talents ; c'est un aspect de son caractère que l'on n'a peut-être pas suffisamment souligné. Des leçons qu'il a reçues lorsqu'il était élève à l'Académie de peinture, il a gardé de mauvais souvenirs. Lorsqu'il repousse les avances que lui font les académiciens par sa réponse : « Je fus autrefois de l'Académie... », il y a de la rancune sans doute, mais aussi le refus de participer à une institution qu'il juge mauvaise et qu'on ne peut réformer : il faut la supprimer. Ce goût de la table rase est courant dans le monde révolutionnaire ; il caractérise en particulier les Jacobins et les Cordeliers, Robespierre et Saint-Just. De là à dénoncer comme traîtres et corrompus ceux qui inclinent vers le compromis... vieille et éternelle querelle.

David se vit offrir, au début de 1798, d'accompagner l'armée d'Egypte. Il déclina l'offre, sans doute eut-il raison. Que lui eût apporté la connaissance de l'Egypte ? Peut-être un certain trouble dans la confiance absolue qu'il mettait dans les Anciens, de Grèce et de Rome ; il n'était pas homme à vivre à l'aise dans le relatif, il avait cherché en diverses directions ; celles qu'il suivait : Bonaparte d'une part et l'Antiquité classique telle qu'il l'imaginait, devaient être tenues fermement. Napoléon disparu de la scène, restait l'Antiquité à laquelle il garda sa foi jusqu'au dernier souffle.

CHAPITRE HUITIÈME

DENON
DIRECTEUR GÉNÉRAL
DES MUSÉES

Les incertitudes du pouvoir

Le 18 Brumaire suivit de peu le retour et le débarquement à Fréjus. Après la mise en marge de ses deux collègues, Sieyès et Roger Ducos d'abord, Lebrun et Cambacérès un peu plus tard, Bonaparte ira s'installer aux Tuileries, assez vite débarrassées des emblèmes et souvenirs de la Révolution ; au premier étage, le Premier Consul, son cabinet de travail, le service topographique et la chambre des cartes en communication avec les salons et la galerie de réception, le Conseil d'Etat. Au rez-de-chaussée, Joséphine, sa fille Hortense également, dans un deux-pièces. Mobilier confortable, soigné mais sans faste, signé Jacob. Comme résidence secondaire, la Malmaison, une maison de campagne plaisante, où l'on peut recevoir les compagnons d'Egypte et se détendre. Les anciennes résidences royales étaient à l'abandon ; pour l'heure, on se contente de nettoyer, de changer les serrures et de fermer les grilles des jardins et des parcs. Le seul palais qui sera bientôt remis en état est Saint-Cloud, d'accès facile, bien situé et qui n'évoque pas de souvenir révolutionnaire. Bonaparte était venu s'y promener en août 1801 avec Berthier, qui lui avait suggéré de s'y installer, mais c'est seulement en septembre 1802 que le Premier Consul délaisse Malmaison et inaugure des séjours de plus en plus fréquents dans ce palais aménagé et meublé dans le style « retour d'Egypte ».

Dans ces premières années le ton de ce nouveau pouvoir est à la simplicité, au sérieux, au travail et à la paix : en somme, un style romain, mais encore républicue romaine. Bonaparte a besoin de la paix, il la cherche. Le 9 février 1801, la France et l'Autriche ont signé le traité de Lunéville, la paix est rétablie en Italie, en Suisse et en Hollande. Reste l'Angleterre qui, après des négociations difficiles, signe la paix à Amiens le 27 mars 1802. En fait, ce n'est qu'une trêve qui sera rompue.

Toujours bien soutenu par l'opinion, Bonaparte se consacre au Code civil, à l'organisation de l'Etat et de l'administration. Dans tout cela, peu de place pour une politique artistique.

A cette époque, comment vont les arts et comment va le marché des arts ? A petits pas indécis, l'Etat se réserve, commande peu et n'achète guère. La clientèle des aristocrates demeure dans l'émigration ou, rentrée, achète peu. Seul le portrait, à l'huile ou au pastel ou, plus discret et moins coûteux au crayon, demeure un domaine achalandé. Une nouvelle bourgeoisie, assez hétérogène, pour ne pas dire interlope, est apparue, composée d'acheteurs de biens nationaux, des agioteurs et des fournisseurs aux armées ; ceux-ci sont non seulement marchands d'armes et de poudres, mais des fabricants du textile, de la bufflleterie et de la chaussure ; pas ou peu de culture, une grande incertitude et une certaine timidité. Ce n'est pas eux qui pousseraient à une révolution esthétique. Le grand succès du théâtre lyrique, dans ce monde qui se cherche, va de pair avec la morosité des arts du dessin. La « grande peinture » demeure fidèle à l'Antique et les héros que l'on célèbre s'appellent Bélisaire, Phèdre, Epaminondas, Caton, Hercule, Ariane ou Tatius... Pour les petites bourses, le paysage, les scènes de genre, les fleurs, les natures mortes. A peu près seuls, Lejeune et Bacler d'Albe peignent des scènes militaires.

Les Beaux-Arts, c'est le domaine de Lucien, ministre de l'Intérieur qui volontiers se pose en amateur éclairé, en mécène. A vrai dire, le ministère de Lucien du 4 nivôse an VIII (25 décembre 1799) au 15 brumaire an IX (6 novembre 1800), ne se signale pas par des initiatives bien marquantes : il fait étudier par David, Moitte et Legrand un projet de transformation des Invalides en un « palais des guerriers vétérans », ordonne un monument pour le Pape Pie VI, s'occupe de la réfection des palais nationaux. En application de l'arrêté consulaire du 29 ventôse an VIII (20 mars 1800), et par lettres-circulaires aux préfets, il met au concours un projet de colonnes départementales destinées à « célébrer la mémoire des guerriers morts au champ de bataille, pour la défense de la patrie et de la liberté » David se voit confier la direction de l'exécution de l'arrêté.

Si la nécessité d'une grande politique artistique semble évidente pour le gouvernement, elle n'est pas actuelle ; il y a des urgences plus pressantes et, du reste, bientôt, Bonaparte va descendre en Italie pour une campagne qui va durer deux mois.

Dans le scénario qui s'ébauche, David reste le personnage central. Après le 18 Brumaire, le Premier Consul le fait appeler assez souvent, il aime visiter Paris avec lui et faire ses projets : le dégagement de la place du Carrousel, la démolition de l'église Saint-Gervais, pour permettre la percée d'une voie nouvelle en direction du faubourg Saint-Antoine, la construction de nouveaux ponts, l'expulsion des peintres et sculpteurs qui occupaient le Louvre... Sans doute parlent-ils, aussi, du Muséum et, plus généralement, des musées ; c'est une question qui avait intéressé David, comme en témoignait le projet établi en décembre 1799.

Un musée par département, composé des œuvres confisquées aux émigrés ou provenant de la nationalisation des biens du clergé, et, au sommet, à Paris, un musée national. Cette structure, logique, était conçue comme un complément à l'enseignement des Beaux-Arts, ce qui dans la pensée de David devait exclure les formes primitives de l'art, ou tout au moins, en limiter la représentation à ce qui pouvait être indispensable à l'étude de leur évolution. Conception didactique plutôt que scientifique du musée.

A-t-il exposé ces vues à Bonaparte et l'a-t-il convaincu ? Retenons que cette ébauche de structure apparaît plus centrée sur l'enseignement et la formation des artistes que sur la culture des masses. Lorsque Napoléon, à Sainte Hélène, déclarera : « Mes musées étaient ouverts à la canaille et ma canaille eût été la plus instruite d'Europe », il assigne au musée une tâche infiniment plus large et en tout cas différente. Ce n'est pas à un artiste qu'il convenait de confier l'administration des Arts. La solution était à chercher ailleurs. Quoi qu'il en soit, l'affaire pour le moment, en resta là.

Un arrêté du 18 pluviôse an VIII (7 février 1800) nomma « le citoyen David peintre du Gouvernement » et chargea le ministre de l'Intérieur de « proposer les attributions de cette place ». Au dire de Jules David [1], Lucien avait reçu l'ordre de faire rechercher les attributions de Lebrun. Lucien s'en montra piqué, et reprocha à David de lui « enlever le plus beau fleuron de sa couronne ». David, après une discussion animée avec le ministre, déclara refuser la nomination et, bien qu'elle eût paru au *Journal Officiel* (18 pluviôse an VIII), il maintint sa décision. Son élève Moriez écrivit à Ducis que son maître jugeait le titre insignifiant : « il aurait voulu être ministre des Arts, premier peintre de France, surintendant des bâtiments, etc. ou plutôt sous quelque titre que ce fût, avoir une influence suprême » [2]. Avant même cependant que la nomination eût été rendue publique, dès le 7 pluviôse, David avait reçu une lettre de félicitations de plusieurs artistes, qui sollicitaient sa protection. Quels que soient les motifs de David (la vanité de l'homme, comme son caractère naturellement autoritaire, rendent vraisemblable l'interprétation de Moriez), le peintre s'obstina dans son refus et cessa de collaborer aux entreprises de Lucien, qui garda les Beaux-Arts dans ses attributions [3].

Pour quelles raisons Bonaparte aurait-il porté son choix sur David ? Le peintre

1. Jules David, *Le peintre Louis David*, Paris, Havard, 1880, gr. in-4, p. 167.
2. Id., p. 367.
3. Jal, dans une note manuscrite (Bibl. Institut, ms. 3.784), prétend qu'en apprenant sa nomination, David courut aux Tuileries et dit à Napoléon : « Sire, dispensez-moi du devoir que vous voulez m'imposer : je ne veux, ni ne peux me charger de conduire les arts. J'ai eu le tort de m'occuper d'autre chose que de mes tableaux et je me suis fait beaucoup d'ennemis ; la direction des arts en accroîtrait le nombre, et j'aime le repos. Laissez-moi à mes ouvrages et à mes élèves qui me donnent assez de peine. Je suis très honoré du titre de peintre de votre Majesté et je vous remercie de me l'avoir conféré ; celui de directeur, donnez-le à Denon, c'est un amateur distingué, un homme aimable, spirituel, poli, et qui n'a rien à faire ; l'emploi lui convient autant qu'il me convient peu. » Jal ne cite pas sa source, mais l'anecdote est suspecte de toutes façons : avantageuse pour David, on devrait en trouver l'écho dans l'ouvrage de Jules David : enfin, et surtout, ses anachronismes ne permettent pas de lui accorder crédit : la nomination d'un directeur fut faite sous le Consulat et non sous l'Empire.

était marqué par son passé politique et son amitié pour Robespierre [4] ; il comptait, dans le monde des artistes, bien des ennemis ; mais le prestige de son talent, son autorité de maître restaient considérables : il était une gloire européenne.

Les relations de David avec Napoléon présentent un caractère affectif qui paraît avoir échappé aux biographes du peintre. Cependant Delécluze dit excellement : « La célébrité et l'apparition d'un nouveau personnage, pour lequel David se prenait d'enthousiasme, ont ordinairement échauffé et soutenu sa verve chaque fois qu'il a exécuté un de ses ouvrages importants. Les Horace et Brutus, Bailly, Mirabeau et Marat, Léonidas et Bonaparte, ont été successivement ses héros de prédilection [5]... » David fut un homme aux enthousiasmes successifs, également sincères et également violents, dont les contradictions ne l'embarrassaient pas.

Sa dévotion à l'Antique avait été d'ordre moral autant qu'esthétique. Quand il peignait les Horaces, c'était un type d'humanité plus noble et plus haut dont il cherchait à préciser et à fixer les traits. Ces modèles que le règne de Louis XVI ne lui avait pas offerts et qu'il avait cherchés dans Plutarque, il crut d'abord les retrouver dans la Révolution : Marat, Le Pelletier de Saint Fargeau, le jeune Bara, tous, quand il les peint, lui paraissent dignes de l'Antique. Il voue ensuite à Robespierre la même admiration fanatique. Lorsque, après Thermidor, enfermé au Luxembourg et sachant sa vie menacée, il reprend ses crayons, c'est pour esquisser *Homère récitant des vers aux Grecs attendris*. Retour à ce qui ne trompe point, dégoût d'une âme déçue dans ses espoirs et sa confiance.

L'amnistie du 4 brumaire an IV (26 octobre 1795) a libéré David, mais ne l'a pas réconcilié. Il se met au tableau des *Sabines* et pendant près de deux ans vit assez à l'écart de l'actualité. Il n'a pas, cependant, dans le secret de lui-même, renoncé à l'espoir de rencontrer enfin un homme de Plutarque.

Le jeune vainqueur de l'armée d'Italie serait-il ce héros ? Après la bataille de Lodi, David écrit à Bonaparte pour lui demander un dessin des lieux : il veut faire un tableau de la bataille, lui qui n'a jamais peint de guerriers que romains ou grecs.

David, en cette année 1797, est en butte aux persécutions du parti royaliste, qui publie son intention de châtier « le monstre hideux, la grosse joue » [6]. Bonaparte, apparemment flatté de l'attention du peintre qu'il ne connaît pas encore, mais dont il sait la gloire, lui fait offrir par son aide de camp Julien, un asile à l'armée d'Italie. David refuse ; peut-être n'est-il pas encore sûr ni de lui ni de Bonaparte. Il se doit, dit-il, au tableau des *Sabines* [7]. Mais bientôt l'événement va lever son incertitude. On sait comment David vit pour la première fois Bonaparte à la cérémonie qui eut lieu au Luxembourg pour célébrer le traité de Campo-Formio. De sa place, n'ayant pu l'approcher, mais gagné par la fièvre de l'enthousiasme, il dessine hâtivement la silhouette inoubliable, et au-dessous griffonne : *Le Général de la Grande Nation*.

Ils se rencontrèrent chez Lagarde, secrétaire du Directoire. L'entrevue avait été ménagée sur le désir exprès de Bonaparte qui, à peine le peintre présenté, lui prit

---

4. Delécluze, qui connaît bien le monde des artistes, remarque que les premiers à se rallier à Bonaparte furent les anciens Jacobins.
5. Jules David, *op. cit.*, p. 334.
6. *Ibid.*
7. Miettes de Villars, *Mémoires de David*, Paris, 1850, in-8, p. 165.

le bras et l'entraîna dans une embrasure de fenêtre pour l'entretenir plus à l'aise. A table, il fit déplacer un convive pour continuer la conversation commencée. Lorsque David demanda à faire son portrait, Bonaparte accepta.

Mais la promesse semble avoir été faite plus par politesse qu'avec l'intention de la tenir. Deux jours avant le rendez-vous fixé, Bonaparte n'a encore rien fait dire. L'atelier des *Horaces* cependant est prêt : Etienne Delécluze et Alexandre Péron ont disposé l'estrade où doit prendre place le modèle. David a, comme dit Delécluze, « l'imagination montée ». Il prend le parti d'aller lui-même s'enquérir. Le général répond qu'il sera le lendemain au Louvre.

Il arriva vers midi. « Le bruit de sa venue... s'était répandu dans tous les ateliers, en sorte que maîtres et élèves formaient une haie dans les corridors que Bonaparte parcourut avec les deux officiers qui l'accompagnaient. Ducis se précipita tout essoufflé dans l'atelier des *Horaces* où se tenait David avec Alexandre et Etienne et dit : « Voilà le général Bonaparte ! » L'artiste alla au-devant du héros qui, après avoir monté rapidement le petit escalier de bois, entra en ôtant son chapeau. Il était vêtu d'une simple redingote bleue à collet, laquelle, se confondant avec le noir de sa cravate, faisait ressortir sa figure jaunâtre et maigre, mais qui paraissait alors d'autant plus belle que la disposition artificielle de la lumière en faisait ressortir les formes grandes et bien prononcées [8]. »

Il regarda avec attention le tableau des *Horaces* et celui de *Brutus*, mais sans rien manifester de ses impressions ; il paraissait impatient. Ayant revêtu l'uniforme de général qu'il avait apporté, il monta sur l'estrade et David se mit au travail. Il avait fait préparer une toile de sept pieds de haut sur neuf de large. Le tableau devait représenter « le général tenant le traité de paix avec l'empereur, et à quelque distance de lui son cheval et des personnes de sa suite ». Le peintre n'eut que le temps, en trois heures, d'esquisser l'ensemble du personnage au crayon blanc et de peindre l'ébauche de la tête. Il n'y retoucha jamais plus. C'est l'admirable esquisse que Denon acheta à la vente de David et dont il ne conserva que la tête : elle a passé ensuite dans la collection Bassano [9].

Le lendemain de cette séance, David vint à l'atelier des élèves vers deux heures. Il était encore débordant d'enthousiasme : « Oh ! mes amis, quelle belle tête IL a ! C'est pur, c'est grand, c'est beau comme l'Antique... ces maladroits de graveurs italiens et français n'ont pas eu seulement l'esprit de faire une tête passable avec un profil qui donne une médaille ou un camée tout fait. » Et, monté sur la table du modèle, il dessina au crayon blanc, sur la muraille, le profil de Bonaparte, de la hauteur de quatre à cinq pouces. Puis il ajouta : « C'est un homme auquel on aurait élevé des autels dans l'Antiquité : oui, mes amis, oui, mes chers amis : Bonaparte est mon héros ! » [10]

Même élan, même fièvre, même enthousiasme naïf que lorsqu'à la tribune de la Convention David s'offrait pour fixer les traits de Lepelletier et de Marat. Etre le

---

8. Etienne Delécluze, *Louis David, son Ecole et son temps. Souvenirs.* Paris, 1855, pp. 201, 202.
9. Delécluze, *op. cit.*, p. 203. Le récit de Delécluze, très vivant, est fait évidemment d'après des souvenirs personnels.
10. L'œuvre est entrée au Louvre avec la collection Bestégui.

DENON DIRECTEUR GÉNÉRAL
DES MUSÉES

Plutarque de la peinture, pouvoir joindre à l'œuvre d'art parfaite la leçon morale et civique, son rêve cette fois va-t-il prendre corps [11] ?

David avait vu en Bonaparte le héros républicain. L'admiration pour l'homme fut plus forte que la fidélité aux principes. Il prit aisément son parti du 18 Brumaire et lorsque Delécluze lui en fit le récit, il se contenta de répondre : « Allons, j'avais toujours bien pensé que nous n'étions pas assez vertueux pour être républicains... »

Ses rapports avec Bonaparte étaient pour le peintre l'occasion de grandes satisfactions d'orgueil, mais aussi de déceptions et d'étonnements. Il lui échappa de dire : « Ces généraux n'entendent rien à la peinture », un jour que Bonaparte, étant venu voir le tableau des *Sabines* dont l'exposition particulière était ouverte au Louvre depuis le 21 décembre 1799, avait critiqué l'attitude des combattants et prétendu montrer à David « comment on se bat » [12].

Après Marengo, ce fut Bonaparte qui sollicita David de faire son portrait. Le peintre travaillait alors au *Passage des Thermopyles*. Le Premier Consul commença par le blâmer de « se fatiguer à peindre des vaincus », puis il lui exprima le désir qu'il avait d'avoir son portrait de sa main. Le peintre parla des séances de pose.

« Poser ? — à quoi bon ? Croyez-vous que les grands hommes de l'Antiquité dont nous avons les images avaient posé ? »

La ressemblance ? « Ce n'est que l'exactitude des traits, un petit pois sur le nez qui font la ressemblance. C'est le caractère de la physionomie, ce qui l'anime, qu'il faut peindre... Personne ne s'informe si les portraits des grands hommes sont ressemblants. Il suffit que leur génie y vive. »

Sont-ce là seulement propos improvisés pour éluder une corvée ? C'est bien aussi un programme d'idéalisation des effigies qu'il entend offrir à la postérité. Lucien, qui assistait à l'entretien en fit *a part* le commentaire : « Voyez-vous, mon cher, lui disait-il, en sortant avec le peintre du cabinet de Bonaparte, il n'aime que les sujets nationaux parce qu'il s'y trouve pour quelque chose. C'est son faible : il n'est pas fâché qu'on parle de lui. » [13].

L'idée de peindre Bonaparte au passage des Alpes, nouvel Hannibal « calme sur un cheval fougueux », plut à David. Delécluze nous rapporte comment on relégua le *Léonidas*, alors sur le chantier, pour faire place à la toile neuve « sur laquelle David portait déjà les yeux avec impatience, pour y tracer la nouvelle composition qui le préoccupait ».

David était « subjugué » : « sa conversion à la monarchie fut... si complète et l'on peut même dire si sincère, qu'il ne s'aperçut pas de son changement d'idées et de costume » [14].

---

11. Cette exaltation, cette fièvre étaient partagées par la foule parisienne, elle le sera aussi par le musicien qui dédiait sa troisième symphonie au héros. C'est Bernadotte, ambassadeur à Vienne pour discuter les termes du traité de Campo Formio, qui aurait suggéré à Beethoven d'écrire une symphonie à la gloire de la Révolution et du général de l'armée d'Italie. Lorsque Ries informa Beethoven du vote du Sénat appelant Bonaparte à l'Empire, Beethoven dit : « Au temps de la fièvre révolutionnaire, oui, à la bonne heure, cela aurait pu se faire. Mais maintenant, quand tous cherchent à se couler de nouveau dans les vieilles ornières, que Bonaparte a conclu un concordat avec le Pape, une telle sonate ? (8/04/1802) Ce n'est donc rien qu'un homme ordinaire ! » Et, de rage, Beethoven déchira la page de titre et écrivit : « Sinfonia Eroica ».

12. Jules David, *op. cit.*, p. 363.

13. Delécluze, *op. cit.*, p. 232.

14. *Ibid.*, p. 234.

C'est à cette époque que le bruit se répandit qu'une direction générale des arts allait être créée (janvier 1800), et que la place de premier peintre fut offerte à David. Nous avons vu qu'il la refusa. Il devait l'accepter plus tard et en revendiquer âprement les prérogatives. Mais alors, Denon était en place, et sut faire maintenir le peintre dans les limites d'une fonction qui resta toujours simplement honorifique.

Bonaparte avait distingué David comme le peintre le plus célèbre de son temps. Il avait dû lui sembler naturel, ce qui est une vue commune, de charger un artiste d'administrer les arts. L'esthétique davidienne, cependant, n'avait pas toute son approbation. Aussi paraît-il avoir aisément renoncé à son projet quand David, pour des raisons qui restent confuses, le fit lui-même échouer.

Une seule gloire pouvait balancer celle de David, et c'était celle de Canova. Le sculpteur avait déjà reçu de nombreuses commandes de Bonaparte quand, au début de septembre 1802, Cacault, notre ambassadeur à Rome, lui transmit l'invitation de venir à Paris pour y faire le portrait et la statue du Premier Consul. L'offre, d'abord éludée, fut finalement acceptée, Pie VII et le cardinal Consalvi s'étant entremis, et le sculpteur arriva à Paris à la fin du mois de septembre.

Pendant les trois mois de son séjour, qui se prolongea jusqu'à la fin de décembre 1802, Canova eut, avec le Premier Consul plusieurs entretiens. Selon Malamani, cité par Ferdinand Boyer, la place de directeur général du Musée du Louvre, occupée par Denon, lui fut offerte. Boyer note que l'auteur italien n'apporte point de son dire « la preuve documentaire ». La nomination de Denon comme directeur général des Musées est du 28 brumaire an XI (19 novembre 1802). A cette date, Canova était à Paris depuis près de deux mois ; si l'offre lui fut faite, on peut supposer que ce fut au cours de ces deux mois, et que ce n'est qu'après le refus du sculpteur italien que le choix du Premier Consul se fixa sur Denon. Fidèle à son intention première de confier la direction des arts à un artiste, Bonaparte aurait sollicité successivement le peintre le plus glorieux et le sculpteur le plus célèbre, et ce n'est qu'à leur refus qu'il se serait décidé pour l'antiquaire et l'amateur Denon.

Attributions et conflits de compétences

Vivant Denon a cinquante-cinq ans : sa santé demeure excellente. Le graveur, spirituel, mais sans génie, l'amateur d'art qui connaîtra l'Europe de Saint-Pétersbourg à Messine et de Paris à Vienne, Venise et Varsovie, le diplomate trop bavard, l'homme du monde aimé des femmes, le sociologue comme on en trouvait dans les salons de Paris, le franc-maçon de bonne compagnie. Cet homme est, en quelques mois, devenu un auteur célèbre, édité en trois langues, le narrateur de l'Egypte et de son héros, Bonaparte. La cinquantaine n'est pas l'âge des grandes ferveurs ni des enthousiasmes sans condition. Un témoin du Comité de Salut Public, puis du Directoire, en a vu de toutes les couleurs. Cependant, le sceptique dont le sourire reste jeune et marque l'humour, est un inconditionnel de Bonaparte et gardera à Napoléon toute sa foi, ses forces, son dévouement. Les tâches qui lui seront confiées, il les accepte, mieux, il les assume. Remplacer la direction collégiale du Muséum par un homme, directeur, ayant seul autorité, était dans la logique du nouveau pouvoir. Il ne se pressait pas cependant, et, trois ans avaient passé sans décision prise.

Avec son immense culture, son expérience, sa curiosité ouverte, Denon était le bon choix. C'est un homme d'âge mûr. Parmi les responsabilités qui lui sont données, il y a celle-ci : le transport des œuvres d'art ; qu'est-ce que cela veut dire ? La formule est assez vague, donc extensive. En fait, cela signifie qu'il sera responsable de l'acheminement vers Paris et le Musée Napoléon de toutes les œuvres d'art, peintures, sculptures, mobiliers, d'objets divers prélevés ou confisqués en conséquence des victoires des armées françaises. Sans parler, cela va sans dire, de l'expédition dans les départements, les tribunaux et les résidences du Grand Empire, des portraits peints ou sculptés, dont on va inonder les monuments publics et les cours étrangères. Mais qui dit transport, veut dire aussi, pour les œuvres nouvelles, leur réalisation. Ainsi, plus puissant que Lebrun, le nouveau directeur du Muséum va être le ministre des Beaux-Arts de l'Empire. Un rude travail, une centaine d'artistes : sculpteurs, peintres, graveurs, médailleurs, des équipes de dessinateurs, de lissiers, de peintres sur porcelaine, qui travaillent aux Gobelins, à Aubusson, à la Monnaie des Médailles, à Sèvres et dans les fonderies, vont être ainsi placés sous son autorité. Au Muséum est son poste de commandement et son secrétariat général.

Denon, par un sens remarquable de l'organisation du travail, par son esprit clair, par sa patience et sa ténacité a su mener toutes ces tâches multiples. Ce prodigieux musée a contribué à former les générations nouvelles de peintres romantiques.

Ce musée, fait pour une part de séquestres et pour une part de rapines était prestigieux, non tant pour le nombre, mais pour l'équilibre des images qu'il offrait. Le vrai musée de l'Europe. Alimentée par les dessins et les estampes achetés au cours de ses voyages à travers l'Europe, la remarquable mémoire de Denon qui lui permettait les rapprochements, les relations entre les étapes successives d'un artiste comme les confrontations, se trouvait tout à coup multipliée. En effet, il dispose des portefeuilles et des recueils du Cabinet des dessins et de celui des gravures. Les recueils particuliers d'estampes des grandes collections de l'Europe avaient apporté le complément nécessaire. Il est évident qu'il lui restait peu de temps à consacrer au travail scientifique : travaux d'inventaire, catalogues et composition des salles d'exposition. Avec un tel remue-ménage d'œuvres d'art, comment concevoir et comment mener ce que nous appelons le travail scientifique ? Disons qu'il est réduit à sa plus simple expression.

Prenons les catalogues vendus à la porte du musée ; ce sont de simples listes d'œuvres : un nom d'artiste, sans titre de l'œuvre et parfois une brève mention du commanditaire et des possesseurs ; jamais d'indications de mesures, rien sur le support (bois, toile...), rien sur la technique (aquarelle, huile, détrempe). Avec une méthode aussi expéditive, on comprend que puissent être traités plusieurs milliers d'œuvres en un temps record. Le catalogue peut être aisément développé, réduit, remanié. Quant au classement des œuvres, il est fort simple : les écoles du Nord, qui comprennent les Flandres, la Wallonie, les Pays-Bas, le Hanovre, les pays rhénans, la Bavière, la Saxe, la Thuringe, la Prusse et la Suisse alémanique. Elles sont généralement confondues.

Les rédacteurs sont plus attentifs aux écoles italiennes. La Lombardie se distingue de la Vénétie, la Toscane de Bologne, Parme de Gênes, mais ceci correspond plus à une distinction d'Etats que d'écoles.

Peut-on croire que s'il n'en avait pas le temps, Denon en avait l'idée ? C'est difficile à dire. Et cependant le classement singulier de ses propres collections, les notices qu'il avait rédigées et que Amaury Duval s'est contenté de reprendre, peuvent le laisser supposer.

A côté de la routine, il y a les affaires de peu d'importance, comme ces consultations que l'on demande au directeur général, sur un albâtre des Pyrénées ou sur la qualité du talc récolté dans le bassin parisien, « qui produit un plâtre d'égale blancheur à celui de l'albâtre ».

Le ministre des Finances demande à Denon quand celui-ci compte prendre note des tableaux qui sont dans les appartements du ministère ; il est forcé d'attendre le retour de Dufourny, conservateur des peintures, en mission en Italie.

Les relations de Denon avec les directions des musées soumis à son autorité ne sont pas de tout repos, en particulier avec Lenoir, fondateur et animateur des « monuments français » installés dans le couvent des Petits Augustins. Il faut sans cesse le rappeler à l'ordre, écrire, par exemple, au ministère de l'Intérieur, qui le consulte, qu'il faut laisser les statues du président Jeanin et celle de sa femme à la cathédrale d'Autun : elles y sont mieux à leur place qu'à Paris.

« Attendez que soit achevé le Musée Napoléon, on verra ensuite si on peut, ou non, satisfaire vos demandes de restitution. » Réponse en quelque manière standard adressée à tous ceux qui réclament, et ils sont nombreux.

Reconnaître en Denon l'homme compétent qui intervient pour l'achat d'une fonderie en déconfiture a peut-être demandé quelque temps. C'est chose faite. C'est chose faite en fin 1803 et Denon va intervenir pour demander l'achat par l'Etat des ateliers du Roule.

Un protocole assez personnel lui permet d'écrire directement au ministère de la Marine pour autoriser un peintre à faire des vues des ports de Boulogne et Cherbourg. De même, c'est directement qu'il écrit aux grands dignitaires de l'Empire : archichancelier, architrésorier, grand maréchal du palais, pour les persuader de poser devant le sculpteur chargé de les éterniser.

La figure de Denon, directeur des Beaux-Arts, définissant la politique et ordonnant l'exécution, se précise et s'amplifie avec les années. Mais cette tâche, si absorbante soit-elle, ne doit pas faire oublier que le Musée reste pour lui une priorité fondamentale.

Nous lisons, dans la préface du catalogue de l'exposition qui a eu lieu le 1er octobre 1807, premier anniversaire de la bataille d'Iéna : « Un goût exclusif, tolérable dans un artiste que la nature entraîne irrésistiblement vers quelques parties de son art, deviendrait erreur préjudiciable dans la formation du Musée d'un Grand Empire, où tout ce qui est vraiment beau et curieux doit être admis, sans acception de normes de temps, de pays et de mode, loin d'en offrir cependant chaque partie comme objet digne d'imitation. »

Lorsque Denon se trouva en conflit avec le grand maréchal du palais et avec le surintendant de la Maison de l'Empereur, on peut se demander s'il ne va pas « trop loin ». Diplomate, il l'est cependant, et c'est peut-être ce subtil mélange de familiarité et de déférence empressée qui lui permet de maintenir sa position ; ajoutons qu'il est aussi un maître irremplaçable. Voilà un bon exemple de ce dosage difficile. Tantôt c'est Denon qui s'adresse directement à Sa Majesté, et l'affaire est simple, voire banale ; il s'agit d'un jeune artiste, Guérin, qu'il faut « pousser ». « Pour utiliser le genre de talent du jeune Guérin, auteur de *Phèdre et Hyppolite*, je prie Votre Majesté de m'indiquer quelques détails de sa vie privée, dans lesquels on ne soit point obligé d'introduire beaucoup de personnages et où l'on trouve à exprimer quelques mouvements de sensibilité. » Tantôt, impatient d'être mal informé, et d'autre part, ne connaissant rien des techniques de fabrication, c'est Napoléon lui-même qui ordonnera à Denon d'aller voir, en janvier 1806, ses manufactures impériales de tapisserie et de lui en faire rapport.

1802-1803 avaient été une période d'initiation et de prise en main. Les subordonnés directs avaient pu apprécier avec quelle rapidité, avec quelle sûreté de style, Denon passait du ton fleuri et mondain à la sécheresse coupante de la réprimande. Avec « les autorités de tutelle » en fait, avec le ministère de l'Intérieur, et malgré le caractère du ministre Chaptal, les choses étaient simples. Denon avait pris soin d'entretenir avec le chef du bureau des Beaux-Arts, Amaury Duval, des relations amicales. Attentif à défendre les droits et les intérêts du petit personnel, sachant s'y prendre pour obtenir, et c'était souvent, « un coup de collier » en cas d'urgence, il s'épargnait, de ce côté, les ennuis de l'obéissance passive et de la résistance feutrée.

Le Musée Napoléon avait du succès ; des expositions y étaient organisées qui maintenaient la curiosité et l'intérêt. Le Salon devenait la grande attraction de la saison parisienne. Celui de 1804 avait été une manière de triomphe personnel pour Denon, en affirmant le succès d'une politique artistique qui, par sa méthode et son efficacité, était bien la sienne.

Chaque Salon entraînait un déménagement des salles du Musée, mais la foule, pour une part populaire des visiteurs, en apprenait le chemin et la grande attraction restait le cabinet des Antiques et le clou, le Laocoon. Raphaël ne venait qu'en second. Le témoignage irrécusable des ventes de la chalcographie en fait foi : seule la *Belle Jardinière* a un grand succès.

« Mon intention est de tourner spécialement les arts vers des sujets qui tendraient à perpétuer le souvenir de ce qui s'est fait depuis quinze ans. » [15] Ce passage d'une lettre de l'Empereur, à Daru, du 6 août 1805, contient l'esquisse d'une politique artistique ; et c'est bien celle qui fut suivie, dans la mesure, où une politique cohérente des arts se dégage de l'action gouvernementale, dans ce domaine. Mais une orientation des arts ne s'affirme et ne se réalise que si le gouvernement, qui prétend l'imprimer, dispose d'institutions et d'agents. L'Ancien Régime, avec les Académies Royales, le Contrôle général ou la Surintendance des Bâtiments, la charge de Premier Peintre, avait ces agents et ce corps d'institutions. Encore que la cohérence de cet ensemble fût très imparfaite, que les académies eussent une indépendance et une autonomie de fait assez grandes, surtout au XVIIIe siècle, les institutions artistiques de l'Ancien Régime, telles que Colbert les avait mises au point, permettaient au gouvernement de suivre une politique des commandes, de contrôler l'enseignement, de régler la position sociale des artistes et, dans une certaine mesure, de fixer le style et d'orienter la production.

Aucun texte, aucun témoignage ne nous permet d'affirmer que Napoléon ait eu sur ces questions des idées nettes et fermes. Mais son « intention de tourner les arts vers des sujets nationaux », son désir d'utiliser la peinture et la sculpture au bénéfice de sa gloire et de sa légende, sont également certains. Or, il n'a pas constitué

---

15. Lettre à Daru.

cette administration des Beaux-Arts qui eût été nécessaire pour assurer le succès durable d'un tel dessein ; il aurait pu créer un secrétariat d'Etat ; il ne l'a pas fait ; tout au moins une direction générale ; il ne l'a pas fait davantage. Au début de l'année 1800, le bruit, nous l'avons vu, avait couru, que cette direction allait être organisée. Mais, y avait-il à cette rumeur quelque fondement ? La fonction de Premier Peintre, ressuscité pour être offerte à David, même avec les prérogatives de Lebrun, n'aurait jamais eu la compétence et l'action d'une direction générale. Le Consulat s'en tint à ces velléités ; l'Empire reprit de la Royauté les titres de Premier Peintre et de Premier Architecte, conférés à David et à Percier — mais sans leur attribuer aucun pouvoir de contrôle ou de direction artistique — et ne poussa pas plus loin son imitation.

Ainsi, il n'y eut jamais qu'une direction générale des musées, fonction nouvelle comme les musées eux-mêmes, mais qui ne paraissait pas devoir, ni pouvoir, remplacer la Surintendance des Bâtiments ou un secrétariat des Arts. Si Denon a été, en fait, un véritable directeur des Beaux-Arts, c'est qu'il fallait bien confier l'étude et la conduite des affaires à un homme compétent, c'est aussi qu'il sut très adroitement prouver ses aptitudes et se rendre nécessaire. Mais sa position administrative n'a jamais été nettement déterminée. On imagine volontiers l'administration impériale comme une machine pourvue de tous ses rouages, et ceux-ci bien en place. Vue complaisante ; en fait, dans le domaine très restreint qui nous occupe, les conflits d'attribution sont incessants et le travail administratif semble une improvisation continue.

Le Muséum avait été créé par un décret de la Convention du 27 septembre 1792. Son administration fut confiée à une commission de six membres — cinq peintres : Vincent, Regnault, Cossard, Jollain, Pasquier, et un géomètre, Bossut. Convaincus d'incapacité, et accusés par David de professer un « patriotisme sans couleur », ils furent révoqués le 27 nivôse an II.

Le Conservatoire du Muséum qui leur succéda, était placé sous le contrôle du Comité d'Instruction publique de la Convention. Epuré après Thermidor, le Conservatoire fut remplacé par un Conseil d'Administration du Musée central des Arts qui, en 1802, comprenait un administrateur, Dufourny, un administrateur-adjoint, Foubert, un secrétaire, Lavallée, un commissaire expert, Le Brun, et un conseil d'artistes composé de Jollain, Robert, Suvée, Pajou, De Wailly [16].

Le rôle de ces divers comités administratifs s'était limité à l'administration du Musée et n'avait eu aucune part aux commandes ordonnées par les gouvernements successifs.

L'arrêté du 28 brumaire an XI (19 novembre 1802), qui crée la direction du Musée central des Arts et en fixe les attributions, ne précise pas de qui dépend le directeur général ; toutefois, l'article IV indique que le personnel du Musée est nommé par le gouvernement sur proposition du directeur général, adressée au ministre de l'Intérieur. L'administration du Musée semble donc dépendre de ce ministère. En fait, cette subordination ne fut jamais nettement définie. Comme les autres directeurs de ministères, le directeur général des musées travaille souvent avec

16. Archives du Louvre, carton 2.

le Premier Consul, puis l'Empereur, lui adresse directement des rapports et correspond avec lui sans intermédiaire. A la direction des Musées se sont ajoutées par la suite celle de la Monnaie des Médailles, celle des manufactures, les commandes d'œuvres d'art et le choix des artistes. Mais c'est un état de fait qu'aucun texte n'a jamais officiellement sanctionné.

Il semble donc bien que, dans la pensée de Bonaparte, si le directeur général est l'agent d'exécution des décisions du gouvernement concernant les commandes officielles, administrativement, il reste subordonné au ministre de l'Intérieur.

Celui-ci, peu avant la nomination de Denon, avait été chargé d'appliquer l'arrêté du 10 vendémiaire an XI (22 octobre 1802) qui décidait l'exécution, tous les deux ans, « pour le compte et aux frais du gouvernement » de « quatre tableaux d'histoire et deux statues » [17]. A Lucien Bonaparte avait succédé Chaptal, ministre de l'Intérieur de 1802 à 1804, et que suivirent Champagny (1804-1807), Cretet (1807-1809), Montalivet (1809-1814) et Carnot (Cent Jours).

Seul, Chaptal paraît s'être intéressé à cette partie de sa tâche. Dans ses *Mémoires*, il s'attribue le mérite des travaux d'urbanisme accomplis à Paris durant cette période (création de la place Saint-Sulpice, dégagement du palais du Luxembourg, percement du faubourg Saint-Germain, reconstruction de la Halle aux blés, plan du jardin des Tuileries, dégagement du Carrousel). Il se pose en protecteur des artistes et se vante d'avoir, chaque année, consacré 120 000 francs à pensionner ceux d'entre eux qui se trouvaient dans la gêne [18].

On s'explique aisément qu'il ait pris ombrage des empiètements de Denon sur un domaine qu'il jugeait le sien et qu'il prisait assez. Leurs rapports manquaient de cordialité et Chaptal, qui jugeait l'homme compétent, marque peu d'estime pour son caractère. C'est donc sans surprise qu'on lit dans le rapport de Denon à l'Empereur sur le Salon de l'an XIII, à propos du tableau de Callet, *Les Comices de Lyon*, que le choix de cet artiste est une erreur de Chaptal... « Il n'y a rien à dire de ce tableau, et personne ne se vantera de l'avoir fait faire » [19].

Sous le Consulat, la position administrative du directeur des Musées est simple : il est subordonné au ministre de l'Intérieur, mais cette subordination assez lâche lui laisse de grandes libertés. Le Premier Consul lui-même ne l'observe pas toujours, et dicte à l'occasion, une note hâtive adressée à Denon directement, pour lui demander de faire faire le dessin d'un meuble pour le cabinet des Tuileries, ou pour faire exécuter par la manufacture de Beauvais des tapisseries représentant « les principales plantes et animaux que l'on trouvait en Egypte, quelques modèles d'architecture orientale, quelques minarets, les principaux cheiks et individus auxquels l'armée française a eu affaire avec le costume qui leur est propre ». A côté de tapisseries à faire exécuter par les Gobelins, sur des sujets rappelant « des souvenirs glorieux pour la nation », Bonaparte demande encore un service de porcelaine « orné de sujets qui intéressent la gloire nationale » [20].

---

17. *Correspondance* n° 6. 390.
18. Chaptal, *Souvenirs...* Paris, 1893, p. 80 sq.
19. Arch. nat., AF IV 1050.
20. Arch. nat. AF IV 1050. Notes sans date dictées par le Premier Consul, vraisemblablement à la fin de 1802, certainement après le 22 octobre, puisqu'il y est fait allusion à un arrêté de cette date ordonnant des tableaux d'histoire.

Le premier intendant général, M. de Fleurieu, ne paraît pas avoir entretenu de bons rapports avec Denon. Il inspira, semble-t-il, la démarche de David et rédigea même, si l'on en croit Delafontaine, son élève, la pétition qui fut adressée à l'Empereur le 11 messidor an XIII (30 juin 1805) pour demander le rétablissement des prérogatives du Premier Peintre. La lettre qui accompagnait la pétition et le projet de décret rappelait que « depuis Louis XIV la direction générale des arts et manufactures a toujours été confiée au Surintendant général des bâtiments ; Colbert travaillait avec le Roi ; Lebrun travaillait avec Colbert » ; David s'offrait à être Lebrun et s'il n'ajoutait pas que Fleurieu tiendrait la place de Colbert, cela ressort du projet de décret en huit articles qui précisaient la situation et les fonctions du Premier Peintre. Ceci tend à confirmer le dire de Delafontaine. Toute la correspondance, les plans, les commandes, les projets eussent passé par les mains de l'intendant général, seul intermédiaire, mais intermédiaire obligé entre le Premier Peintre et l'Empereur. Le Premier Peintre, sous le contrôle de l'intendant général, devait diriger les musées et les manufactures, organiser et contrôler les expositions publiques de peinture et sculpture, désigner les artistes chargés d'exécuter les commandes de tableaux, statues, gravures ou tapisseries décidées par l'Empereur ; il devait soumettre à l'intendant général les propositions d'achat d'œuvres d'art, tant pour les musées que pour la décoration des palais. Enfin, le Premier Peintre devait accompagner l'Empereur dans ses visites des expositions et des « établissements dépendant des Beaux-Arts, ainsi que dans ses voyages, quand Sa Majesté voudra faire représenter les faits mémorables qui la concernent ».

En fait, c'était moins les prérogatives de Lebrun que les fonctions de Denon que demandait David. Delafontaine assure que le peintre, quelques jours après l'envoi de cette pétition, sollicitait de l'Empereur une audience pour le prier de n'en pas tenir compte [21].

Le 3 vendémiaire an XIII, c'est Denon lui-même qui demande que soient précisées les attributions des divers ministères dont, en fait, il dépend. La diversité des objets dont il a à connaître entraîne des incertitudes. Si les musées appartiennent à la liste civile, l'entretien des bâtiments, la restauration du Louvre, devraient être du ressort du ministère de l'Intérieur [22]. Dans la même lettre, il explique que M. Portalis et M. de Fleurieu « acceptent son travail et tous deux attendent des ordres définitifs de Votre Majesté pour me les signifier ».

Les commandes d'œuvres d'art, les encouragements, les achats sont payés sur la liste civile. Aussi, l'intendant général de la Maison de l'Empereur, Daru, et le grand maréchal Duroc, se trouvent mêlés aux affaires de la direction générale. Un moment, Napoléon paraît décidé à confier à Daru tout ce qui concerne les arts. Il a reconnu dans les attributions de compétence des incertitudes et des confusions ; la Bibliothèque impériale est « dans les attributions du ministre de l'Intérieur », d'autre part « une grande portion de la dépense de la liste civile se compose d'ameublements, peintures, embellissements de palais, qui sont autant d'encouragements accordés aux arts. C'est sous ce point de vue que l'intelligence et les soins de l'intendant général doivent naturellement se porter sur tout ce qui peut alimenter l'industrie, encourager

---

21. Jules David, *op. cit.*, pp. 419-420.
22. Lettre à l'Empereur, 3 Vendémiaire an XIII. Arch. nat., AF IV 1050.

les arts et fournir une émulation aux artistes »... « Aucune de ces choses n'a été faite avec ensemble. Il faut vous emparer de tout cela, payer vous-même les individus, les voir, savoir quelles sont leurs fonctions... » En conclusion, « il faut désormais que M. Denon vous soit subordonné, comme il doit naturellement l'être, en ménageant son amour-propre, et qu'il reste conservateur du Muséum, n'ordonnant point de dépenses et mes ordres passant toujours par vous » [23].

Ainsi, la direction des arts passerait de l'Intérieur à l'Intendance générale. Mais cette subordination de Denon à Daru, qui ne fut sanctionnée par aucun arrêté, ne fut jamais réalisée en fait. Soit que Daru, accablé de besogne, dût se décharger de celle-là, soit que son incompétence lui conseillât de s'en remettre à Denon : c'est toujours celui-ci qui propose et commande.

Champagny, successeur de Chaptal au ministère de l'Intérieur, ne semble pas s'être beaucoup soucié d'imprimer sa marque personnelle à l'orientation des travaux d'art. Mais l'incertitude des attributions multiplie les conflits. Le 7 mars 1806, Denon, adressant directement à l'Empereur un rapport sur la statue de Desaix et la colonne d'Austerlitz (rapport qui, notons-le, lui a été demandé par le ministre de l'Intérieur) se plaint de ces perpétuelles confusions : « Permettez-moi, Sire, écrit-il, de présenter à Votre Majesté une observation de première utilité pour l'exécution de vos décrets sur les monuments et objets d'art : ce serait qu'une personne de confiance fût chargée, sous sa responsabilité auprès d'un ministre, de surveiller chaque monument, soit dans l'emploi des sommes, soit dans la fixation des époques pour leur exécution, soit, enfin dans leur perfection sous le rapport de l'art. Sans cette précaution, les artistes espèrent, par des délais, par des intrigues dans les bureaux, par des lettres insidieuses auxquelles les administrations ne savent que répondre, changer et augmenter les conditions stipulées. Ils passent leur temps à rêver d'autres prix et à courir les corridors des administrations » [24].

Denon ne cessa de protester contre ces surenchères dont David avait donné l'exemple et que la confusion administrative encourageait. En fait, il laissait clairement entendre que le remède eût été la constitution d'une direction autonome des Beaux-Arts, seule chargée des commandes et disposant d'un budget propre. Il n'eut point directement satisfaction, bien au contraire. Une lettre de lui écrite en mai 1806, nous prouve qu'il fut question un moment de ravaler la direction générale des musées, avec tous les services qu'elle comprenait, au rang d'une simple division du ministère ; il présenta ses observations avec une dignité de ton qui lui fait honneur : « Je vous ai voué mon existence, Sire ; tout ce qui dépendra de mes seules facultés vous appartiendra jusqu'à mon dernier soupir. Ce n'est donc pas de l'oisiveté que je sollicite, mais de ne plus porter le titre d'une place qui n'existe déjà plus, et progressivement est arrivée à être celle d'un premier commis. Votre Majesté, a arrêté, pour un but sans doute nécessaire, qu'elle serait absolument subalterne, mais elle voudra bien me permettre, en lui observant qu'ayant, à seize ans, exercé à la Cour la place de gentilhomme, qu'ayant été employé dans des missions honorables en Russie et en Italie, de lui dire que si, pour mon plaisir j'ai cultivé les arts avec quelques succès, si, en accompagnant Votre Majesté, j'ai augmenté mes connaissances, je n'ai

---

23. *Correspondance* n° 9.050, à Daru, 18 thermidor an XIII (6 août 1805).
24. Arch. nat., AF IV 1050.

pas dû me promettre que ce serait pour arriver dans ma vieillesse à n'être considéré que comme un artiste ou devenir chef de bureau. Il est tout simple de n'avoir point d'emploi mais il faut que celui que l'on accepte convienne à l'état où l'on est né. Cette espèce d'ordre est un des bienfaits qu'a ramenés le règne glorieux de Votre Majesté et dont je supplie Sa bienveillance de me permettre de jouir » [25].

L'offensive avait été chaude, la contre-attaque vigoureuse ; les deux adversaires finalement demeurent sur leurs positions. Denon resta théoriquement subordonné à Daru et à Champagny et, en fait, très indépendant d'allure et de propos.

Napoléon, malgré des velléités d'organiser une hiérarchie dans le service des Beaux-Arts et d'y soumettre son directeur général, donne lui-même l'exemple de ce désordre administratif. D'abord en acceptant les rapports que Denon persiste à lui adresser directement sur des affaires qui devraient être présentées soit par le ministre, soit par l'intendant général, ensuite en prenant, pour lui signifier ses directives les intermédiaires les plus divers. Tantôt c'est, selon l'ordre qu'il a lui-même fixé, Daru ou Champagny ; mais aussi parfois Duroc. (C'est, en effet, le grand maréchal du palais qui est chargé de faire connaître à Denon que le quadrige de Berlin devra être placé sur le temple de la Victoire.) C'est quelquefois l'officier, le ministre ou le dignitaire dont le nom lui vient quand il dicte : « J'avais chargé dans le temps quelqu'un de demander à M. Denon une quinzaine de gravures sur les événements qui se sont déroulés à Tilsitt... »

L'adresse de Denon fut de se rendre et de rester indispensable. Ses relations européennes, sa connaissance des collections publiques et privées de France, d'Italie et d'Europe centrale en faisaient un remarquable prospecteur de chefs-d'œuvre. Nul mieux que lui, n'était à même de dresser les listes de tableaux, de sculptures, d'objets à prélever pour le Muséum. Il connaissait la plupart des artistes contemporains, était lié et familier avec beaucoup. Il possédait une connaissance suffisante de la technique des divers arts pour pouvoir estimer l'exécution d'une œuvre commandée, en signaler les faiblesses, prévoir le temps qu'il y faudrait, en fixer le prix. Il pouvait dire que telle commande pouvait être confiée à celui-ci plutôt qu'à cet autre parce que son talent y serait à l'aise. Il avait ses portefeuilles pleins de dessins, était toujours prêt à fournir le document indispensable pour le thème d'une décoration, le modèle d'un meuble, la figure d'une assiette peinte. Sans doute, on pouvait trouver près de lui des érudits au savoir plus étendu et plus sûr en matière d'histoire et d'archéologie, tel Visconti ; des décorateurs et des artistes de plus d'invention et d'une originalité plus personnelle, il n'en manquait pas. Mais nul homme ne réunissait autant de qualités brillantes et diverses.

Quand on lit le registre de la correspondance du musée pour les derniers mois de 1802, l'administration du Muséum apparaît comme une gestion routinière, sans idées, sans imagination. Denon devra sacrifier à cette bureaucratie nécessaire : routine, l'envoi des états de salaire au ministre de l'Intérieur, routine, les rappels d'indemnités sur travaux exceptionnels (à l'occasion des Salons), routine encore, ose-t-on dire, que la publication des catalogues d'expositions temporaires, routine aussi

---

25. Cité par G. Vauthier, *Denon et le gouvernement des arts sous le Consulat*, dans *Annales révolutionnaires*, 1911, t. IV, p. 348, n. I.

que l'établissement des inventaires ou la publication de catalogues, si sommaires dans le libellé des notices.

Mais là où va apparaître avec la nouvelle direction un esprit nouveau, c'est dans l'affirmation de la priorité sans condition du musée sur toutes autres considérations. Il faut répondre à un projet qui demande, eu égard à la nouvelle politique, la restitution à telle cathédrale de telle peinture, car elle est un paragraphe essentiel de l'histoire d'une école à un moment donné. A tel autre demandeur, Denon va suggérer de faire appel aux peintres de la région pour instituer un concours : stimuler le zèle de jeunes artistes ; le musée ne peut se dessaisir d'une œuvre qui marque, pour l'histoire de l'art et pour l'histoire tout court, une date.

En direct avec Napoléon

Dès le début de sa direction, et alors qu'il semble en apparence confiné à la direction des musées et des manufactures, tâche déjà vaste et importante, fonction par elle-même absorbante autant que flatteuse, Denon fait figure de conseiller. Aucun ministre de l'Intérieur — se piquât-il, comme Chaptal, d'être un connaisseur — aucun intendant général, aucun grand maréchal du palais, n'eût été en mesure de répondre à tant de questions si variées, sur le mobilier du cabinet de l'Empereur, sur les costumes d'apparat, sur les médailles commémoratives. Aucun autre que lui n'eût désigné sans hésitation les peintres capables d'exécuter les portraits de l'Empereur, ceux des grands dignitaires, les sculpteurs aptes à faire les bustes des maréchaux.

Il avait sur tous les administrateurs auxquels on le subordonnait l'évidente supériorité de la compétence. Il ne se faisait point faute de le rappeler à l'occasion, témoin cette lettre du 27 prairial an XII où il expose, non sans vivacité, les hésitations et les erreurs de la commission chargée d'arrêter le costume et le sceau impérial :

« Sire, lorsque Votre Majesté nomme un conseiller d'Etat, elle en fait sans doute un homme considérable. Mais en faire un homme de goût, je crois que c'est là que faut sa toute-puissance. Vous m'avez ordonné de m'entendre avec les membres de la Commission du Conseil d'Etat pour le sceau et le costume de Votre Majesté ; comment s'entendre avec des gens qui ne savent ce qu'ils veulent et qui ne s'entendent pas eux-mêmes ? Car que serait-ce qu'un écu dans un écu, un lion dans un guêpier, etc.

« Si Votre Majesté veut ne jamais apposer son sceau, si Elle ne veut pas être habillée, ou si Elle veut l'être ridiculement, il n'y a qu'à attendre la décision de la Commission.

« Je vous demande donc, Sire, la permission de ne consulter que le bon goût et de m'en tenir à Votre volonté. Quand tout sera bien, chacun à part croira qu'il l'a voulu ainsi. »

« J'ai vu le général Duroc, et tout d'abord nous avons été d'accord. Je ne verrai point ces messieurs, ils croiraient pouvoir me commander des sottises, et jamais le respect que je vous dois ne me permettrait de leur obéir. »

« J'aurai dans quelques jours, l'honneur de présenter à Votre Majesté un sceau et des cachets tels qu'Elle les a désirés, et j'aurai, aussitôt que possible, l'honneur de lui porter un costume aussi majestueux que magnifique » [26].

C'est par de tels services que Denon assure sa position, qu'il entretient son crédit de conseiller avisé, d'homme compétent, et que peu à peu, il prend en main les commandes de monuments commémoratifs et celles des tableaux de batailles, la décoration des appartements et des services de porcelaine de Sèvres, l'ordonnance des bas-reliefs de l'Arc de Triomphe du Carrousel et des bronzes de la colonne d'Austerlitz, le choix des artistes à qui confier les portraits d'apparat, et la collection des gravures et médailles à faire exécuter. Encouragements, décorations, gratifications, prix à payer, c'est lui qui suggère, propose, persuade. Et qui le ferait mieux que lui ?

S'il le fait bien, c'est bien qu'il a les qualités pour séduire : l'adresse, le courage, l'affabilité, la présence d'esprit, l'ardeur au travail, l'aisance. C'est aussi qu'il est courtisan, capable à l'occasion d'un mouvement de fierté, qui ne donne que plus de prix à ses flatteries, mais ingénieux à tourner les marques de son admiration, et prévenant les désirs du maître.

La coquetterie de bravoure dont Denon avait en Egypte donné maintes preuves, était une de ses qualités qui devaient plaire à Napoléon. D'après Arnault, Denon qui, après avoir rempli sa mission à Berlin, avait suivi la campagne de 1807, se trouvait à Eylau lorsqu'un boulet vint briser, près de l'Empereur, une pièce de canon et tuer les trois servants : « Je pensais à vous », lui dit Napoléon, qui bientôt le renvoya, en lui disant : « Il y a ici trop de dangers et de brouillards » [27].

Un autre mot, rapporté par Arnault encore, nous fait entrevoir le genre d'estime que pouvait avoir Napoléon pour ce directeur des musées qui ne craignait pas, malgré son âge, les fatigues d'une campagne et les risques de la guerre : on lisait, à l'armée, un long rapport militaire dont le style déplaisait visiblement à l'Empereur. Denon était présent, « Demandez, dit Napoléon au lecteur, demandez à Denon qui a sa poche pleine de postérités, si dans tout ce que vous venez de lire, il y a un tableau à faire ou une médaille à frapper » [28].

Il n'était pas toujours aussi heureux, et son zèle l'entraîna parfois dans des démarches qui surprennent chez cet homme de bon goût.

En décembre 1807, Denon, croyant servir les desseins de Napoléon imagina d'humilier les Anglais par une étrange machination : on devait amener à Paris, en grande pompe, une statue qu'on réputerait être celle de Guillaume le Conquérant. Grâce à une adroite publicité faite autour de cette soi-disant découverte archéologique, « l'illusion sera telle, assure Denon dans son rapport, que moi-même ainsi que tout Paris enchanté de la trouvaille, je voudrais la contester que je ne le pourrais plus » [29]. Il ne fut pas donné suite à cette initiative douteuse.

Au lendemain d'Austerlitz, Denon, reçu au déjeuner de l'Empereur à Saint-Cloud, lui présenta une série de médailles en or dont l'une figurait un aigle impérial

26. Paris, 27 prairial an XII, lettre pub. p. L. Grasilier, dans l'*Intermédiaire...* LIX, 831.
27. *Biographie nouvelle des contemporains...* par MM. A.-V. Arnault... A. Jay... E. Jouy... J. Norvins... Paris. Librairie historique, 1820-1825, 20 vol. in-8 art. *Denon*.
28. *Ibid.*
29. Fred. Masson, *Jadis et aujourd'hui*, tome II, pp. 268-69.

étouffant dans ses serres le léopard anglais. Napoléon la jeta avec colère en traitant Denon de « vil flatteur ». La médaille d'Austerlitz n'eut pas meilleur sort, bien que pour des raisons fort différentes [30].

Les rebuffades qu'il essuya parfois n'empêchaient point Denon de saisir toute occasion pour flatter. Dans son compte rendu du Salon de 1810, analysant le tableau de Gautherot : *Napoléon blessé devant Ratisbonne*, « le plus grand mérite de cette composition, écrit-il, est qu'on n'y trouve qu'un seul mouvement, qu'un unique intérêt, et cet intérêt est entièrement porté sur la personne de Votre Majesté. Toute l'armée n'est occupée que de Vous, Sire, et vous n'êtes agité que de l'inquiétude de l'armée » [31].

Ce sont là les petits côtés d'un caractère. Ce voltairien sceptique, volontiers impertinent, avait-il pour l'Empereur la dévotion qu'il affichait ? Etait-elle sans mélange ? Il est permis d'en douter. Il ne semble pas qu'il se soit, sous la Restauration, départi d'une réserve très respectable.

Les commandes de tableaux de batailles et de portraits officiels, la plupart destinés aux palais impériaux, pouvaient être des attributions normales d'un directeur des Musées, chargé en même temps des collections de la couronne. Mais ce qui en sort absolument ce sont les monuments.

Or, Denon a eu successivement la charge d'ordonner et de contrôler l'exécution de l'arc de triomphe du Carrousel et des bas-reliefs de la colonne d'Austerlitz ; il s'est occupé des monuments commémoratifs à élever sur les champs de bataille et du tombeau de Desaix. Son rôle dans la décoration de Paris n'est pas moins importante : monument de Desaix sur la place des Victoires, fontaine de l'éléphant place de la Bastille, obélisque du Pont-Neuf, sculpture des ponts de la Concorde et d'Iéna, projet d'une tour de porcelaine sur le modèle de la tour de Nankin, tous ces travaux furent contrôlés et dirigés par lui [32].

Par un décret du 10 novembre 1810, la « direction des fouilles à faire dans le territoire de Rome » lui fut confiée. L'étude était longue et difficile et Denon ne disposait pas de tous les plans nécessaires. Tournon, préfet de Rome, et Canova avaient leurs projets. Ce n'est qu'en novembre 1811 qu'ils se rencontrèrent à Rome, comme nous le verrons dans l'étude du voyage de Denon en Italie (août 1811, janvier 1812).

Il n'eût pas déplu à Denon d'y ajouter quelque mission politique. Etant à Vérone en fructidor an XIII, des « circonstances particulières » sur lesquelles il reste mystérieux, lui donnèrent l'occasion de renouer des « intelligences dans l'armée autrichienne ». Il prit sur lui de saisir un « prétexte plausible de retourner à Vienne » et mit à profit son voyage pour tenter de percer le dispositif de l'armée autrichienne. Dans ce même rapport, il dit avoir trouvé « toute la ligne immédiate entre Montebello et Vérone garnie de troupes amoncelées, ainsi que la vallée de Pentano et autres adjacentes ».

« Les officiers autrichiens regrettent de n'avoir pas eu l'ordre d'attaquer, ils en

---

30. Bausset, *Mémoires*, Paris, 1828-29, t. 1, p. 67.
31. Rapport du 11 novembre 1810. Arch. nat. AF IV 1050.
32. Cf. Lanzac de Laborie, *Paris sous Napoléon* ; t. II : *Administration et grands travaux*, 2e éd. Paris, Platon, 1905, in-12 chap. IV pp. 233-262.

croient l'occasion perdue et font des mouvements incertains, un jour sur le haut et un autre jour sur le bas Adige, soit pour déguiser leurs projets soit que, déjà inquiets, ils cherchent les moyens de défense.

Ce n'est pas la crainte qui a commencé à faire mouvoir cette lourde puissance, puisqu'elle n'était pas menacée. Ses finances ne sont pas assez abondantes pour faire par prévoyance les dépenses énormes qu'elle vient de prodiguer. Le cabinet de Vienne s'est donc laissé influencer par la Russie et persuader par l'argent d'Angleterre. Il a donc voulu agir, mais il attendra les armées russes que l'on dit en marche. Ils ont couvert de troupes les lagunes vénitiennes qu'ils tremblent de perdre... C'est sur Innsbruck que se portera cette masse d'artillerie que j'ai trouvée en mouvement. »[33]

Ce voyage à Vienne, ce rapport militaire et politique sont de l'initiative de Denon. Rêvait-il de se voir confier quelque mission, voulait-il faire la preuve de ses capacités et de son entregent ? Nous ne savons pas comment fut accueillie cette marque de zèle. Elle ne fut, en tout cas, suivie d'aucun effet, et nous ne voyons pas que Denon eût tenté de la renouveler.

Le personnel dont il disposait était fort restreint. Au Musée, il était secondé par un secrétaire général, Lavallée, et par trois conservateurs : pour la peinture, Dufourny, pour les antiques, Visconti ; pour les dessins et la chalcographie, Morel-Darleu. A ce personnel scientifique étaient adjoints un architecte, Raymond ; un commissaire-expert, Aubourg ; un économe, un gardien-chef et onze gardiens. Les manufactures, la Monnaie des Médailles avaient leur personnel propre. Mais pour l'acquisition et le transport des objets d'art, les commandes, la réception des œuvres, Denon n'avait aucun personnel. Si l'on songe aux travaux qui ont été accomplis dans les musées de 1802 à 1815, à l'accroissement énorme des collections, on mesurera l'activité que dut déployer le directeur général. Ajoutons-y ses nombreuses missions d'études en France et dans toute l'Europe et reconnaissons que cet homme, âgé de cinquante-cinq ans, lorsqu'il prit possession de sa place, a dû faire face à une besogne que beaucoup eussent jugée écrasante.

Le directeur général est-il un surintendant des Beaux-Arts ? La Colonne Vendôme

Le 20 mars 1800, Lucien Bonaparte, ministre de l'Intérieur, publie un rapport : la Révolution n'a pas su élever de monument à la mémoire des guerriers, « il faut s'acquitter de cette dette ; la plus grande place du chef-lieu recevra une colonne portant le nom des militaires morts sur le champ de bataille et le nom des vivants qui ont obtenu une distinction... »

Pour Paris, Lucien décide qu'il sera érigé deux colonnes, une colonne départementale, place Vendôme, une colonne nationale, place de la Concorde. Un concours est ouvert le 18 mai. Sans attendre la fin du délai de trois mois accordé aux concurrents, Lucien posa, place de la Concorde, la première pierre le jour de la fête nationale, le 14 juillet.

---

33. Lettre à l'Empereur, Vérone, 25 fructidor an XIII. Arch. nat. AF IV 1050 n° 23.

Cinq projets furent déposés, et c'est celui de Moreau qui fut retenu ; une maquette grandeur nature fut érigée qui devait recevoir un concert de critiques ; le projet est abandonné. La colonne départementale, pour Paris, restera dans les cartons des concurrents.

L'initiative de la Colonne Vendôme appartient à Chaptal, mais c'est à son successeur, Champagny, qu'il revient de réaliser le projet. Est-ce la raison pour laquelle Chaptal, plus tard, dénonça le mauvais goût de Denon, qui prit en main la construction de la colonne ? « Tout ce qui est de lui est empreint d'une médiocrité de talent qui fait honte au XIXe siècle. Au lieu d'avoir cette colonne sur une base importante, d'un seul bloc de granit, il l'a élevée sur une base de métal dont les bas-reliefs entassés confusément rappellent un grand étalage de chaudronnerie. » [34].

C'est un arrêté du 8 vendémiaire an XIII qui décida l'érection, sur la place Vendôme, d'une colonne « à l'instar de celle érigée à Rome en l'honneur de Trajan ». Elle devait être ornée de bas-reliefs allégoriques en bronze représentant les 108 départements, et surmontée d'une statue en pied de Charlemagne, celle qui se trouvait sur son tombeau à Aix-la-Chapelle.

Chargé oralement par le Premier Consul de suivre ce projet, Vivant Denon fit faire des études par l'architecte Thierry [35] et, lors d'une audience à Saint-Cloud, présenta à Bonaparte un modèle et un devis. Il reçut l'ordre de soumettre l'un et l'autre à l'Institut. Le 1er floréal an XIII, l'Institut désigne à cet effet une commission comprenant : Gondouin, Chalgrin, Heurtier, David, Vincent, Moitte, Julien, Visconti [36]. La Classe des Beaux-Arts était invitée à examiner « la solidité des moyens proposés et s'ils sont bien établis ou susceptibles de modifications ». La colonne devant être exécutée en « fer fondu », Denon proposa aux membres de la commission de s'adjoindre « un ou deux chimistes des membres de la Première Classe » pour recueillir leur avis sur les moyens de préserver les pièces de l'oxydation et sur la couverte à employer pour « ajouter à la richesse de la couleur minérale ».

Le rapport fut lu à la séance du 29 floréal an XII, adopté et transmis à Denon [37]. La Classe tout entière avait estimé qu'il convenait de faire le piédestal de la colonne en granit massif. La proclamation de l'Empire devait inciter les membres de l'Institut à un repentir. Le samedi 6 prairial an XII, la quatrième classe proposait « à l'unanimité » de substituer la statue de Napoléon à celle de Charlemagne.

La commission avait émis des craintes sur la résistance d'une colonne de fer avec un escalier intérieur. Elle avait estimé plus prudent de recommander l'adoption du projet d'une colonne dont le noyau serait en pierre et revêtu de plaques de métal. Denon fit faire, dans le courant de 1804, deux essais de fonte de plaques en bas-reliefs, l'une à la manufacture du Creusot, l'autre aux fonderies de Saint-Denis. Mais la construction de la colonne devait marquer un temps d'arrêt, presque deux ans. Bien qu'un crédit eût été inscrit au budget de l'an XII pour procéder aux premiers frais de l'exécution du monument, le directeur des Musées se trouva dans l'impos-

34. Hautecœur, *Histoire de l'Architecture classique en France*, t. V, *Révolution et l'Empire, 1792-1815*, Paris, 1953, pp. 193-197.
35. Sans doute, celui dont il est question dans la *Corr. des Directeurs*, XVI, 397.
36. P.V. Ac., t. II, pp. 232-233.
37. Publ. par Henri Jouin, *Nouv. Arch., Art français*, 1886, p. 134-138.
38. Arch. nat. AF IV, 1050.

sibilité de faire ouvrir le chantier, les crédits ayant été utilisés à un autre objet, (Denon ne dit pas lequel, il ne put même pas payer les modèles !) Le rapport que Denon adressait à l'Empereur, le 19 février 1806, pour lui exposer cette situation eut au moins l'avantage de provoquer une reprise des études puisque, trois jours plus tard, le 22 février, le directeur du Musée annonçait à ses collègues de l'Institut, lors de la séance du samedi, qu'il avait reçu « de nouveaux ordres pour la colonne de Charlemagne » et qu'il priait les membres de la commission de se réunir à nouveau. Pour orienter les travaux, Denon posait aux commissaires quatre questions précises : quelles sont les proportions à donner à la colonne ? Doit-elle comporter un noyau plein ou un escalier ? Le piédestal doit-il être en marbre, en granit ou en bronze ? Etait-il possible de faire un devis précis de la dépense ?

La commission comprend deux architectes, deux sculpteurs, deux peintres, le président et le secrétaire perpétuel de la Classe. Chacun fut chargé d'étudier un problème, d'en faire rapport et les rapports furent ensuite examinés et discutés en séance plénière. Cette fois, les choses ne traînèrent pas : le 8 mars, soit quinze jours plus tard, Denon recevait du secrétaire perpétuel, Le Breton, « les réponses et solutions données hier au soir par la commission » :

Première question : « la proportion de la colonne Trajane a été unanimement préférée ».

Deuxième question : « le diamètre permettant de pratiquer un escalier sans nuire à la solidité, on a pensé unanimement qu'il serait utile et agréable ».

Troisième question : « on croit que le premier socle doit être en granit et le reste du piédestal de même nature que la colonne ».

Quant au prix, il était, avec une curieuse précision, évalué à 1 416 911 francs « sans la matière », c'est-à-dire sans le bronze et, « avec la matière » de la statue et du revêtement de la colonne, évalués ensemble à 309 274 francs, à 1 726 185 francs.

Hersent, qui était garde du dépôt des marbres, avait indiqué en outre que le granit de Cherbourg revenait à Paris à 1 fr 30 (26 sols) le pied cube, ce qui était meilleur marché que la pierre de roche. Un autre membre de la commission a calculé de son côté que « 45 canons de 12 ou 27 pièces de 24 suffiraient pour toute la fonte du monument ». N'est-ce pas à cet anonyme, Denon, selon toute vraisemblance, reprenant le mot de David : « la Victoire fournira le bronze... » qu'on doit la fonte des canons d'Austerlitz ?

Mais, en dépit du vœu formulé en 1804, la colonne était toujours dédiée à Charlemagne. Etait-ce concevable ? Denon, dans une lettre à l'Empereur [39] du 10 mars 1806 se chargea de poser de nouveau la question :

« La pensée de l'Institut qui est bien sûrement celle de la Nation, est que nous n'avons plus besoin de l'illusion des siècles pour chercher dans le passé le héros de la France. Cette colonne projetée pour Charlemagne devient donc tout naturellement la colonne germanique. Votre dernière expédition y serait écrite en bronze par un bas-relief de 830 pieds représentant les opérations de la mémorable campagne de 1805 contre les Autrichiens, de même que l'opération contre les Daces l'a été sur la colonne Trajane.

---

39. Arch. nat., AF IV, 1050.

« En déliant les lèvres du Corps législatif, elles prononceraient le vœu de cette érection et dans trois ans, un des plus beaux monuments du globe serait élevé à la plus belle gloire. Il serait construit des dépouilles de l'ennemi : il serait construit de la manière qui convient le mieux au climat de la France ; il serait d'une magnificence au-dessus de tout ce qu'ont fait les nations modernes : il serait, enfin, un monument digne de Votre Majesté.

« Lorsque vous aurez décidé sur cet objet, si Votre Majesté veut bien me le permettre, j'aurai l'honneur de lui porter la gravure en grand de la colonne Trajane pour vous consulter, Sire, sur le choix des sujets qui devront être traités dans le bas-relief de la colonne germanique et placés dans l'ordre que Votre Majesté voudra bien me dicter. »

Si l'on en croit Caulaincourt [40] Napoléon aurait fait une « défense formelle » d'ériger sa statue en haut de la colonne et Denon avait « fait du zèle ». Telle est du moins la version de l'affaire que donnait l'Empereur après Waterloo, « les statues dans un lieu public étant un privilège réservé aux morts ». On peut difficilement admettre que le directeur des Musées, courtisan adroit, eût, en 1806, transgressé un ordre formel.

Denon voulait être, de ce monument, le seul maître d'œuvre. Prêt à soumettre au ministre de l'Intérieur les marchés et les états de dépenses, il faut, écrivait-il à l'Empereur, « que je dispose absolument du reste. Cette page de trois mois de votre histoire est devenue ma principale occupation » [41].

Commencée le 8 juillet 1806, la colonne Vendôme avait pour architectes Gondouin et Lepère. Ce dernier, choisi en raison de ses connaissances techniques, devait « développer un grand talent dans l'invention et la précision des machines qui sont devenues absolument nécessaires pour l'exécution d'un genre aussi nouveau et aussi ruineux » [42]. Denon ne semble pas être intervenu dans les travaux des architectes [43]. Il fut moins discret avec Bergeret, chargé de faire les dessins des bas-reliefs. Les dessins des campagnes de l'Empereur étaient faits sous la direction de Denon ; c'est de lui que Bergeret, chargé de faire des modèles à remettre aux trente sculpteurs qui se partageaient les bas-reliefs, tenait ses directives et ses documents [44].

---

40. A. Caulaincourt, *Mémoires*, III, Paris, 1933, p. 177.
41. B. N. ms. fr. 6586.
42. Lettre à l'Empereur, 15 août 1808, Arch. Nat. AF IV, 1050.
43. Notons, à titre de curiosité qu'au Salon de 1806 figure (n° 620 du livret), « un projet d'une colonne de 100 pieds de hauteur de M. Bourdin, capitaine du corps impérial d'artillerie ». D'après le rédacteur des *Annales de l'Architecture et des Arts* (B.N. Est. Coll. Deloynes 1077, 41), ce projet fut diversement accueilli : « les uns sont étonnés d'une si belle invention et de tant de hardiesse ; quelques jeunes artistes se mettent à rire... » On peut juger de sa singularité par la description qui nous en est faite : « C'est le modèle d'un trophée militaire ou colonne triomphale à la gloire de Bonaparte et de la Grande Armée... Le modèle exposé a 4 pieds de haut. Le piédestal est élevé sur un soubassement d'environ trois pouces, composé de canons placés en talus, présentant les culasses ; d'autres, placés verticalement, forment le premier socle ; le deuxième socle, encore composé de mortiers posés la bouche en haut ; un rang de canons en retrait forme la moulure et le dé se trouve lié par seize canons, huit au sommet, huit à la base. Des inscriptions indiquent quatre reliefs : la prise d'Ulm, les noms des généraux et officiers morts à la bataille d'Austerlitz, et le quatrième, Bonaparte disposant son artillerie. La base de la colonne : canons, mortiers présentant la bouche ; l'ajustement petit trophée de drapeaux avec un mortier ; puis trois pieds et demi environ de canons posés debout en spirale à l'instar de la colonne Trajane... Pour le chapiteau, de petits canons imitant le chapiteau palmier... Au sommet, un aigle tenant la foudre dans ses serres... et cela entouré d'une balustrade de canons de grilles de fusils, avec un pavage de boulets. »
44. D'après un rapport de Denon à l'Empereur, ces dessins pour la campagne d'Austerlitz étaient au nombre d'une soixantaine. Arc. Nat. AF IV 1950.

Né en 1782, Bergeret avait alors 24 ans. Elève de Lacour, de Vincent et de David, c'était encore un tout jeune homme. La critique des Salons lui est favorable, bien qu'en louant son invention on trouve parfois son dessin peu correct et son exécution lourde. Au Salon de 1806 Bergeret ne figure pas dans la cohorte des peintres de l'histoire impériale ; le tableau qu'il expose s'intitule : *Honneurs rendus à Raphaël après sa mort.* « 280 mètres de dessins », telle était la tâche qui attendait Bergeret : fidélité minutieuse dans la représentation des uniformes, des armes et du matériel, ressemblance également fidèle mais, aussi, autant que possible, avantageuse des principaux acteurs, telles étaient les qualités que de lui on attendait. Les travaux de la colonne sont en bonne voie et « rien ne peut en retarder la confection », écrit Denon à l'Empereur, le 22 novembre 1807 ; « le piédestal est presque entièrement coulé et les bas-reliefs seront en place au mois de mars prochain. La statue, qui est très avancée, pourrait être terminée pour la même date. Après cela, les bas-reliefs du fût, qui sont loin d'offrir les mêmes difficultés, seront terminés dans l'espace de quinze mois ». En fait, la colonne ne devait être achevée qu'en 1810. S'il n'est pas très aisé de suivre toutes les étapes du chantier, quelques mentions qui figurent dans la correspondance du directeur du Musée Napoléon, permettent cependant d'en marquer certaines. Le 6 janvier 1808, Denon soumet au prince de Neuchâtel et sur l'ordre de Napoléon, « les dessins qui doivent être exécutés en bas-reliefs ». Le 12 janvier, il lui propose le texte des « inscriptions à mettre sur le cordon spiral », et, le 14 mai, il lui annonce que les dessins « sont entre les mains des statuaires ».

Faisant réflexion que « la gravure à l'eau-forte a servi à transmettre la connaissance des monuments antiques », Denon proposa à l'Empereur de faire exécuter, en même temps que les bas-reliefs, la gravure des dessins de Bergeret « pour mettre sous les yeux des contemporains et conserver dans toutes les bibliothèques ». Dans un rapport daté du 15 août 1808, il précise que la gravure de l'ensemble demanderait dix-huit mois. Entreprise dès maintenant, elle pourrait être achevée pour l'inauguration du monument, ce qui permettrait de « le faire connaître en même temps à l'Europe entière ». Quant au financement, une avance de 90 000 francs suffirait à couvrir les premiers frais de gravure et de tirage, alors qu'on peut escompter « dans le cours d'année » par la vente de quatre cents exemplaires « une recette de 36 000 francs » [45]. Une épreuve du premier des bas-reliefs — la levée du Camp de Boulogne — était jointe au rapport pour permettre à Sa Majesté de juger.

Le volume composant le recueil des gravures, présenté à Napoléon à Saint-Cloud, fut très mal accueilli par lui. Il le trouva « plein de fautes grossières » et ordonna qu'on ne le fît paraître que « dans un an ». Etait-ce seulement pour remédier aux fautes matérielles ou bien plutôt pour ne pas désobliger son beau-père François II ? Il prescrivit en tout cas à Denon de supprimer les gravures relatives à l'empereur d'Autriche.

---

45. Arch. Louvre. Correspondance, année 1808.

39. *Départ de Rome du troisième convoi de statues et monuments des arts pour le Museum national de Paris*, 1796. *Gravure de J. Baugean et Marin.*

40. *Entrée triomphale des monuments 1798.* Gravure de P.G. Berthault d'après A. Girardet. Planche de *la* Collection complète des tableaux de la Révolution française.

CATALOGUE

DES

ESTAMPES GRAVÉES

PAR LE CITOYEN

D. VIVANT DENON,

MEMBRE de l'Institut national de France, de celui de Bologne, et des Académies des Arts de Florence et de Venise.

NOMS DES PEINTRES.	ESTAMPES *D'après les Tableaux de différens Maîtres.*	PRIX.	
		fr.	c.
ANGOSCIOLA, S··	Femme jouant aux échecs ·····	1	*"*
BASSAN ·······	Petite Crèche ·············	*"*	60
BREUGHEL ·····	Portion d'un Tableau ········	1	20
CARRACHE, A···	N. S. sur les genoux de la Vierge·	16	*"*
Idem ·······	Adoration des Bergers ········	9	*"*
CARRACHE, L···	Abraham et les trois Anges ····	3	*"*
CLOVIO, G·····	Un homme qui souffle un charbon·	*"*	60
CORRÈGE, A.-A··	Principale partie du Tableau appelé le *Saint Jérôme* ··········	5	*"*
Idem ·······	Mariage de Sainte Catherine····	1	20
		37	60

41. *Catalogue des estampes gravées par le citoyen D. Vivant Denon. 1803.*
Denon avait déposé ses cuivres à la Chalcographie du Musée. Les prix de vente en sont indiqués.

42. **Portrait de Vivant Denon.** *Eau-forte de Denon d'après Isabey.*

Essai au Crayon à la Plume et à
L'Estompe.

fait à la lithographie de munich
le 15 9bre 1809. Denon

43. **Premier essai de lithographie de Denon.** « Essai au crayon à la plume et à l'estompe. Fait à la lithographie de Munich le 15 novembre 1809. Denon ».

44. ***Deux soldats blessés.*** *Eau-forte de Denon, faite à Vienne en 1809. On peut lire sur l'affiche :* « *Extrait des minutes de Schoenbrunn le 15 août 1809. Napoléon Empereur des Français Roi d'Italie proclame : Art. Ier. Les soldats dans la 6e classe, 500 francs* ».

45. ***Enlèvement de la galerie de Kassel, en 1807.*** *Dessin au lavis, par Benjamin Zix. A genoux à gauche, Denon. A droite Zix, debout. Collection Hennin. B.N. Estampes.*

46. *Denon remettant dans leurs tombeaux les restes du Cid et de Chimène, en présence de Zix,*
par Adolphe Roehn. Tableau faisant partie de la collection de Denon. Musée du Louvre.

47. **Denon au Louvre.** *Gravure au trait et lavis d'après Zix. Portrait allégorique regroupant autour de Denon quelques-unes de ses réalisations au Musée et dans Paris. Collection Hennin. B.N. Estampes.*

DENON DIRECTEUR GÉNÉRAL
DES MUSÉES

48. **Portrait de Pierre Daru,** *surintendant de la Maison de l'Empereur, par le baron Gros. Musée de Versailles.*

49. « **Vue de l'arc de triomphe** élevé sur la place du Carrousel de Paris. Erigé à la gloire de la Grande Armée Française. Exécuté d'après les dessins de Messieurs Fontaine et Percier ». Dessin plume et lavis de bistre. Collection Hennin. B.N. Estampes.

50. *Fontaine de l'éléphant.* *Eau-forte de J.A. Alavoine.* « *Projet de fontaine pour la place de la Bastille, composé par J.A. Alavoine sous la direction de Monsieur le Baron Denon. Le modèle de l'Eléphant a été exécuté de la grandeur du monument par Monsieur Brédan, statuaire, pendant les années 1813-1814* ». *B.N. Estampes.*

51. **Colonne de la Grande Armée, 1810.** *Gravure de J. Duplessis Bertaux et N. Courbe, d'après Zix. Vue prise pendant la démolition de l'échafaudage.*

52. Statue colossale de Napoléon. *Gravure de Tardieu. Statue qui surmontait la colonne de la Grande Armée de 1810 à 1814.*

53. *L'empereur et l'impératrice traversent la galerie du musée pour se rendre à la chapelle de mariage au Louvre le 8 avril 1810.* Gravure de Pauquet et C. Normand d'après Percier et Fontaine. Collection de Vinck. B.N. Estampes.

54. *Le grand chiffonnier critique du Salon de 1806.* Caricature anonyme contre les critiques, figurés par des ânes, qui estiment trop réaliste la peinture nouvelle. Seize strophes, en bas de l'image, développent ces arguments : « Gros, Girodet et Bergeret/Mal est choisi votre sujet/Il n'est point dans Homère… »

La valse des quadriges

Le quadrige qui ornait la porte de Brandebourg avait été descendu, démonté et mis en caisse à Berlin, en décembre 1806. Arrivé à Paris et remonté, il fut jugé trop petit pour l'Arc de Triomphe. Denon, par une note du 12 octobre 1807, proposa à l'Empereur le terre-plein du Pont-Neuf : un corps de gardes en fera l'assise : « les chevaux, les chars y feront un bon effet ; la figure de la Victoire est mal dessinée. Il faudra en mettre une autre un jour, car ce sera le peuple qui la désignera et qui la placera dans le lieu qui a été déjà consacré pour un objet de son adoration » [46].

Le 26 avril 1808, le quadrige de Venise fut reconstitué et monté sur l'Arc de Triomphe ; en 1811, les chevaux avaient été placés sur les piédestaux où s'attachait la grille de la cour des Tuileries. Restitués en 1815, ils reprirent alors la place que leur avait assignée la Sérénissime, après leur enlèvement de Constantinople par les Croisés en 1204/1205.

Premier rentré en France, Denon était le pourvoyeur naturel des images de l'Egypte. Avant la publication de son livre, certains de ses croquis ont été communiqués aux artistes et aux artisans curieux de satisfaire à l'engouement des amateurs d'exotisme. Devenu directeur, il continua ses bons offices avec l'autorité d'un décideur ; choix du sujet, stylisation du motif, sa coloration et la qualité de l'exécution. C'est à la manufacture de Sèvres que s'exerça particulièrement son autorité ; à Sèvres et à la Monnaie des Médailles. Il en avait étudié — et peut-être pratiqué — les techniques à Naples et à Venise.

La Monnaie des Médailles

Par une contradiction qu'on peut juger surprenante, lorsqu'il s'est agi d'organiser la production des médailles, Napoléon constitua une commission.

L'usage de frapper des médailles pour l'illustration d'un règne était ancien. Louis XIV lui avait donné un éclat particulier, la tradition s'était maintenue et, David, le 26 octobre 1792, déclarait à la Convention : « Je désire que des médailles soient frappées pour tous les événements glorieux ou heureux déjà arrivés ou qui arrivent à la République, et cela à l'imitation des Grecs et des Romains. » La *Doctrina numorum veterum* qui paraît en 1798 est une manière de code de l'art numismatique.

L'histoire métallique de son règne devait intéresser Napoléon. C'est la Classe d'histoire et de littérature anciennes de l'Institut qui était chargée de préparer et de contrôler cette entreprise, une commission, formée de Visconti, Mongez, Quatremère de Quincy, Petit-Radel, d'Ameilhon, et Dacier, secrétaire perpétuel, devait composer les légendes, proposer aux artistes les sujets et examiner les projets. On notera que Denon ne figure pas parmi les membres de cette commission. Une seule médaille fut exécutée, celle d'Iéna, le 14 février 1814.

En fait, l'histoire métallique devait s'écrire ailleurs : à la Monnaie des Médailles dont Denon était le directeur. Les graveurs en pierres fines et en médailles étaient

---

46. Arch. Nat., AF IV 1050.

alors nombreux et de qualité. Denon, qui avait une longue pratique de collectionneur, avait rassemblé des séries de monnaies et les pièces les plus remarquables de la Renaissance et des temps modernes. Voici le nom de ces graveurs : Andrieu, Duvivier, Tiolier, Brenet, Jeuffroy, Domard, Michaut, Guyrard, Cocchi, Depaulis, Jaley, Droz, Dupré, Dumarest, Galle, Gatteaux. Quelques autres, épisodiquement, s'y ajoutèrent ; l'équipe était nombreuse. C'est Denon, sans doute, qui choisissait le sujet et l'artiste, et composait la légende. Sa parfaite connaissance du latin comme sa longue expérience numismatique lui facilitaient la tâche.

La Monnaie des Médailles avait été, comme la plupart des services de l'ancienne surintendance, installée au Louvre. L'accroissement du musée rendait nécessaire son déménagement. La Monnaie des Médailles fut transférée en 1806 dans l'Hôtel des Monnaies construit par Antoine de 1771 à 1777. Jean Babelon a souligné que sa production abondante est d'une qualité assez moyenne et ne compte pas de chefs-d'œuvre. Seul, le profil césarien de Bonaparte a inspiré quelques graveurs ; on a voulu voir dans la médaille d'Andrieu l'inspiration des vers de Victor Hugo : « Et les peuples béants ne purent que se taire / Car ses deux bras levés présentaient à la terre / Un enfant nouveau-né. » C'est plutôt au poète qu'à son mérite propre que cette médaille doit sa célébrité. La précipitation avec laquelle fut ordonnée la médaille d'Andrieu représentant « Hercule étouffant le léopard anglais » en 1805, n'est pas à l'honneur de Denon. C'est à Ulm et Austerlitz que devait s'illustrer l'armée rassemblée à Boulogne pour envahir l'Angleterre.

L'histoire métallique de Napoléon le Grand était destinée à la postérité. Répétons qu'elle n'a pas laissé de grandes œuvres et son audience demeure limitée.

Les manufactures

Pour la tapisserie, dont les pratiques ne lui étaient pas très familières, mais dont il connaissait bien le principe, les temps d'exécution et la minutie, Denon ne chercha ni n'apporta aucune originalité : il continue une tradition qui s'applique à la fidèle, minutieuse et lassante reproduction du modèle. Rien qui annonce que la tapisserie puisse retrouver sa grande tradition, être un art vivant pour lui-même, avec ses contraintes, sa personnalité, et non un simple décalque d'une peinture qu'elle doit reproduire en trompe-l'œil. Somme toute, ce n'est qu'une copie parmi d'autres, dans une suite qui peut compter jusqu'à douze exemplaires.

Y a-t-il des messages particuliers réservés à telle ou telle technique de reproduction ? Pour la tapisserie, la réponse est non, d'évidence, puisqu'il s'agit là d'une réplique littérale d'un thème déjà exploité en peinture. La destination de ces tapisseries étant les palais impériaux, il ne s'agit que de retrouver en quelque sorte les thèmes familiers aux habitants des Tuileries, toutefois dans un contexte architectural différent. Quant aux portraits, il s'agit d'assurer la présence de l'Empereur, soit dans un pays étranger, soit dans un palais du Grand Empire ; en fait, répliques et tapisseries pourraient s'additionner. La décoration des palais impériaux est dans une large mesure une réplique des Tuileries. Un rapport de 1811 fait état de trois tapisseries en cours de tissage, à quoi s'ajoutent les six que l'Empereur a décidé de commander. Toutes ces tapisseries sont des copies des tableaux de la Galerie de Diane ou du Salon des Maréchaux. Différente est la situation de la manufacture de Sèvres, elle fabrique des objets d'usage, même si l'usage en est exceptionnel. Les services destinés au Roi de Rome ont une raison d'être didactique : il faut enseigner à l'enfant la nature : animaux et plantes, l'histoire et, d'abord, l'histoire romaine, en quelques images frappantes : la louve allaitant Romulus et Rémus, Horatius Coclès, Auguste s'entretenant avec Virgile, la clémence de Titus, etc. Il convient de surcroît que les personnages soient vêtus et armés comme l'enseigne l'archéologie.

Le Roi de Rome, même s'il est l'héritier du Grand Empire ne peut avoir d'autres références à l'histoire qu'un quelconque dauphin. Si la Révolution est escamotée, il n'en va pas de même de l'histoire des siècles antérieurs : de Mérovée et du baptême de Clovis à Louis XIV, en passant par Henri IV et Richelieu, le royaume de France n'est nullement gommé ou occulté, simplement c'est le noyau et ce n'est que le noyau du Grand Empire. On a vu, au cours du XXᵉ siècle, dans l'ex-URSS, quelques tentatives pour faire commencer l'histoire, je veux dire celle qui mérite de compter et d'être contée, à la révolution d'octobre 1917. On a observé d'autres tentatives du même ordre. Rien de tel ici : celui que les royalistes s'obstinent à appeler l'usurpateur tient au contraire à se présenter comme le fondateur d'un empire plus grand, presque hors échelle, mais dont le noyau dur est bien la France. Ainsi, le Roi de Rome apprendra, en mangeant ses bouillies, que Michel de l'Hôpital, Bayard ou Henri IV ont bien leur place dans l'histoire en l'an XIV. Décider le retour au calendrier romain, c'est montrer que l'histoire est la longue durée.

Cependant, assez indifférent aux hommes d'Église qui s'appliquent à reconstituer une lointaine hagiographie de la famille Bonaparte, Napoléon se veut fils de ses œuvres : des thèmes tels que *Bonaparte pardonnant aux Révoltés du Caire, Bonaparte visitant les pestiférés à Jaffa*, la *Bataille d'Aboukir* (la seconde, bien entendu), le *Pont d'Arcole* ou la *Signature de la paix d'Amiens*, ce sont là des thèmes que l'on retrouve dans le salon de Diane aux Tuileries.

L'histoire des 72 assiettes à dessert du service impérial, exécuté de 1807 à 1812, a été minutieusement contée par F.P. Samoyaud. On y voit comment Vivant Denon et Brongniart ont coopéré, révisant et complétant la liste des sujets dressés par Napoléon, désignant les artistes et contrôlant l'exécution [47].

C'est en janvier 1806 que Napoléon charge Denon d'« avoir l'œil à ce qui se faisait dans les manufactures ». Denon se rendit à Beauvais, où il donna des dessins de meubles, « pour y établir un nouveau goût dans les travaux de cette manufacture ». A la Savonnerie, « qui est peut-être la plus utile de toutes », il faudra remonter les ressorts et rétablir le vrai goût. Denon estime qu'il faudra s'inspirer des mosaïques antiques acquises à Naples. Ce contrôle des manufactures ne sera efficace que dans la mesure où Denon est en confiance avec le directeur. Sinon, comme il le note dans une lettre à Duroc du 25 mars 1808, « comme je n'ai point d'ordre à donner aux Manufactures, on vient chercher mes conseils ou mon approbation lorsque le moment de la critique approche afin de prendre mon autorité pour excuse ».

---

47. Cf. *Le Souvenir Napoléonien*, n° 369, février 1990. F.P. Samoyault : *Les assiettes de dessert du Service particulier de l'Empereur en porcelaine de Sèvres*, p. 2 à 8.

Communication de l'œuvre d'art

Organiser, au Louvre, une exposition annuelle des artistes, membres de l'Académie royale, était une prérogative et un privilège de celle-ci. Pour tous ceux qui n'étaient ni membre ni invité : le Pont Neuf ou la foire Saint-Germain. Sous la Révolution, une tentative de Salon des Indépendants sans conditions, avait vite tourné à la confusion et au désordre. Il avait fallu revenir au régime du contrôle par un jury. La Classe des Beaux-Arts de l'Institut va-t-elle ressusciter l'ancien Salon ? En fait, le Salon républicain et le Salon impérial sont un événement de très large audience.

Le Salon est prisonnier de son succès : installé dans les locaux du Musée, il faut, pour l'organiser, déplacer les œuvres, imaginer des circuits nouveaux. Le succès public en est grand ; ce n'est pas seulement « une élite cultivée », c'est un peu tout le monde, comme si l'éducation artistique des masses avait commencé d'opérer. Ce n'est cependant pas par les catalogues, qui se limitent à citer des titres ou des thèmes, sans indication des techniques utilisées par l'artiste, qu'elle peut se propager. L'éducation artistique, c'est l'affaire de la critique d'art. La presse artistique est très nombreuse : pour un Salon comme celui de 1806, il y eut plusieurs centaines de publications. Ce sont de simples feuilles qui naissent, meurent et ressuscitent à chaque Salon. Le public est mêlé, la forme s'en ressent : les vers de mirliton alternent avec la vaudeville. En voici quelques exemples :

> *On dit que le vainqueur d'Arbelle*
> *Dont on fit tant de sots portraits*
> *Défendit qu'un autre qu'Apelle*
> *Se mêlât de peindre ses traits.*
> *Moi qui chéris à toute outrance*
> *L'illustre vainqueur d'Austerlitz*
> *Je dis : quel malheur pour la France*
> *Qu'il n'eût pas fait de tels édits !*

Et c'est signé : *le Flâneur au Salon.*

La *Bataille d'Aboukir* de Gros (Salon de 1806) est ainsi commentée par *Arlequin* :

> *Je n'étais venu que pour rire,*
> *J'avais oublié Monsieur Gros :*
> *Il faut, malgré moi, que j'admire*
> *Et son ouvrage et son héros.*

Pour l'*Observateur du Muséum*, ce « superbe tableau » est supérieur à la *Peste de Jaffa*, « voilà le tableau à qui appartient la couronne ». Moins plat, *Pausanias* cite « la transparence magique du coloris de Rubens, mêlé à la vivacité de celui de Tintoret ».

La Lorgnette au Salon observe que cette toile « attire la foule ». Ces chroniqueurs passent en revue tous les tableaux du Salon ; arrivé au portrait, *Arlequin* reprend ses vers de mirliton :

DENON DIRECTEUR GÉNÉRAL
DES MUSÉES

L'Empereur avait droit d'attendre
De se voir peindre avec succès.
Mais nos peintres semblent s'entendre
Ici pour altérer ses traits.
Et vraiment l'on a peine à croire
Que le guerrier, que ce héros
Qui paraît si grand dans l'histoire
Soit si petit dans nos tableaux.

La peinture est un discours ; et la critique d'art une dissertation sur un discours. Le discours le mieux réussi est celui qui fait bien ressortir les traits significatifs et les exprime en une image frappante, aisément mémorisée. Ni allégorie, ni symbole : des faits concrets, présentés dans le détail de leur vérité ; une pièce de vêtement, une arme ont moins d'importance que l'expression d'un visage, mais ils doivent être exacts : une approximation, une erreur, pourraient mettre en question l'authenticité de la scène. Seuls, aujourd'hui, des spécialistes peuvent dire s'il y a erreur sur la couleur d'un passepoil, mais les visiteurs du Salon sous l'Empire, pour la plupart savaient ces choses. Ils y attachaient de l'importance, plus sans doute qu'à la qualité de la touche.

Une étude serait à faire sur la diffusion de cette littérature dans les provinces françaises, d'abord, et plus largement, dans l'Empire. On serait tenté de dire qu'elle s'est organisée de manière à tenir au courant de l'activité artistique française un large public, qui pourrait en bavarder sans l'avoir vue.

Quelle impression pouvait en avoir le visiteur ou le simple lecteur de gazettes à Angoulème, Bruxelles ou Milan ? D'abord, de l'omniprésence de la peinture publique monumentale, consacrée à l'histoire contemporaine et, singulièrement, à celle de Napoléon. C'est lui qui apparaît comme acteur. Mais une telle peinture n'est faite que pour un monument public, hôtel de ville, palais de justice, résidence ou palais. Si on la place dans une perspective historique de l'art moderne, elle est, selon les gazettes, « en progrès » et affirme la suprématie et la supériorité de l'art français. Mais la peinture a d'autres fonctions que de commenter l'histoire des règnes. Pour ce qu'elle peut avoir d'intime et de narratif, au sens familial, le portrait fait la transition de la vie officielle au quotidien domestique. Il y a toujours de l'apprêt, du conditionné. Ce portrait est une représentation. Pour le secteur public, une hiérarchie est définie par le pouvoir : maréchaux, grands dignitaires de l'Empire, conseillers d'Etat, ont droit au portrait en pied. Les généraux morts au champ d'honneur doivent se contenter du portrait en buste. Et ces classifications ont leur écho dans les portraits civils. Balzac l'a très bien vu, pour une société qui, après l'Empire, porte encore le poids de ses hiérarchies : ce Crevel, lorsqu'il veut séduire la baronne Hulot, se « met en position », entendez qu'il se campe en position de héros.

Alors, que reste-t-il pour donner à la vie privée, sa couleur, son charme ? La peinture dite décorative, dont les thèmes peuvent être pris à la fable, à la légende, à la poésie. Et, pour la bourgeoisie, des fleurs, des fruits. On peut y ajouter le paysage, à cette réserve près que, dans ce genre, on retrouve les « dessins des campagnes de Sa Majesté », entreprise où Denon a montré son habituelle persévérance et que l'Alsacien Zix a largement illustrée.

Mais en dépit de l'optimisme que Denon affiche, assurant Napoléon que l'Ecole française de peinture est en grand progrès, il n'est pas pour nous évident que ce dirigisme artistique puisse se flatter de réussite.

Les artistes et le pouvoir

Comme l'a fort justement noté F. Benoît, « l'institution des récompenses proprement dites décernées à la suite des Salons ou de concours spéciaux, est une innovation révolutionnaire » [48].

La Constituante avait fait distribuer la manne des 90 000 livres qu'elle avait consacrées à l'encouragement des arts [49] par un jury de quarante membres élus par les artistes. C'était reconnaître leur autonomie. Ce principe d'élection fut respecté par la Convention, lorsqu'elle établit les concours de l'an II et de l'an III, bien que le dessein politique qu'elle poursuivait fût évident, puisque les artistes étaient invités à représenter les scènes glorieuses de la Révolution. Les prix d'encouragement furent, jusqu'en 1801, distribués de la même façon. Le gouvernement consulaire les supprima en l'an X. Il continua de décerner à chaque Salon des récompenses, mais en se réservant de désigner les bénéficiaires. Ainsi, la relative liberté d'appréciation et de choix qu'on avait laissée jusqu'alors aux artistes, fut supprimée et, en 1802, c'est à une commission nommée par le gouvernement que fut confié le soin de choisir trois peintures et trois sculptures parmi les œuvres exposées au Salon : l'ingérence du gouvernement se précisait. Elle va se faire, sous l'Empire, plus systématique et plus efficace.

Ainsi, comme l'expose Denon dans son rapport du 23 fructidor an X sur le Salon ouvert le premier jour complémentaire de la même année [50], l'usage des prix d'encouragement avait plusieurs inconvénients : il consistait à commander un tableau aux lauréats en leur laissant une certaine latitude pour l'exécution ; on pouvait craindre que ceux-ci n'y apportassent pas beaucoup de zèle et les collections de l'Etat risquaient de s'encombrer « de tableaux insignifiants, médiocres et, par cela, inutiles ».

Lorsqu'il manifeste sa sollicitude aux artistes, un gouvernement ne saurait avoir pour seul objet de se transformer en bureau de bienfaisance. Il a droit non tant à la reconnaissance des artistes qu'à leur fidélité. L'Empire veut s'attacher les hommes à qui il marque sa confiance par les distinctions dont il les honore. Denon propose donc à Napoléon « une méthode moins dispendieuse, plus stimulante et qui porterait le cachet de la magnificence » : il faut acheter au Salon « des tableaux faits » ou ne donner à ceux qui se sont distingués que de « simples gratifications ». Mais il y a la manière de donner : « Cette distribution, faite par Votre Majesté, à la suite d'une visite que j'espère Elle voudra bien faire au Salon, serait un mouvement paternel, bien propre à exalter l'amour-propre et la reconnaissance des artistes, sentiments également nécessaires au développement de l'art. »

Emulation professionnelle, attachement à la personne de l'Empereur. Denon

---

48. F. Benoît, *Histoire de l'art français sous la Révolution et l'Empire...* Paris, 1887, pp. 233, 234.
49. Par décrets du 17 sept. et du 3 déc. 1791.
50. Arch. nat., AF IV, 1050.

n'a-t-il pas bien exposé les principes de cette politique artistique qu'il suggère de suivre, parce qu'il sait qu'elle doit plaire ? Et il conclut : « Si Votre Majesté me l'ordonne, je lui ferai un travail dans lequel je joindrai au détail des ouvrages la connaissance des artistes et les circonstances dans lesquelles ils se trouvent. » Une description de l'œuvre, complétée par une analyse technique rapide et une critique esthétique et morale, une note, à l'occasion, sur la situation matérielle de l'artiste, sur l'évolution de son talent, son activité et ses aptitudes, voilà ce que contiennent ces rapports que régulièrement Denon adresse à l'Empereur. En forçant un peu, on pourrait dire que ce sont des états de situation, dressés par le chef d'état-major de cette armée d'artistes, engagés volontaires, il est vrai, et dont il n'est pas encore besoin de la conscription pour assurer le recrutement. Le système de gouvernement des arts que Denon esquissait en 1804, a été suivi jusqu'en 1815. Napoléon y avait donc donné une approbation, au moins tacite.

La concordance des dates nous invite à rappeler ici l'institution des « prix décennaux » fixée par décret du 24 fructidor an XII, et publiée au *Moniteur* le 15 vendémiaire an XIII. Denon a-t-il participé à sa rédaction ? Il est difficile de le dire. Remaniée par le décret du 28 novembre 1809, l'institution remettait le jugement à un jury où figuraient le président et le secrétaire perpétuel de chacune des classes de l'Institut [51], mais non le directeur général des Musées. Les rapports de ce jury devaient être ensuite transmis aux quatre classes de l'Institut et chacune d'elles pour sa partie devait « faire une critique raisonnée des ouvrages qui ont balancé les suffrages, de ceux qui ont été jugés par le jury dignes d'approcher des prix, et qui ont reçu une mention spécialement honorable ».

« Cette critique sera plus développée pour les ouvrages jugés dignes du prix ; elle entrera dans l'examen de leurs beautés et de leurs défauts, discutera les fautes contre les règles de la langue et de l'art ou les innovations heureuses ; elle ne négligera aucun des détails propres à faire connaître les exemples à suivre et les fautes à éviter. »

Ces critiques devaient être ensuite « rendues publiques par la voie de l'impression ».

Ces dispositions conféraient à l'Institut une importance considérable par la solennité même de l'institution et la publicité donnée, non seulement au jugement, mais aussi à la critique. En particulier, l'Empereur, en invitant les classes à formuler « les exemples à suivre et les fautes à éviter », leur donnait l'occasion d'exposer et d'affirmer les principes esthétiques de leur corps, érigé en cours suprême des Beaux-Arts. C'était reconnaître à l'Institut une autorité, en quelque sorte souveraine, et soumettre à son appréciation les commandes faites par l'État, les œuvres que le gouvernement avaient ordonnées et inspirées, bref, sa politique artistique.

Les décisions du jury qui, dans la catégorie des tableaux d'histoire préféra la *Scène du Déluge* de Girodet aux *Sabines* de David, furent accueillies diversement. Il parut que le prestige du Premier Peintre était atteint, et le *Journal de l'Empire*, dans son numéro du 1ᵉʳ septembre 1810, publia un article, d'ailleurs favorable à Girodet,

---

51. Napoléon décrétait qu'il y aurait « de dix ans en dix ans, le jour anniversaire du 18 Brumaire, une distribution de grands prix donnés de sa propre main... » pour lesquels concourraient « tous les ouvrages de sciences, de littérature et d'art... publiés dans un intervalle de dix années dont le terme précédait d'un an l'époque de la distribution... » La première distribution était fixée au 18 Brumaire an XVIII (9 novembre 1810). Le décret de 1809 précisa qu'il y aurait 35 grands prix, 19 de première classe et 16 de seconde classe.

où il était dit que « l'espèce d'irrévérence avec laquelle le jury a rejeté en quelque sorte dans la foule un ouvrage si supérieur, était... un grand scandale dans la République des Arts ».

J. David, sans citer ses sources, rapporte qu'« on assure que l'Empereur ne fut pas satisfait des décisions prises par la Classe des Beaux-Arts. Il lui reprocha de n'avoir pas compris les ouvrages de Canova dans le concours décennal, et de n'avoir pas fait figurer les routes du Mont-Cenis et du Simplon, ainsi que le canal de Saint-Quentin, dans les travaux d'architecture » [52]. Ce qui est certain, c'est que l'institution des prix décennaux fut abandonnée.

On ne voit au reste pas nettement à quel dessein elle pouvait répondre. Elle ne constituait pas un « encouragement pour les arts », selon l'expression consacrée dans la langue officielle, puisque les œuvres présentées devaient avoir été exécutées dans les dix dernières années et qu'il est difficile d'imaginer qu'un artiste se serait déterminé à concourir à aussi longue échéance. Tout au plus, pouvait-elle apparaître comme une preuve solennelle de la sollicitude du gouvernement pour la littérature et les arts. Sans doute, les œuvres couronnées devaient-elles bénéficier d'une grande publicité et leurs auteurs d'un surcroît de prestige et de notoriété. Mais, par les conditions mêmes de cette sorte de concours, ces distinctions n'iraient pas nécessairement à celles sur qui le gouvernement pouvait souhaiter voir se fixer l'attention.

Denon, en tout cas, ne semble avoir eu aucune part ni à l'inspiration ni à la rédaction des décrets. Ils n'étaient point, au reste, dans la ligne qu'il recommandait de suivre, et peut-être ne fut-il pas mécontent d'un échec qui ne pouvait que renforcer sa position personnelle.

Il ne fut jamais question, avons-nous dit, de transformer les artistes en fonctionnaires, ni même de les grouper en corps professionnel. Denon se flattait de les conduire par le seul appât des récompenses. « C'est, écrit-il à l'Empereur le 3 vendémiaire an XIII, une classe d'êtres si difficile à mouvoir, si difficile à gouverner [qui] ne s'alimente que de gloire et [celle-ci] est pour elle le plus pressant des besoins... quelques paroles de vous et quelques faveurs gratuitement accordées au vrai mérite exalteraient tous les talents [53]... » En somme, un moyen économique d'encourager les arts.

A cette date, Denon semble encore partisan d'un mécénat qui se combinerait avec une politique artistique franchement orientée, mais limitée. Dans le même rapport, il suggère à l'Empereur d'acheter chaque année quelques tableaux qui lui plairaient et « de faire continuer d'ordonner par le gouvernement les sujets historiques dont il doit être cher à la nation de conserver la mémoire et sur lesquels il est utile d'exercer les talents que les particuliers ne peuvent payer ».

Mais cette politique a son revers. En 1806 [54], Denon se plaint « des prix extravagants que quelques-uns ont exigés et exigent encore pour les travaux que le gouvernement daigne leur accorder ». Ce mauvais exemple vient, en particulier, de David : les 400 000 francs qu'il a demandés pour les quatre tableaux du couronnement, les 24 000 francs qu'il a obtenus pour chacun des portraits du Pape et de l'Em-

---

52. J. David,, *op. cit.*, p. 475.
53. Arch. nat., AF IV 1050.
54. Rapport du 19 février 1806, Arch. nat., AF IV 1050.

pereur, « ont jeté un tel désordre dans les têtes exaltées de ces messieurs qu'il n'est plus possible d'opposer la raison à leurs prétentions exagérées » [55].

Ailleurs, Denon explique qu'à son entrée en fonctions, il constata que plusieurs commandes avaient été faites par Lucien Bonaparte, alors ministre de l'Intérieur, sans en arrêter les prix. Entre autres, la *Bataille des Pyramides*, par Vincent, le *Passage du Grand Saint-Bernard* par Thévenin, la *Bataille de Marengo* par Vernet. Consulté par Chaptal, Denon fixa le prix de chaque toile à 20 000 francs, « somme qui ne satisfit pas la prétention de ces messieurs » [56].

Il est cependant possible, assure Denon, d'obtenir des tableaux à des prix raisonnables : malgré une cabale montée pour les empêcher d'achever leur toile, les peintres qui avaient accepté de faire pour 2 000 francs les portraits des maréchaux ont tous, à l'exception de quatre qui n'ont pu obtenir de leurs modèles les séances de pose nécessaires, livré leurs œuvres [57].

Il faudrait pouvoir ramener les artistes « à la simplicité modeste des véritables artistes de tous les pays, dont la gloire a toujours consisté à produire beaucoup et à vivre honorablement, mais sans faste » ; alors que plusieurs des peintres et des sculpteurs, surtout des peintres, vivent maintenant dans le luxe. Certains prétendent désormais, avec deux ou trois ouvrages, faire leur fortune et d'autres se transforment en « entrepreneurs de peinture ».

Il n'y a qu'un moyen de s'opposer à de telles prétentions : établir un tarif uniforme et s'y tenir, en se réservant toutefois « d'accorder une prime à l'artiste qui, par un succès éclatant, aurait rempli des intentions et fait faire un pas à son art ». Et Denon propose, pour les tableaux d'histoire de 10 pieds sur 12 ou 15, 12 000 francs ; pour les tableaux de chevalet de 5 pieds sur 7, 6 000 francs. Ce tarif, qu'on lui a reproché comme attentatoire à la liberté de l'art, était cependant le seul moyen qu'il eût, comme administrateur, de faire accepter des commandes accompagnées nécessairement d'un devis de dépenses. Sans cette sage méthode, il lui eût été impossible de poursuivre régulièrement ses acquisitions.

Il est remarquable que malgré ce rôle ingrat de défenseur des deniers publics qu'il était contraint d'assumer, Denon ait généralement conservé la confiance des artistes. Mais il y fallut toute l'adresse diplomatique et le tact mondain qu'il avait acquis de longue date. En fait, il répugnait, par tempérament, à exercer sur le « peuple artiste » une contrainte trop directe ; il jugeait avec bon sens que bien que « la masse de nos peintres ressemble plutôt à un corps d'amateurs qu'à un corps d'artistes », il convenait de prendre l'Ecole française « avec ses défauts et tâcher d'en tirer le plus grand parti possible pour la gloire de notre nation et de notre siècle » [58].

Ainsi, la politique du gouvernement impérial à l'égard des artistes peut se résumer en ces quelques termes : s'attacher les meilleurs d'entre eux par des faveurs, des

---

55. Rapport du 19 février 1806, Arch. nat., AF IV 1050.
56. Sur les exigences et les prétentions des artistes, en particulier, Isabey et Gérard, cf. Lanzac de Laborie, *op. cit.*, t. VIII : *Spectacles et Musées*, pp. 371, 372 et 409-415.
57. Il s'agit des portraits de Murat par Gérard, de Jourdan par Vien fils, de Masséna par Gros, d'Augereau par Robert Lefèvre, de Brune par Mme Benoist, de Lannes par Perrin, de Mortier par Camus, de Ney par Meynier, de Davout par Gautherot, de Bessières par Riesener, de Kellermann par Ansiaux, de Perrignon par Hennequin de Bernadotte par Rinson, de Serrurier par Laneuville. (*Id., ibid.*)
58. Lettre au Premier Consul du 5 pluviôse an XI (25 janv. 1803) ; doc. publ. par M. Vauthier, article cité, *Annales révolutionnaires*, 1911, p. 271.

DENON DIRECTEUR GÉNÉRAL
DES MUSÉES

récompenses, des décorations ; les persuader de consacrer leur talent uniquement aux travaux de l'Etat ; utiliser les expositions pour mettre en honneur ceux qui travaillent pour le gouvernement, et orienter, par ce moyen, la production dans un sens déterminé ; favoriser l'ascension sociale des artistes, tout en contenant l'avidité et le goût de luxe de certains ; ne leur donner aucune part dans l'administration des arts, l'organisation des expositions, l'attribution des récompenses, toutes fonctions qui sont et doivent demeurer du ressort du gouvernement. Mais à côté de l'art inspiré et dirigé, laisser s'exercer, se former et évoluer un art libre du choix de ses thèmes et de son esthétique.

Denon gouverne le « peuple artiste » avec la souple habileté d'un diplomate, bien éloignée de la raideur jacobine qu'y eût apportée David ; ses préférences, ses goûts, si décidés soient-ils, sont assez éclectiques pour l'incliner à rester libéral. Ce régime, fort différent du système aristocratique des Académies royales du XVIIIᵉ siècle, comme de la constitution démocratique ébauchée par la Révolution ou de l'anarchie vantée par certains membres de la Commune des Arts, a certains traits du despotisme éclairé ; mais s'il faut le qualifier, nul terme ne semble mieux lui convenir que celui de « paternalisme ».

Un simplificateur audacieux :
Denon enseigne l'histoire de l'art à Napoléon

Chaptal a noté l'extrême réserve que s'imposait Napoléon, au moins sous le Consulat et au début de son règne, quand la conversation qu'on tenait devant lui portait sur des problèmes artistiques. « On lui avait dit que David était le premier peintre de son siècle. Il le croyait et le répétait, mais sans jamais entrer dans le moindre détail sur la nature de son talent et sans se permettre aucune comparaison avec les autres peintres, ses contemporains. On s'apercevait aisément de l'état de contrainte où il était toutes les fois qu'il se trouvait dans ces positions, et du désir qu'il avait d'échapper le plus tôt possible à cet état de gêne [59]. » Au dire du même, la vue de chefs-d'œuvre de son Musée le laissait insensible [60]. Et Chaptal conclut : « L'Empereur ordonnait mais il était indifférent sur le mode d'exécution, parce qu'il manquait de goût pour juger par lui-même et que, ne pouvant apprécier le mérite d'un artiste, il était toujours disposé à croire que celui qui avait sa confiance était le meilleur. » [61]

Ce conseiller esthétique nécessaire pour éclairer son choix, Napoléon crut d'abord le trouver en David. Mais, après sa nomination comme directeur général du Musée, ce fut Denon qui remplit ce rôle, avec le tact d'un vieux courtisan et l'aisance d'un amateur mondain. Napoléon n'avait point de goût, dit Chaptal, qui affirme l'avoir entendu dire plusieurs fois que les deux objets qui l'avaient le plus étonné de sa vie étaient : « les pyramides d'Egypte et la taille du géant Friou » [62]. Il n'avait non

---

59. Chaptal, *op. cit.*, p. 270.
60. *Ibid.*, p. 269.
61. *Ibid.*, p. 273.
62. *Ibid.*, p. 269.

plus aucune culture esthétique et son ignorance en matière d'histoire de l'art était totale. Il fallait donc l'instruire du mérite et de l'importance des œuvres dont on composait ses collections, et conseiller les acquisitions d'œuvres contemporaines ainsi que lui donner quelque notion de l'histoire des arts et lui faire la critique des Salons et des ateliers. A cette initiation esthétique, Denon dut mettre tout son brillant talent de causeur, dans ces conversations familières où Napoléon l'admettait parfois, à l'heure de son déjeuner. Beausset, qui les évoque, n'en a point noté le détail. Mais dans les rapports qu'il rédige sur l'état des travaux ordonnés, sur les commandes, sur les acquisitions, on voit Denon s'essayer discrètement à instruire.

La première fois, c'est dans une « note sur un monument à ériger et sur celui que le Corps municipal de la Ville de Paris projette d'offrir à Sa Majesté »[63]. A ce propos, Denon croit bon de remettre sous les yeux de l'Empereur « le tableau abrégé des arts sous tous les rois ses prédécesseurs et l'influence qu'ils ont donnée à chaque époque ». Si nous n'avions que cet écrit pour apprécier le goût du directeur général des musées, notre jugement serait sévère. Cette vue cavalière de l'histoire des arts en France procède par affirmations sommaires : après les lumières et le faste, apportés en Gaule par les Romains, l'époque mérovingienne, malgré la décadence évidente de la civilisation, produisit encore quelques belles œuvres, mais sous le règne de Charlemagne et de ses successeurs, la « nuit des arts couvrit absolument l'Europe ». Une renaissance s'ouvrit avec Saint-Louis qui « en allant chercher des reliques en Afrique, en ramena des machinistes, une architecture nouvelle et des sculpteurs ».

Les succès du mahométisme en Orient en chassèrent « tout ce qui y restait de lumière ». La Renaissance italienne eut pour berceau Florence, où Laurent de Médicis « offrit un asile aux arts ». On vit « la Toscane commerçante et manufacturière » devenir « dans le courant d'un demi-siècle la nation la plus riche et la plus brillante de l'Europe ». C'est « dans cette pépinière » que François 1er « alla chercher les arts et les sciences » pour les acclimater en France.

Sous Richelieu, avec Poussin et Puget, « les arts parvinrent en France à leur perfection ». Sous le règne de Louis XIV, « prince si avide de toute espèce de gloire et dont c'était peut-être le mérite éminent, on bâtit le château de Versailles, palais immense où un milliard fut enfoui et où le véritable connaisseur ne voit plus que quelques belles terrasses, une orangerie et le petit palais de Trianon. On bâtit les Invalides, institution sublime, mais un vilain édifice ».

Convenons que cette esquisse qui se donne pour historique ne fait honneur ni au goût ni à la science de Denon. Si elle mérite d'être citée, c'est qu'elle vise évidemment à présenter et à illustrer quelques principes de politique artistique. Tout d'abord celui-ci : la prospérité des arts est liée à l'action personnelle d'un prince éclairé, saint Louis, Laurent de Médicis ou François 1er, mais la munificence et le faste du souverain ne suffisent pas à protéger l'art contre les errements du goût, si

---

63. Paris, 9 février 1806. Arch. nat., AF IV 1050. Il s'agit d'un projet d'hôtel de ville à élever, soit sur la place Dauphine, soit en face de la colonnade du Louvre sur l'emplacement de Saint-Germain l'Auxerrois. Denon approuve le principe de la construction et ne se prononce pas sur le choix de l'emplacement. Il n'a pas un mot pour défendre Saint-Germain l'Auxerrois menacé. Mais il saisit l'occasion pour développer ses idées sur la décoration de Paris : il faut faire aux Tuileries des terrasses couvertes, dont une part serait réservée à l'Empereur et l'autre accessible au public ; décorer la place de la Concorde et l'aménager pour les fêtes publiques ; construire un théâtre, des bains publics qui manquent à la capitale...

le monarque n'a lui-même une juste notion du beau, comme le prouve l'exemple de Louis XIV. D'autre part, livrés à eux-mêmes, les artistes risquent d'épuiser leurs dons dans des efforts désordonnés.

Nous l'avons vu, l'idéal que Denon laisse entrevoir serait donc une manière de despotisme éclairé, créant les conditions favorables au complet développement d'un art intelligemment dirigé. Mais le despotisme éclairé, appliqué à l'art, aurait-il pour dessein de favoriser les arts pour eux-mêmes, et la gloire du prince ne serait-elle qu'une conséquence de son heureuse intervention, ou son objet ? Denon est trop avisé pour n'avoir point compris quelle sorte d'intérêt Napoléon porte aux Beaux-Arts ; aussi ne craint-il pas d'écrire ce dangereux conseil : « Vous n'accepterez de monuments, Sire, que ceux d'un genre qui, en consacrant votre gloire, en donneront la mesure et rendront les nations étrangères tributaires de vos magnificences. Alors leur image répétée par la gravure et par les descriptions étonnera comme les événements qui en auront été le motif. » Nous comprenons que l'art n'est plus qu'un instrument de publicité, et un signe du prestige et de la puissance politique.

L'exposition périodique des œuvres des artistes contemporains est un legs de l'Ancien Régime. De 1673 à 1745, le Salon est annuel ; à partir de 1745, il devient bisannuel. De cette institution corporative l'Assemblée Nationale fait une manifestation de masse, à laquelle tous les artistes sans exception peuvent prendre part. Submergée par le flot d'une production non contrôlée, l'administration du Muséum, qui a la charge de l'organisation du Salon, obtient le rétablissement d'un jury en l'an VI. Ce jury, sous l'Empire, comprend six membres : le directeur général du Musée, deux amateurs et trois artistes. Il se montre assez indulgent, mais sa censure est politique et morale plutôt qu'esthétique. Annuel de 1791 à 1802, le Salon redevient bisannuel sous l'Empire : le nombre des exposants ne cesse de croître : de 282 en 1800 il passe à 559 en 1812, et celui des œuvres atteint à la même date le chiffre de 1 294 alors qu'il était seulement de 542 au début du siècle [64]. C'est que le Salon, en même temps qu'il permet aux artistes consacrés de présenter au public les œuvres commandées par le gouvernement, donne aux jeunes artistes l'occasion de fixer l'attention et d'obtenir à leur tour des commandes. De toutes les institutions artistiques qu'il a héritées de l'Ancien Régime et de la Révolution, le Salon est, pour l'Empire, l'une des plus efficaces pour la conduite de sa politique artistique. C'est là enfin que le public parisien peut contempler l'illustration de la geste impériale.

Il ne faut pas exagérer l'importance des intentions publicitaires que paraissent révéler les commandes officielles d'œuvres d'art : la plupart de celles-ci étaient en effet destinées à l'ornement des palais impériaux. C'est dire qu'elles ne devaient être vues du public que pendant le temps assez court de leur exposition. La gravure, il est vrai, en popularisait les thèmes. Mais on ne voit nulle part que le gouvernement impérial se soit soucié d'en organiser la reproduction et la diffusion.

On conçoit que Napoléon ait eu le souci d'être tenu au courant des expositions. Par ses fonctions comme par la part qu'il prenait à l'organisation du Salon, Denon était naturellement désigné pour lui en rendre compte. Ses rapports répondent à un triple objet : faire la revue et la critique des œuvres commandées par le

---

64. Benoît, *op. cit.*, chap. III, pp. 228-239.

gouvernement qui figurent au Salon ; désigner dans la production libre celles qui méritent d'être acquises par l'Etat ou simplement récompensées ; chercher parmi les jeunes talents ceux qu'il convient d'enrôler dans la cohorte des artistes officiels.

Denon cependant ne prétend pas réserver toutes les faveurs aux « sujets d'un caractère national ». Dans son rapport sur le Salon de 1810 [65], après avoir, en guise de préambule, noté qu'« il semble que les artistes partagent l'enthousiasme des militaires qu'ils ont à peindre et veulent participer à leur gloire en retraçant leurs exploits, sans allégorie, sans faste vain, ressource des arts pour peindre des princes sans caractère » ; après avoir distribué des éloges aux tableaux de commande de David, Gros, Girodet, Guérin, Vernet, Prud'hon, Gautherot, Meynier, Berthon... il expose les mérites de la peinture de genre : l'histoire anecdotique, « représentation de personnages dont la vie historique fait désirer s'approcher d'eux et de connaître leur vie privée » — ce qu'il appelle, en termes bizarres, « la comédie noble ou le drame de la peinture — est un genre qui appartient particulièrement à l'Ecole française par sa délicatesse et son instruction ».

L'analyse des œuvres tient en quelques lignes : ce n'est jamais une description, mais une critique de la composition, de la couleur, du métier ; sans être toute rédigée en termes techniques, elle use d'un vocabulaire qui ne devait pas être très familier à l'Empereur : fermeté de la touche, ordonnance, manière large, le fini, un faire précieux... Si, pour la peinture de genre, la notice se réduit à une appréciation brève des mérites et de l'agrément de l'œuvre, pour les tableaux d'histoire elle expose plus longuement comment a été traité le sujet commandé ou choisi. C'est ainsi que Denon loue Gros d'avoir, dans les *Pestiférés de Jaffa*, « jeté un voile transparent sur toute l'horreur de son sujet et porté tous ses efforts sur tout ce qui était héroïsme, intérêt et consolation ». C'était bien saisir l'intention de celui qui avait commandé la toile. La *Bataille d'Arcole* de Bacler d'Albe, « plus dessinateur que peintre », a un grand mérite, c'est d'être « la production d'un homme qui connaît la guerre » et qui fut un « témoin oculaire de la bataille ». Lejeune, pendant longtemps, n'a montré que le mérite « d'un officier qui aurait joint du talent au courage » : avec la *Bataille du Mont Thabor* « il a pris le caractère d'artiste » [66].

Un certain souci de vanter les bienfaits de son administration et de son influence sur les artistes est manifeste dans ces rapports. Au Salon de 1810, l'Ecole française « a soutenu son mouvement d'énergie » ; le tableau qu'y expose David, le *Serment de l'armée au Champ de Mars*, est « le plus beau qu'il ait fait ».

Gérard, dans la *Bataille d'Austerlitz*, « a déployé le talent que, depuis quinze ans, il annonçait et que, depuis six, je lui reprochais de ne pas produire » ; la *Prise de Madrid* de Gros compte un groupe (celui des Espagnols) qui est « peut-être la plus belle chose qu'il ait peinte » ; Gros est « au rang des grands coloristes italiens et espagnols tels que les Caravages et les Ribera » ; Gautherot, « à chaque exposition depuis six ans, croît en talent et s'est montré cette année au-dessus de lui-même » ; *La Reine de Prusse reçue par l'Empereur à Tilsitt* est « un tableau qui a toute la science et la belle grâce de l'ancienne Ecole italienne ».

---

65. 11 novembre 1810. Arch. nat., AF IV 1050.
66. Salon de l'an XIII, n° 229, du cat. du Musée de Versailles. Denon, rapport à l'Empereur, Arch. nat., AF IV 1050.

L'importance accordée à l'histoire du règne n'empêche pas Denon, dans le rapport de 1810, d'insister sur les mérites de la peinture d'histoire anecdotique, illustrée en particulier par Monsiau avec *Madame de la Vallière se précipitant dans le couvent des Carmélites* et par Roehn, auteur d'une *Vue de la cathédrale de Worms au moment où Charlemagne s'y rend avec ses barons pour tenir le concile où il va être décidé s'il fera une deuxième fois la guerre à Witikind*. « Ce qu'on appelle le genre, tel que le paysage, les scènes du peuple, et celles des villageois est un domaine que l'Ecole française possède depuis nombre d'années. »

Le mécénat doit corriger les tendances du goût public et redresser ses erreurs. Denon note que « le goût de la nation est sensiblement plus porté vers la peinture que vers la sculpture ». Cette préférence, il l'attribue « à la vivacité de l'esprit national, au brillant de son goût, son amour pour toutes les espèces de sensations et à son caractère passionné ». Aussi faudrait-il encourager plus particulièrement la sculpture : « alimenter les jeunes gens et les vieillards en les employant à des bas-reliefs ». Dans ce même rapport sur le salon de 1810, un chapitre spécial est consacré aux soixante tableaux où les faits du règne « sont présentés avec la sévérité, la simplicité et la vérité de l'histoire ». Soixante tableaux seulement, sur les huit cent soixante-douze que compte l'exposition, la proportion numérique est faible. Mais ces soixante tableaux sont signés David, Gérard, Gros, Girodet, Guérin, Vernet, Prud'hon, Maynier... les maîtres. Enfin ils sont immenses, et c'est eux qu'on voit.

Qu'on ne croie pas cependant que ces rapports soient un simple panégyrique de sa direction. Si Denon voit la peinture en progrès et la sculpture en bonne voie, pour la gravure en médailles, malgré ses soins, « il ne peut se flatter, s'il venait à mourir, de l'avoir établie de manière à ce qu'elle ne retombât pas dans la barbarie où il l'a trouvée ».

Par contre, dès 1808, il note avec satisfaction les progrès que l'administration impériale a fait faire aux manufactures : s'agit-il de Sèvres ? « En tout, cette manufacture perd chaque jour le cachet de mignardise que lui avait inspiré le siècle de son institution et prend dans sa partie celui qui caractérise votre règne. » De même, les métiers des Gobelins « cessent d'être occupés par des tableaux insignifiants, et ce qui vient d'être exécuté par Gros, David et Gérard est d'une perfection si étonnante qu'on ne conçoit pas comment des ouvriers peuvent arriver à un si haut degré de magie. Deux cents autres, qui exécutent le portrait de Votre Majesté, d'après Gros et d'après David, font des tapisseries si supérieures à tout ce qui était connu, qu'elles feront l'étonnement des cours auxquelles Votre Majesté les destine » [67]. Progrès artistique ainsi donc, mais aussi progrès technique.

Napoléon était hostile à l'allégorie ; Denon n'y fut point favorable. Rendant compte d'un tableau d'un certain Chauffer, ordonné avant son arrivée, il l'apprécie en ces termes : « Rien de plus ordinaire que le talent de M. Chauffer et la pensée et la composition de son tableau. Une Minerve, des Génies, le Tems, l'Immortalité, etc., etc. une allégorie enfin, de ces flatteries fades et nauséatiques, réservées aux principes sans couleur auxquels on prête des qualités banales et insignifiantes pour couvrir leur nullité physique de la pompe des vertus morales [68]. »

---

67. Rapport à l'Empereur, 15 août 1808. Arch. nat., AF IV 1050.
68. Lettre à Napoléon, 18 germinal an XIII. Arch. nat., AF IV 1050.

N'empêche que Denon, pour commémorer l'entrevue d'Erfurt, proposait plus tard de représenter Castor et Pollux sous les traits de Napoléon et d'Alexandre et qu'en 1813 il commanda à Guérin une scène allégorique : *Mars ou Apollon recevant au nom du maître des dieux les illustres de l'Antiquité*, pour décorer le salon du grand maréchal du palais. A ces rares exceptions près, le directeur du Musée, d'accord avec l'Empereur, n'encouragea ni la peinture des disciples de Winckelmann, ni l'art allégorique.

En sculpture, cependant, Denon resta partisan du style antique. Alors que l'Empereur, ordonnant une statue équestre du général d'Hautpoul, prescrit qu'on le représentera « dans son costume de cuirassier » [69], Denon recommande de choisir « des sujets mythologiques afin de faire faire du nu, seul moyen d'atteindre au sublime dans cette partie de l'art » [70].

Caractères d'une esthétique

Si l'analyse des rapports de Denon nous a semblé intéressante à poursuivre, c'est qu'elle nous permet de mieux définir l'esthétique de Napoléon. Assurément, comme nous l'avons noté, Denon ne craint pas d'user de termes techniques, non plus que de célébrer certains mérites de composition ou de métier qui devaient être peu intelligibles à l'Empereur — si toutefois il y prêtait attention. Mais l'insistance à noter certaines qualités, à marquer certains caractères, peut être interprétée comme un signe des préférences de celui à qui s'adressaient les rapports. Il est certains mérites de la peinture d'un David ou d'un Gros auxquels Napoléon demeurait indifférent ; mais pour tels artistes moins bien doués, et qui nous paraissent aujourd'hui insignifiants, si Denon insiste sur leurs qualités, c'est qu'elles répondaient bien au vœu du maître.

« Vérité du site, fidélité des portraits », voilà les éloges qui viennent d'abord sous la plume du directeur général. « Vérité du site » ; exactitude topographique, préciserons-nous, telle est la qualité qu'on exige d'abord d'un tableau de bataille.

On sait que Napoléon avait pour diriger son cabinet topographique un homme d'une remarquable habileté. Bacler d'Albe — qu'il avait distingué au siège de Toulon et dont il devait faire en 1809 un baron et en 1813 un général de brigade — était un bon topographe et un dessinateur adroit. « Doué, dit Frédéric Masson, d'une prestigieuse facilité, il était capable de figurer, d'après la carte et sans se tromper d'une ligne, le panorama des lieux où l'Empereur devait livrer bataille. » [71] C'est la même fidélité que Napoléon voulait retrouver chez ses peintres, au nombre desquels, au reste, figure le même Bacler d'Albe.

Sur l'importance qu'il attachait à cette forme de réalisme en art, point de doute. A propos de la *Bataille des Pyramides* commandée en 1806 à Hennequin [72], Denon

---

69. Décret du 8 mars 1807, cité par Fr. Benoît, *op. cit.*, p. 171, note 3.

70. Rapport de 1810. Arch. nat., AF IV 1050.

71. Fr. Masson, *Napoléon chez lui*. Paris, A. Michel, 1929, in-8, p. 160.

72. Le tableau avait été commandé par Lucien, alors ministre de l'Intérieur, à Vincent, qui, très affaibli par l'âge, n'avait pu en venir à bout. Denon en fit charger Hennequin. Rapport à l'Empereur, 3 juin 1806, Arch. nat., AF IV 1050.

écrit : « Le Directeur désire que Sa Majesté soit à la fois satisfaite du zèle et du talent de l'artiste et de l'exactitude du site où cette bataille mémorable s'est donnée. » [73]

Monsiau, peintre des *Comices de Lyon*, « a rendu avec fidélité le lieu où cette mémorable assemblée s'est tenue... »

Dans l'*Entrée de Sa Majesté dans la ville de Munich au moment où les Bavarois viennent au-devant d'Elle*, Taunay « a rendu avec beaucoup de vérité et de mouvement l'instant, où la garde bavaroise vient au-devant de Sa Majesté. Il retrace de même avec un soin scrupuleux le site et les costumes des paysans... » [74].

Le *Passage de l'isthme de Suez* de Barthélémy, « joint au mérite de la vérité du site celui de la ressemblance des personnages... L'artiste a rendu avec fidélité les caractères de tête des Arabes ».

Fidélité encore, c'est le mérite essentiel du tableau de Dunouy et Demarne représentant l'*Arrivée et l'entrevue de Sa Majesté avec Sa Sainteté à Fontainebleau*.

Fidélité toujours, dans le *Combat du « Formidable » commandé par Gilles Troude à Algésiras*, peint par Hüe.

Le tableau d'Horace Vernet : *Sa Majesté le matin de la bataille d'Austerlitz donnant des ordres aux généraux et aux maréchaux de l'Empire*, a pour qualité majeure d'être une « représentation fidèle de l'instant » [75].

On pourrait multiplier les exemples : cette louange monotone revient à chaque page des rapports. Ce n'est qu'après avoir assuré l'Empereur de ce premier mérite que Denon en vient à la critique de la composition du dessin, de la couleur et du faire de l'artiste.

Ainsi, la peinture historique du règne, celle des batailles et celle des cérémonies civiles ou militaires, devait être un document fidèle sur les lieux où s'était déroulée l'action, comme sur les acteurs qui y avaient pris part. La transposition dans l'espace, la substitution des personnages n'étaient point permises à l'artiste. Nulle part Denon n'excuse quelque infidélité au nom des nécessités de la composition ; c'est donc que nul artiste n'avait latitude de prendre cette licence qu'on eût tout aussitôt remarquée et reprise.

Mais là se borne un réalisme limité au détail concret. L'œuvre fidèle aux apparences, n'est point tenue d'être sincère. Le décor est exact et garanti par les documents fournis à l'artiste ; les costumes sont d'une vérité irréprochable ; les personnages sont ressemblants. Mais l'arrangement, la mise en scène, les attitudes des acteurs sont concertés pour un effet à produire. Ce réalisme, tout extérieur, n'est peut-être qu'une illusion destinée à emporter l'adhésion du spectateur sans critique, amené à conclure de la précision du détail à la vérité de l'ensemble. Les lieux de l'action sont reconnaissables, les personnages familiers, et pourtant ce tableau réaliste est un discours politique, une leçon morale édifiante.

C'est qu'il importe de présenter de l'Empereur une figure conforme à un certain type de héros.

Dans la *Bataille d'Austerlitz* de Gérard (Salon de 1810) la figure de l'Empereur

---

73. *Ibid.*
74. Rapport... 15 août 1808. Arch. nat., AF IV 1050.
75. *Ibid.*

est « noble et calme », contrastant avec celle de Rapp, qui « a toute la fougue d'un officier de cavalerie ».

Cette égalité d'âme de l'homme supérieur aux événements qui commande aux éléments, aux hommes et au destin, c'est une qualité dont, très tôt, Napoléon voulut fixer l'image. Denon a bien raison d'y insister, sûr de plaire à l'Empereur. Faut-il rappeler les instructions du Premier Consul à David, recevant commande de le peindre au passage du Grand Saint-Bernard « calme sur un cheval fougueux » ?

Ainsi, l'image qu'il souhaite qu'on donne de lui, est une figure stylisée. Il ne lui aurait pas déplu de savoir — et sans doute l'a-t-il su — que David, dès la première entrevue, l'avait trouvé « beau comme l'Antique ». Mais ce n'est pas seulement la perfection plastique, la stylisation d'une figure de médaille qu'il désire qu'on donne à son masque c'est aussi, c'est plutôt la valeur spirituelle. Il a donc, au moins pour ses portraits, une conception d'un beau idéal qui, pour n'être point celle de Quatremère et des disciples de Winckelmann, n'en est pas moins éloignée d'un pur vérisme. S'il donne à David travaillant au *Combat des Thermopyles* une leçon sur la manière de tenir une arme, s'il lui montre « comment on se bat », lui-même ne veut pas être figuré en combattant. A Canova qui prétendait le représenter dans une attitude de pugiliste, il demanda brutalement s'il croyait qu'il faisait ses conquêtes « à coups de poing ». Ce que peintres et sculpteurs ont mission de fixer pour la postérité, c'est, plutôt que l'image de la majesté impériale, celle de la supériorité morale et spirituelle du héros.

La révolution des artistes, menée par David contre l'Académie, s'était faite au nom de la liberté de l'art ; liberté d'expression, liberté dans le choix du sujet, liberté dans l'exécution. L'appel au mécénat du gouvernement, convié à se substituer aux amateurs disparus pour procurer aux artistes des moyens de vivre, avait fait apparaître les contradictions et les difficultés de cette attitude. Mettre son pinceau au service de la Nation et de la Patrie devint ensuite une manière de devoir civique.

Les rapports entre les artistes et l'Etat, sous l'Empire, s'établissent sur le plan de l'émulation : l'Etat ordonne, commande, contrôle et paie, en récompenses, en distinctions, en faveurs. Mais la liberté du travail reste, pour le travail artistique ou intellectuel comme pour le labeur manuel, un principe respecté. C'est par une adhésion consentie que les artistes se plient aux conditions des commandes officielles. Mais si les critiques adressées à l'administration impériale des Beaux-Arts ont été vives, si l'orientation de l'art vers des sujets dits nationaux paraît déplorable à Quatremère et à Delécluze, c'est au nom d'une esthétique, ce n'est pas par souci de la liberté de l'art.

Pour Denon, l'œuvre d'art n'est pas le produit de la libre invention de l'artiste, maître de son sujet et ne connaissant de contrainte que celles qu'impose la technique. Le talent se manifeste dans la difficulté vaincue. « Il n'y a, écrit-il [76], de sujet ingrat en peinture que pour les êtres sans génie et sans énergie. » [77]

Jusqu'où, cependant, pour les commandes officielles, allait la contrainte et

---

76. Rapport... 15 août 1808. Arch. nat., AF IV 1050.
77. A propos de la *Députation des Etats de l'Autriche présentant à l'Empereur les clefs de la ville de Vienne*, tableau de Girodet, commandé le 8 mai 1806, et que Denon dans son rapport qualifie de « nouveau chef-d'œuvre ».

quelle liberté était laissée à l'artiste ? C'est ce qu'il est fort difficile de dire. Nous avons vu Denon fixant le thème de chaque tableau, indiquant le moment à représenter, le lieu exact et les personnages à y figurer, bref, imposant un programme précis et minutieux. Mais il n'en va pas toujours de même. Rendant compte d'un tableau de Serangeli, commande du gouvernement sur ce sujet : *Sa Majesté passant en revue les députés de l'armée au couronnement*, Denon écrit : « L'artiste a choisi l'instant où Sa Majesté s'entretenait avec un vieux grenadier. » Denon, s'il écrit inégalement et parfois d'un style lourd et entortillé, est assez maître de sa langue pour n'avoir pas, au hasard, employé le verbe « choisir ». Ainsi donc, Serangeli avait eu licence de fixer tel moment de la scène qui lui plaisait. Cette latitude est d'autant plus remarquable que l'anecdote est de celles dont il importe de fixer la légende et l'image ; sollicitude de Napoléon pour les vieux soldats de son armée, familiarité du chef avec les grognards de la garde, c'est déjà du Raffet — c'est la légende napoléonienne. Faut-il donc admettre, en ce cas particulier, la complicité spontanée de l'Empereur, deviné dans ses intentions, du directeur général qui sait les souligner et du peintre ? Il faudrait être assuré qu'une adroite suggestion de Denon à Serangeli n'a pas guidé l'artiste, que cette rencontre n'est point l'effet d'une machination de courtisan.

Mais si ce problème — étant donné la médiocre gloire du peintre et, par la suite, le peu de retentissement de son œuvre, laquelle est à la mesure d'un fait simplement anecdotique — ne présente ici qu'un intérêt limité, il se pose, avec une autre ampleur, encore que dans les mêmes termes, pour d'autres œuvres appelées à un succès immédiat et vouées à un retentissement prolongé. En particulier, pour la série des tableaux de David consacrés aux cérémonies du Sacre et pour quelques-unes des œuvres de Gros.

Bien que connue en apparence, l'histoire des quatre tableaux du couronnement commandés à David, et dont deux seulement furent exécutés, reste obscure en plusieurs points. Occupé pendant toute l'année 1805 et les six premiers mois de 1806 par le portrait du pape, celui de Napoléon destiné au Tribunal d'appel de Gênes et l'aménagement de la chapelle de Cluny en atelier, David ne se mit réellement au travail que pendant l'été de 1806. Avait-il, à ce moment, arrêté toute sa composition ? C'est ce qu'il est difficile de savoir. Une lettre à Daru du 19 juin 1806 [78], où il expose les thèmes qu'il se propose de traiter, semble encore participer à la fièvre de l'invention. Il annonce que, pour répondre à la demande de l'intendant général, il lui envoie « une notice de la composition » des quatre tableaux dont il s'est chargé pour l'Empereur, « les plus caractéristiques de son couronnement, à savoir : le *Sacre*, l'*Intronisation*, la *Distribution des aigles au Champ de Mars*, enfin l'*Arrivée à l'Hôtel de Ville*. J'en ai bien un cinquième en tête, même un sixième, ajoute-t-il, mais je me réserve d'en conférer avec vous ». Ainsi, à cette date, et dix-huit mois après le couronnement, l'intendant général ignore encore quels sont exactement les sujets arrêtés, comme si latitude avait été laissée sur ce point au peintre, ou si la chose avait été concertée entre l'Empereur et lui sans que Daru en ait été avisé.

A ces deux hypothèses, également difficiles à admettre, s'oppose l'assertion

---

78. Citée par Jal, *Dictionnaire critique...* 2ᵉ éd. Paris, 1872, art. *David*, p. 477 et par J. David, *op. cit.*

formelle de Delécluze : « Avant même que la cérémonie du couronnement eût eu lieu, l'impatient Napoléon fit venir son Premier Peintre et lui commanda quatre grands tableaux destinés à la décoration de la salle du trône... cet ordre de l'Empereur remplit de joie le cœur de David et l'artiste était si impatient d'obéir à son nouveau maître, qu'une semaine était à peine écoulée que l'idée des quatre compositions était déjà dressée sur le papier. » [79].

Il est difficile de croire que Napoléon, pour des œuvres dont l'importance qu'il y attachait est attestée par de multiples faits : le prix exceptionnel accordé à l'artiste, le titre de Premier Peintre qu'il lui conféra, la visite solennelle qu'il fit à l'atelier pour voir la toile du Sacre avant son exposition au Louvre et le geste théâtral par lequel il en marqua sa satisfaction [80] — il est difficile, disons-nous, d'imaginer que Napoléon ait laissé son peintre libre de choisir les sujets et de fixer les traits de la composition.

On sait que les tableaux du *Couronnement* et de la *Distribution des aigles au Champ de Mars* ont subi en cours d'exécution des modifications importantes : la figure de l'impératrice Joséphine fut effacée de la *Distribution des aigles*, ainsi que celle d'une Victoire ailée qui reliait les deux groupes de la composition. L'attitude de Napoléon dans le tableau du *Couronnement* fut d'abord celle que David décrit en ces termes dans la lettre à Daru du 19 juin 1806, déjà citée : « Après la tradition des ornements de l'Empereur par le Pape, Sa Majesté montée à l'autel prend la couronne, la place de la main droite sur sa tête, puis de la gauche il serre étroitement son épée sur son cœur ; ce grand mouvement rappelle aux spectateurs étonnés cette vérité si généralement reconnue que celui qui a su la conquérir, saura bien aussi la défendre. L'attitude, le geste, les regards de la foule attendrie, tout indique le sentiment d'admiration dont chacun est pénétré. » Si Napoléon fut finalement représenté dans le moment où il couronne l'Impératrice, c'est pour des raisons de composition, et J. David en fait honneur à Gérard. Delécluze estime invraisemblable que David ait osé faire ce changement sans l'aveu de l'Empereur et écrit que celui-ci « avait tout prévu, tout calculé, tout arrangé d'avance avec son Premier Peintre. Le vrai programme donné à David et scrupuleusement suivi par lui, était de montrer Napoléon déjà couronné, imposant la couronne sur la tête de Joséphine devant le pape, qui n'assistait là que comme témoin » [81]. Assertion inconciliable avec les termes de la lettre à Daru qui prouve sans conteste possible la réalité de la première conception.

Malgré les affirmations de Delécluze, il faut conclure que la composition initiale du tableau fut modifiée, et qu'elle le fut vraisemblablement pour des motifs d'ordre esthétique. Que ces changements aient été soumis à l'examen de l'Empereur et qu'il y ait acquiescé cela est vraisemblable et d'autant plus qu'il donna à l'œuvre achevée une approbation publique.

Ainsi, après avoir décidé qu'on le représenterait dans cette attitude, historique et combien significative d'un empereur se couronnant lui-même, devant un pape réduit au rôle d'assistant, il aurait consenti, pour donner à l'ordonnance d'un tableau

---

79. Delécluze, *op. cit.*, p. 242.
80. « L'empereur me renouvela de nouveau sa satisfaction, puis, portant la main à son chapeau et découvrant son front, il daigna m'honorer d'un salut... » (Relation de David d'après ses notes personnelles, citée par J. David, *op. cit.*, pp. 432, 433.)
81. Delécluze, *op. cit.*, p. 313.

« plus de calme, plus de grâce, plus de cette noble simplicité [qui est] une des qualités essentielles de tout ouvrage d'art »[82], à figurer devant l'histoire en époux déférent ? Hypothèse surprenante qu'aucun des documents que nous avons ne confirme absolument, ni non plus ne vient contredire.

« ... Ce n'est pas de la peinture, on marche dans ce tableau, la vie est partout. Voilà ma mère, le moment est bien choisi ; ce tableau me retrace bien la cérémonie : le pape est ressemblant, il est bien placé comme il fut alors ; c'est bien, Monsieur David, je suis fort content. » Tels furent les éloges notés par le peintre. Nous y retrouverons ce souci de réalisme, un peu gros et naïf, dont nous avons déjà dit qu'il se combine parfois subtilement avec une présentation sublimée des faits.

Mais l'artiste qui devina le mieux ces intentions ou qui, tout au moins, sans peut-être bien les entendre, les traduisit avec un bonheur exceptionnel, ce n'est pas David, c'est Gros. Pour Delacroix « Napoléon aurait dû, comme Alexandre, interdire à d'autres qu'à son peintre favori le droit de reproduire son image. »

Il est, dans l'œuvre de Gros, deux tableaux remarquables par le succès qu'on leur fit et l'importance qu'on leur reconnut à leur apparition, autant que par leurs qualités propres : les *Pestiférés de Jaffa* et le *Champ de bataille d'Eylau*.

Exposé au Salon de 1804, le tableau des *Pestiférés de Jaffa* avait été commandé en 1801. D'après une note de Napoléon relative au paiement[83], il avait été ordonné par Joséphine. Mais cela n'exclut nullement l'intérêt qu'y pouvait apporter le Premier Consul. Qu'on se rappelle les faits : l'épisode du siège de Jaffa est présenté par la propagande anglaise sous un jour fâcheux ; on colporte le bruit que Bonaparte a fait empoisonner les malades pour ne pas alourdir sa retraite. Le Premier Consul en est informé par les rapports de police.

Quant à la visite que Bonaparte fit au lazareth, Bourrienne, témoin sans bienveillance mais véridique, nous dit qu'elle fut brève et distraite : « Bonaparte traversa rapidement les salles, frappant légèrement le revers jaune de sa botte avec la cravache qu'il tenait à la main[84]. » Il évita tout contact avec les malades, ce dont, au reste, ses responsabilités de chef de l'expédition lui faisaient un devoir.

Épisode en soi insignifiant et qui serait tombé dans l'oubli s'il n'avait fallu, pour les besoins de la propagande, lui donner sa forme légendaire. Bonaparte peut n'être pas un amateur d'art, mais il sait le pouvoir des images. La première esquisse de Gros était une application presque brutale de ce programme qu'on avait dû lui marquer : elle représentait Bonaparte au milieu des médecins, prenant un moribond à bras le corps. Geste d'infirmier, excessif et peu vraisemblable. La composition de l'œuvre réalisée est autrement habile : seul, alors que son entourage témoigne par ses attitudes d'un effroi tout humain, Bonaparte se montre supérieur à la crainte et à la contagion. De sa main dégantée, il attouche le bubon d'un pestiféré. C'est presque le geste royal de toucher les écrouelles. Toute la scène s'ordonne pour en dégager l'éloquence. Denon pourra écrire en 1804 que la scène est représentée avec « une

---

82. Ce sont les expressions mêmes que Delafontaine prête à Gérard pour vanter le parti qu'il propose à son maître : J. David, *op. cit.*, p. 430.
83. 19 nivôse an XIII (9 janvier 1805). « A M. Gros, pour le tableau de la *Peste de Jaffa*, ordonné par S.M. l'Impératrice sans en avoir fixé le prix, ce qu'il ne faudrait jamais faire, la somme de 16 000 francs... » (Corresp., n° 8.266).
84. Bourrienne, *Mémoires*, t. II, Paris, Ladvocat, 1829, in-8°, p. 257.

ressemblance très animée et très historique » ; et il est vrai que le décor est exact, et les portraits fidèles.

A l'élaboration de ces grandes pages de l'histoire et de la légende napoléonienne, Denon n'a pris qu'une faible part. On ne voit pas qu'il soit, à aucun moment, intervenu dans la commande ou la composition des tableaux du couronnement, et il ne fut consulté que sur les prix lorsque l'intendant général, trouvant excessives les prétentions de David, entreprit de les discuter.

A Gros qu'il connaissait, il fournit, avant même sa nomination comme directeur, des notes et des dessins sur Nazareth, puis sur Jaffa, et, un peu plus tard, sur les batailles d'Aboukir et des Pyramides. Pour la bataille d'Eylau, à laquelle il avait assisté, Denon put fournir le plan et le croquis qui furent donnés aux artistes avec le programme. Mais par qui ce programme fut-il décidé, par Denon ou par l'Empereur ? Voilà ce qu'aucun document ne vient assurer. Il est, toutefois, invraisemblable que Napoléon n'ait pas été consulté, et tout porte à croire même que c'est lui, et lui seul, qui fixa le moment à représenter.

DENON DIRECTEUR GÉNÉRAL
DES MUSÉES

CHAPITRE NEUVIÈME

CAMPAGNES ET MISSIONS

Tourner les arts vers des sujets d'un « caractère national » fut, dès le Consulat, une préoccupation de Bonaparte. Le 27 messidor an VIII, il écrit à Lucien de « faire peindre les batailles suivantes : Rivoli, Marengo, Moskirsh, Pyramides, Aboukir, Mont-Thabor » [1]. Ainsi, il se réserve la désignation des sujets, laissant au ministre de l'Intérieur le soin de « choisir les meilleurs peintres ». On remarquera que l'indication du thème est vague : un nom de bataille, et ne précise pas quel moment du combat doit être représenté. Quant à la documentation, « le général Berthier et Denon pourront donner les instructions nécessaires aux peintres » [2].

Comment on commande un tableau

Les artistes, Bonaparte en l'an VIII les connaissait mal. Malgré les rapports de Denon et ses brèves visites aux expositions, l'art contemporain ne lui fut jamais familier. Lorsque Denon fut en place, il eut à donner son avis sur les sujets eux-mêmes. Ainsi le 19 février 1806, il écrit : « Sa Majesté a daigné me consulter sur les monuments à ériger sur les champs de bataille, témoins de ses victoires et dans des édifices

---

1. *Correspond...* t. VI, n° 4.993.
2. Denon, que nous voyons désigné ici pour tenir le rôle de conseiller et d'expert, n'a encore à cette date aucune fonction officielle.

honorés par des actions mémorables de sa vie. » Puis, sa liberté de décision et de choix s'affirme : le programme que lui donne l'Empereur est de plus en plus large. C'est d'abord une bataille, ou un événement politique, dont le directeur des musées a mission de choisir l'épisode significatif : ce sera plus tard une campagne, celle, par exemple, de 1809, dont Denon devra fixer l'iconographie. Soit manque de temps, soit qu'il n'eût pas cette forme d'imagination qui, d'un combat, d'une cérémonie, d'une rencontre d'hommes d'Etat, tout aussitôt extrait la scène la mieux propre à composer un tableau ou un bas-relief, Napoléon laisse à Denon une latitude de plus en plus grande.

Quand, par occasion, Napoléon donne des indications précises sur la scène à représenter, elle est difficilement exécutable : « quant au tableau de la reprise de Gênes, fait-il écrire à Denon par Daru, il faut prendre le moment où l'officier porteur de la convention de Marengo arrive, trouve le général Miollis dans la ville, les Anglais dans le port, les Autrichiens dans les forts que [sic] les Anglais et les Autrichiens partent et que les Français entrent [3] ». Avant d'être transmis à l'artiste ce programme avait besoin de retouches.

S'il arrive que l'Empereur décide lui-même, c'est souvent au vu d'un dessin ou d'une esquisse qui a fixé son attention. En voici un exemple : une aquarelle de Bagetti et Parent représentant le bombardement de Madrid, « au moment où les deux généraux espagnols parlementaires sont reçus par l'Empereur », a été mise sous les yeux de Napoléon. Bacler d'Albe, directeur du cabinet topographique, informe Denon le 17 janvier 1810 que « Sa Majesté a jugé que ce sujet traité par un homme de mérite pourrait fournir un tableau intéressant ». Denon est invité à faire prendre le dessin et à désigner un artiste « capable » pour l'exécuter.

« Sans vouloir influencer son choix », le directeur du dépôt de la guerre écrit à Denon le 19 janvier pour lui suggérer le nom de Carle Vernet. C'est bien à celui-ci que fut confié le soin d'exécuter le tableau aujourd'hui à Versailles [4].

Une note de Denon, jointe à la correspondance que nous venons de citer [5], contient des observations sur le dessin. Elle a l'intérêt de nous prouver la part active que prenait le directeur général à l'élaboration des œuvres, quand il n'en fournissait pas lui-même les éléments.

Au début de 1806, Napoléon décide de faire exécuter les portraits des ministres pour en orner le salon qui, aux Tuileries, fait suite au salon des maréchaux. L'intendant général prie Denon, le 26 avril, de soumettre « un projet sur le choix des artistes auxquels l'exécution de ces portraits pourrait être confiée, sur le prix qu'il serait juste de leur accorder, en désignant l'époque à laquelle ils devraient être tenus d'avoir achevé leur ouvrage, et d'y joindre le devis estimatif de la dépense à faire pour l'achat des bordures ».

Le 28 du même mois, Denon propose le prix de 4 000 francs par portrait, et estime le prix du cadre à 400. Le 17 mai, l'intendant lui communique l'approbation de l'Empereur et, en même temps, sa décision d'ajouter à la série celle des grands

---

3. Lettre de Napoléon. Arch. nat., AF IV 1050.
4. Arch. nat., O² 843. Cité par Lanzac de Laborie, *op. cit.*, p. 380.
5. Arch. du Louvre, carton P 6.

officiers de la couronne, destinée au palais de Fontainebleau où ces portraits doivent prendre place, soit dans la galerie de François 1er, soit dans une autre galerie.

Le 2 juin, Denon envoie sa liste et ses propositions pour le paiement : un tiers au 1er juillet, un tiers au 1er septembre, un tiers au 1er novembre, date à laquelle les tableaux devront être livrés. Le 18 juin, il reçoit avis que ses propositions sont acceptées ; un crédit de 70 000 francs est ouvert au budget de la Maison de l'Empereur. Un projet de rapport de Denon, non daté, mais qui doit être de la fin d'octobre 1806, nous apprend que neuf portraits ont été remis, que quatre autres sont sur le point d'être terminés, et que les trois derniers sont encore à l'état d'ébauche, les modèles étant loin de Paris [6].

Mais l'exécution des portraits officiels, quand ils n'étaient pas ceux de l'Empereur ou des membres de la famille impériale, ne donnait lieu, généralement, à aucun débat. Il est plus intéressant de suivre la commande et l'exécution des grands thèmes de l'iconographie impériale.

Pour rendre un compte exact du mécanisme des achats de l'Etat, rien de mieux que de suivre, depuis la fixation du sujet et le choix de l'artiste jusqu'à la livraison de l'œuvre, l'histoire d'une commande. Prenons celle de 1806, dont la plupart des tableaux figurèrent au Salon de 1808, avant de prendre la place qui leur était destinée dans les palais impériaux.

Le décret du 3 mars 1806 arrête l'exécution des sujets suivants, par des artistes désignés et pour un prix déterminé : nous en reproduisons les indications dans leur laconisme, d'après le projet présenté par Denon.

1 *L'Empereur haranguant son armée* sur le pont de Lech, à Augsbourg, Gautherot, 12 000 francs.

2 *L'Armée autrichienne prisonnière de guerre, sortant d'Ulm, défilant devant Sa Majesté et à l'instant où Elle parle aux généraux vaincus.* Hennequin, 12 000 francs.

3 *Surprise du pont du Danube à Vienne au moment où le prince Murat et le maréchal Lannes persuadent aux généraux autrichiens que l'on n'est plus en guerre.* Lethière, 12 000 francs.

4 *La Bataille d'Austerlitz* en choisissant le moment où Sa Majesté se porte sur les hauteurs de Pratzen, à l'instant où Elle fait placer la batterie et où Sa garde est occupée à enlever les blessés. Dans le fond, on représentera les lacs glacés sur lesquels l'armée russe s'engage et que le feu de la batterie fait ouvrir. Gérard, 12 000 francs.

5 *L'entrée à Vienne.* La députation des Etats présente les clefs de la ville à l'Empereur. Girodet, 12 000 francs.

6 *L'entrevue de Sa Majesté l'Empereur Napoléon et de l'Empereur François II en Moravie.* Gros, 12 000 francs.

7 *La demi-brigade retrouvant ses drapeaux dans l'arsenal d'Innsbrück.* Meynier, 12 000 francs.

8 *L'Empereur pardonnant aux révoltés du Caire sur la place d'Elkébir,* Guérin, 12 000 francs.

9 *Les Comices de Lyon.* Monsiau, 12 000 francs.

---

6. Cette correspondance se trouve aux Archives du Louvre, carton P 6.

Ces tableaux doivent être exécutés dans les dimensions de 10 pieds de haut sur 12 ou 15 de large.

10 *L'entrée de Sa Majesté dans la ville de Munich*, à l'instant où les Bavarois viennent au-devant d'Elle. Taunay, 6 000 francs.

11 *Le mariage de S.A.R. le prince Eugène avec la princesse Augusta de Bavière.* Ménageot, 6 000 francs.

12 *Le passage de l'isthme de Suez et Sa Majesté visitant les fontaines de Moïse.* Barthélémy, 6 000 francs.

13 *L'arrivée et l'entrevue de Sa Majesté avec Sa Sainteté à Fontainebleau.* Dunoin et Demarne, 6 000 francs.

14 *La Vierge de la Victoire*, tableau pour la chapelle des Tuileries. Perrin, 6 000 francs.

15 *Le combat du « Formidable »* commandé par Gilles Troude à Algésiras, qui démâta un vaisseau anglais et força l'amiral Saumarez à l'abandonner, quoi qu'il eût quatre vaisseaux à lui opposer. Hüe, 8 000 francs.

16 *Le bivouac de l'Empereur avant la bataille d'Austerlitz.* Lejeune, 6 000 francs.

17 *L'Empereur visite les bivouacs la veille de la bataille* à dix heures du soir. Bacler l'Albe, 6 000 francs.

18 *La mort du général Valhubert.* Peyron, 6 000 francs.

Ce décret a été préparé par des rapports de Denon à l'Empereur, dont nous avons trois brouillons, le premier sans date (mais qu'on peut supposer antérieur de peu aux deux autres), le second du 19 février et le troisième du 20 du même mois. L'affaire, donc, fut étudiée, rapportée et décidée en une quinzaine de jours, et une note de Denon sur le dossier nous apprend que les dix-huit tableaux furent commandés le 6 mars [7]. Onze sont relatifs à des épisodes de la récente campagne d'Autriche datant de moins de trois mois, deux reprennent des sujets de la campagne d'Egypte, trois se rapportent à des faits politiques d'inégale importance ; un emprunte son thème à la guerre navale contre l'Angleterre, un autre est un tableau religieux, destiné à la chapelle des Tuileries, qui aurait dû trouver place dans les travaux d'aménagement du palais. On voit par cette simple nomenclature l'importance des tableaux d'histoire militaire et comment la chronique peinte des campagnes suit de près l'événement.

Les brouillons de Denon, avec leurs surcharges et leurs états successifs, nous font entrevoir comment purent être débattus le choix des sujets et la désignation des artistes ; ils nous montrent aussi, par l'annotation qui accompagne chaque titre, avec quelle précision était fixé le programme de chacune des œuvres.

Pour « l'affaire d'Ulm », Denon avait tout d'abord proposé deux tableaux : le n° 2 de la liste du 3 mars, attribué successivement à Vernet, à Lethière et finalement à Hennequin, et un autre, qui a été rejeté avant d'être attribué, ayant pour thème : Lorsque Sa Majesté reçoit le parlementaire d'Ulm et qu'elle répond en lui montrant le Mekelberg : « C'est là qu'était Ulm, puisque vous n'avez pas su défendre ce poste, Ulm est à moi. »

---

7. Le dossier complet se trouve aux Arch. du Louvre, carton P 6.

Le n° 3 fut intitulé d'abord le *Passage du pont de Lech* titre assez vague, que Denon, avant de le présenter sous la forme où il se trouve dans la rédaction définitive, fut amené à commenter ainsi : « j'observe à Sa Majesté que ce n'est pas comme passage de ce fleuve mais comme sujet très historique que j'indique ce tableau, aussi pittoresque que possible, soit par rapport à la circonstance qu'à l'objet au temps et au lieu [sic] ». Ayant modifié le titre, il note : « L'Antiquité nous offre plusieurs ouvrages représentant pareil sujet, tel que César, Trajan et Marc-Aurèle haranguant leurs armées. » Est-elle pour l'Empereur cette référence à la tradition antique, ou pour la satisfaction personnelle du directeur général des musées ?

Le n° 3 ne figurait pas dans la première proposition.

Le sujet n° 4 ne semble avoir donné lieu à aucune critique. Attribué d'abord à Gautherot, puis Hennequin et enfin à Gérard.

Le n° 5, *L'Entrée à Vienne...* a été ajouté après le 20 février.

Le n° 6, *L'entrevue de Napoléon et de François II*, proposé dès l'abord par Denon, est qualifié par lui de « tableau pittoresque par le site, superbe par l'importance de la scène et très piquant par le mélange des personnages, en n'omettant pas les paysans moraves qui s'y trouvaient et qui regardaient à genoux ». Le moment choisi, la scène, l'attribution à Gros, n'ont donné lieu à aucune observation.

Le n° 7 est indiqué comme « un sujet intéressant, dont Sa Majesté a déjà ordonné qu'il serait fait un tableau ». C'est donc la reprise d'un ordre antérieur. L'attribution à Meynier n'a pas été discutée.

La révolte du Caire, classé huitième et ajouté en fin de liste sur le brouillon, pourrait bien être un choix personnel de Napoléon. Attribué à Gérard, puis à Guérin.

Le n° 9, *Les Comices de Lyon*, est ajouté, sans commentaire, à la troisième liste, et son attribution, comme ses dimensions, restent indéterminées jusqu'au dernier moment [8].

Le n° 10 ne figure que sur la troisième liste, sans commentaire, comme si Napoléon en avait, lui-même, fixé le thème.

Le n° 11, *Le mariage du prince Eugène*, figure dans les premières propositions, mais comme attribué à Monsiau.

Le n° 12 est au nombre des premiers sujets proposés. Attribué à Peyron, puis à Barthélémy.

De même pour *L'arrivée et l'entrevue de Sa Majesté avec Sa Sainteté à Fontainebleau* (n° 13), commenté en ces termes par Denon : « la vue de la forêt et du château ajouteraient à l'effet de cette scène historique ».

Le n° 14 ne figure que sur les deux dernières listes et sans commentaire.

Le *Combat du « Formidable »* (n° 15) est ajouté à la première liste et par Denon lui-même, puisqu'il précise que « si Sa Majesté accepte le projet de ce tableau, le Directeur serait dans le cas de lui faire voir de suite deux dessins de ce combat ».

Quant aux trois derniers tableaux, ils n'ont pas été proposés par Denon et figurent seulement sur la liste du projet de décret avec la mention « ajouté ».

Certes, il peut être parfois difficile, devant ces ratures, ces additions, ces chan-

---

8. C'était une commande très antérieure, rappelée ici, parce que Gérard, qui devait l'exécuter « a été occupé à peindre le portrait de la famille de S.M. ». Le 19 février 1806, le tableau n'était pas encore commencé (Rapport à l'Empereur du 19 février 1806, Arch. nat., AF IV 1050).

gements, de préciser ce qui est décision impériale et ce qui est simplement un travail de mise au point fait par Denon hors de toute intervention extérieure. On peut cependant le tenter. Essayons-le.

L'étude que nous venons de faire des sujets portés sur la liste définitive, pour fastidieuse qu'elle soit, nous apprend au moins ceci : les sujets n°s 1, 2, 4, 6, 10, 11, 12, 13, 15, ont été incontestablement proposés par Denon, comme en font foi les notices qui les expliquent : les sujets n°s 3, 5, 7, 8, 9, 14, 16, 17 et 18 ont été désignés soit par Napoléon, soit par son entourage. Le choix de Napoléon est certain, ou tout au moins très probable pour le n° 7 (*La demi-brigade retrouvant ses drapeaux dans l'arsenal d'Innsbrück*), puisque Denon nous le donne pour tel. Les *Comices de Lyon*, n° 9, *L'entrée à Vienne*, n° 10, *Le bivouac avant la bataille d'Austerlitz, L'Empereur visitant le bivouac la veille de la bataille...* ont été décidés par Napoléon. Il est fort possible cependant que pour les deux derniers, attribués, l'un à Lejeune, officier d'état-major de Berthier, et l'autre à Bacler d'Albe, directeur du cabinet topographique de l'Empereur, les bénéficiaires n'aient été les instigateurs du choix. Quoi qu'il en soit, les additions faites à la première liste de Denon portent sur des sujets relevant, presque tous, de l'histoire militaire et la plus récente.

Mais reprenons ces notes dans l'ordre chronologique, et voyons maintenant que nous connaissons celles de ses propositions qui furent retenues, les sujets que l'Empereur à vraisemblablement refusés.

Sollicité par Napoléon, Denon prépare une liste de « tableaux à exécuter ». Il note en tout dix-sept sujets, dont huit empruntés à l'histoire la plus récente : de ceux-ci, deux : *La réception du parlementaire à Ulm* et *La réception des maires de la ville de Paris dans le palais de Schoenbrunn* sont rejetés.

Parmi les neuf sujets choisis « en remontant à des époques plus éloignées mais qui exigent de même d'être transmises sur la toile », cinq seront rayés des listes suivantes. Ce sont :

— *Sa Majesté à la porte de Lonato recevant le parlementaire et faisant poser les armes à la division ennemie qui sommait la ville de se rendre,*

— *Sa Majesté haranguant ses soldats après avoir passé le bourg Saint-Pierre et à l'instant de gravir le passage le plus difficile du Grand Saint-Bernard,*

— *La cérémonie funèbre de Desaix au Grand Saint-Bernard,*

— *Les conférences de Leoben à l'instant où Sa Majesté se rend accompagnée des plénipotentiaires autrichiens à Leoben.*

— *La mort de l'amiral Nelson.*

Ce dernier titre est proposé avec le commentaire suivant : « Quoique les suites du combat de Trafalgar aient été funestes, ne serait-il pas intéressant de transmettre à la postérité le généreux dévouement du capitaine du « *Formidable* » qui, en se jetant par le travers du vaisseau amiral ennemi a été au moment de le prendre d'assaut quoiqu'il fut flanqué de deux autres vaisseaux anglais et qui a tué l'amiral Nelson ? »

Que conclure de cette étude ? L'initiative de Denon dans la détermination des sujets est certaine : le rejet de quelques-uns d'entre eux le prouve. Mais Napoléon ne s'en remet pas sans examen au choix de son directeur général : il repousse certaines suggestions, en accueille d'autres, qui peuvent lui être présentées par quelques personnes de son entourage et indique lui-même des thèmes à traiter. La désignation des artistes n'est pas acquise du premier moment : de nombreux changements de noms sont faits en cours d'étude du dossier, sans qu'il soit, sur ce point, possible de dire si c'est, ou non, du fait de l'Empereur ; les additions apportées au projet initial de même que les rejets ne sont pas, pour cette commande de 1806, très significatifs : au moins pouvons-nous noter que la peinture officielle tend à devenir une chronique illustrée de la plus récente campagne, et que les sujets d'histoire militaire sont en majorité. Certains sont vraiment des pages d'histoire, mais plusieurs sont simplement anecdotiques.

Suivons maintenant ces dix-huit tableaux jusqu'à leur achèvement. Une amplification du décret du 3 mars est adressée à Denon par l'intendant général, le 6 mars. Un crédit de 164 000 francs doit être ouvert au budget de la Maison de l'Empereur, moitié sur l'année 1806, moitié sur l'année 1807. « Les artistes qui, à l'ouverture du Salon de 1808, et sans motif plausible, n'auraient pas terminé leur ouvrage seront considérés comme inhabiles aux travaux que le gouvernement pourrait leur donner par la suite. »

Bien que l'attribution des œuvres ordonnées eût été déjà préparée par Denon et soumise à l'Empereur, Daru, le 26 mars, demande à Denon de confirmer la liste des peintres qu'il propose. Ainsi, une latitude assez grande lui était laissée sur ce point.

Deux ans et quatre mois pour l'exécution constituaient un délai assez large, malgré les grandes dimensions des toiles. Mais l'Empereur veut être tenu au courant de l'état de tous les travaux ordonnés. Dans un rapport du 3 juin 1806, Denon annonce que les dix-huit tableaux sont distribués et que les artistes « s'en occupent ». Il a vu ces derniers, leur a fourni « des renseignements positifs sur les faits mémorables des campagnes qu'ils ont à retracer ». Il attend qu'on lui soumette les esquisses pour arrêter avec chacun la composition [9].

Ce souci d'exactitude dans la documentation reparaît dans le rapport du 15 août 1808, où un chapitre est consacré aux tableaux ordonnés par le décret de 1806. Denon, analysant le mérite de la toile de Gautherot, rappelle que l'artiste a reçu « un dessin exact du site ». Sur dix-huit, treize tableaux sont terminés, ou le seront pour l'ouverture du Salon, reportée au 14 octobre : Lethière, nommé directeur de l'Académie de France à Rome, fort occupé par ses fonctions, espère pouvoir terminer à temps *La surprise du pont du Danube à Vienne* ; Gérard, retardé par l'exécution des portraits de l'impératrice et de la reine de Naples, a commencé la *Bataille d'Austerlitz*, mais ne pourra l'achever (la toile fut exposée en 1810) ; Gros, ayant reçu commande de la *Bataille d'Eylau* a dû remettre l'exécution de l'*Entrevue de Sa Majesté avec l'Empereur François II* (Salon de 1812) ; Denon n'a pas vu le tableau commandé à Bacler d'Albe, que ses fonctions de directeur du cabinet topographique accaparent ; il ne sait s'il est achevé. Les tableaux qu'il a pu voir ont paru au directeur général dignes des sujets, de la réputation de leurs auteurs et de l'École française contemporaine ; seul, Peyron, « déjà vieux et d'une faible santé », a fait sans doute tout son possible « et ne s'est point montré inférieur aux productions qui lui acquirent, il y a vingt-cinq ans, de la réputation. Mais, l'École depuis six ans a fait de tels progrès que son ouvrage que l'on eût distingué autrefois, n'est maintenant qu'une production estimable ». Ces réserves nous inclinent à penser que l'attribution à Peyron de la

---

9. Rapport du 3 juin 1806. Arch. nat., AF IV 1050.

Mort du général Valhubert à la bataille d'Austerlitz avait été faite contre le sentiment de Denon.

Ce rapport de 1808 n'offre que peu d'intérêt ; il confirme toutefois le prix que Napoléon attachait à l'achèvement du *Champ de Bataille d'Eylau*, commandé à Gros en 1807 et exposé au Salon de 1808, où ce tableau connut un succès triomphal, habilement préparé par Denon et consacré par le geste spectaculaire de l'Empereur décorant le peintre de sa propre croix.

Pour ces dix-huit tableaux, nous venons de démêler les écheveaux quelque peu embrouillés de la commande. La genèse de la *Bataille d'Eylau* est exemplaire : mécanique bien montée avec ses péripéties apparentes et la parfaite logique de son déroulement, du Bulletin de la Grande Armée jusqu'à la presse du Salon, en passant par le scénario de la Légion d'Honneur détachée de la tunique impériale pour être accrochée au dolman de Gros.

Napoléon sur le champ de bataille d'Eylau

L'attitude prêtée par l'artiste à l'Empereur, ces regards tournés vers le ciel, cette main levée comme pour implorer la miséricorde de Dieu, tout cela a surpris les spectateurs, provoqué les hypothèses interprétatives — car, indépendamment de ses qualités picturales et plastiques remarquables, l'œuvre est chargée d'un sens démonstratif évident mais non parfaitement intelligible. Est-il possible, en reprenant l'histoire de sa genèse, d'en mieux pénétrer l'intention ? C'est ce que nous avons tenté en nous efforçant de préciser dans quelles conditions l'œuvre a été commandée, comment le programme a été fixé, quels documents furent fournis à l'artiste, comment, enfin, le choix se porta sur Gros.

Reprenons, dans leur ordre chronologique, les faits eux-mêmes. La bataille est livrée le 8 février 1807 ; bataille décisive, où les adversaires, au soir, demeurent sur leurs positions. Le 9 au matin, les Russes font retraite et, vers midi, Napoléon monte à cheval et visite le champ de bataille abandonné par l'ennemi. C'est cet épisode qui sera choisi un peu plus tard comme thème du tableau destiné à commémorer la bataille.

Le 11, après avoir secouru les blessés et rassemblé les cadavres, on fixe le chiffre officiel des pertes : 1 500 morts et 4 300 blessés. Ces chiffres, très vraisemblablement, sont faux, en tout cas très inférieurs à ceux que, dès lors, cite la rumeur publique. Napoléon dicte au général Bertrand une *Relation de la Bataille d'Eylau par un témoin oculaire traduite de l'allemand...* destinée à être imprimée simultanément à Paris et Berlin. Le 14, il écrit : « Je suis toujours à Eylau. Ce pays est couvert de morts et de blessés. Ce n'est pas la plus belle partie de la guerre ; l'on souffre et l'âme est oppressée de voir tant de victimes. Je me porte bien. »

A la même époque, Vivant Denon, directeur des musées impériaux et, en fait, chargé de toutes les commandes artistiques, est à Cassel où il fait l'inventaire des collections qu'il se propose de revendiquer pour le Louvre. Il réside à Cassel entre le 31 décembre 1806 et le 28 février 1807. S'est-il, entre temps, rendu à Eylau, au quartier général de l'Empereur ? C'est probable, presque certain si l'on admet que c'est lui-même, Denon, qui prit les croquis du champ de bataille donnés comme documents aux artistes appelés à concourir.

En tout cas, la notice rédigée à l'usage des concurrents est datée *De la Grande Armée*, le 17 mars 1807. La décision est donc postérieure de plus de cinq semaines à l'événement. Voici le programme tel qu'il a été établi, avec la notice destinée aux peintres [10] :

« La bataille d'Eylau est un de ces événements qui occupent dans l'histoire une place signalée : elle devient pour cela le patrimoine des arts, particulièrement de la peinture qui peut, seule, rendre l'âpreté du site et du climat et la rigueur de la saison pendant laquelle cette mémorable bataille a été donnée.

« Le Directeur Général du Musée Napoléon a cru de son devoir de se saisir de ce sujet et, étant absent, de le proposer, par la voie publique, aux peintres d'histoire.

« Comme toutes les batailles ont un caractère de ressemblance, il a pensé qu'il était préférable de choisir le lendemain de celle de Iéna [sic] et le moment où Buonapate [sic] visitant le champ de bataille vient porter indistinctement des secours et des consolations aux honorables victimes des combats.

« Le Directeur Général lui a donc demandé la permission de proposer aux artistes d'en faire chacun une esquisse qui sera jugée par la quatrième classe de l'Institut national. On voudrait que les esquisses fussent dans la proportion la plus rapprochante de quatre pieds et calculées de manière à ce que les figures du premier plan soient dans le tableau d'une proportion de forte nature. Le tableau sera de même grandeur que celui de l'hôpital de Jaffa et le prix sera de 16 000 francs. Il sera de même exécuté en haute lisse par la manufacture des Gobelins. Les deux esquisses que la classe de l'Institut jugera avoir mérité un premier et un deuxième accessit seront honorées chacune d'une médaille d'or de 600 francs. Les esquisses devront être déposées au Musée Napoléon où elles seront reçues jusqu'au 13 mai 1807 inclusivement. Ce terme est de rigueur.

« Le Directeur Général joint ici une description faite sur le champ de bataille d'Yéna [sic] au moment où, le lendemain de cette bataille, Buonaparte [sic] a fait la revue des corps qui y avaient combattu.

« Pour donner une idée juste des positions, le Directeur Général a fait déposer à la direction du Musée Napoléon un croquis du champ de bataille. Chaque artiste qui voudra concourir pourra le consulter, en s'adressant au secrétaire général, qui lui communiquera une note détaillée pour le site et les costumes. Les groupes des figures du croquis, tels vrais qu'ils soient, ne doivent pas gêner les artistes dans leurs compositions. Tout ce qui est mobile dans le premier plan est absolument à la volonté du peintre et au choix qu'il fera des situations énoncées dans la description cy-après.

De la Grande Armée, le 17 mars 1807,
Denon. »

---

10. Je donne ce texte d'après la copie manuscrite qui se trouve au Cabinet des Estampes (Coll. Deloynes, t. XLIII, n° 1114). Cette copie comporte des fautes évidentes que j'ai cru pouvoir corriger — comme, par exemple, en quelques passages, la substitution du nom Iéna au nom Eylau. On est surpris de voir l'Empereur désigné sous le nom de *Buonaparte*.

« Bonaparte visite le champ de bataille de Preuss-Eylaud le 9 février 1807. L'armée française le 8 février avait bivouaqué la nuit sur le champ de bataille que l'armée russe, complètement battue, avait abandonné précipitamment pendant cette même nuit. Le 9, à la pointe du jour, l'avant-garde de l'armée française poursuivit l'ennemi sur tous les points et trouvait les routes de Koenigsberg couvertes de corps morts, de mourants et de blessés russes abandonnés, ainsi que canons, caissons et bagages. Vers midi, Bonaparte monta à cheval, accompagné des princes Murat et Berthier, des maréchaux Soult, Davout, Bessières, du grand écuyer Caulaincourt, de ses aides de camp généraux Mouton, Cardane, Lebrun, de plusieurs autres officiers de la maison, ainsi que d'un piquet de chasseurs de la garde, et des princes et officiers gardes d'honneur polonais ; il passa en revue plusieurs divisions des corps des maréchaux Soult, Augereau et Davout, qui se trouvaient aussi sur le champ de bataille et parcourant successivement toutes les positions qu'avaient occupées la veille les différents corps français ou russes. La campagne était entièrement couverte de neige épaisse sur laquelle étaient renversés des morts, des blessés et des débris d'armes de toutes espèces ; des traces de sang contrastaient partout avec la blancheur de la neige : les endroits où avaient eu lieu les charges de cavalerie se remarquaient par la quantité de chevaux morts, mourants ou abandonnés : des détachements de Français et de prisonniers russes parcouraient en tous sens ce vaste champ de bataille et enlevaient les prisonniers pour les transporter aux ambulances de la ville. De longues lignes de cadavres russes, de blessés, de débris d'armes et d'havresacs abandonnés, dessinaient de manière sanglante la place de chaque bataillon et de chaque escadron. Les morts étaient entassés sur les mourants au milieu des caissons brisés ou brûlés et des canons démontés.

« Bonaparte s'arrêtait à chaque pas devant les blessés, les faisait questionner sur leur langue, les faisait consoler et secourir sous ses yeux. On passait devant lui ces malheureuses victimes des combats, les chasseurs de sa garde les transportaient sur leurs chevaux ; les officiers de sa maison faisait exécuter ses ordres bienfaisans. Les malheureux russes au lieu de la mort qu'ils attendaient d'après l'affreux préjugé qu'on leur imprime, trouvaient un vainqueur généreux. Etonnés, ils se prosternaient devant lui ou lui tendaient leurs bras défaillants en signe de reconnaissance. Le regard consolateur du grand homme semblait adoucir les horreurs de la mort et répandre un jour plus doux sur cette scène de carnage. Un jeune hussard lithuanien auquel un boulet avait emporté le genou avait conservé tout son courage au milieu de ses camarades expirants, il se souleva à la vue de Bonaparte : « César, lui dit-il, tu veux que je vive, eh bien ! qu'on me guérisse, je te servirai fidèlement comme j'ai servi Alexandre ! »

Il avait été possible à Denon, après avis de l'Empereur, de désigner directement un peintre de son choix. Cependant, un concours fut décidé, comme on vient de le voir. Le 30 mai 1807, Denon prie la quatrième classe de l'Institut de nommer une commission pour examiner les esquisses. Mais, à ce moment, les relations entre le directeur général des musées et l'Institut sont tendues. La quatrième classe entend recevoir ses instructions du ministre de l'Intérieur, Champagny. Celui-ci confirme les directives du directeur général et, le 6 juin la quatrième classe désigne le jury, composé des dix membres de la section de peinture auxquels on adjoint deux sculpteurs, Moitte et Chaudet.

D'après un état qui se trouve aux Archives du Louvre [11], il y eut vingt-six concurrents inscrits : Bosselman, Roehn, Rigo, Bouillon, Gensoul-Desforêts, Dunant, Le Grand, Brocas, Pajou, Ris, Charles Véron, Bellecourt, Zix, Dabos, Thévenin, Meynier, Tisserand, Debret, Hersent, Camus, Stafflard, Lafond, Juhel, Callet, Pierre Franque et Gros. Si Gros était le dernier, c'est parce qu'il ne s'était décidé à concourir que sur les instances pressantes de Denon.

Les esquisses, déposées au secrétariat du Musée, furent exposées dans la Galerie d'Apollon. La commission, présidée par Vincent, rendit son arrêt le 13 juin 1807 [12]. Dans la séance du même jour, le secrétaire perpétuel fit part à la quatrième classe du résultat : le premier prix à Gros, un accessit à Meynier et un à Thévenin. En même temps que Champagny était informé par le secrétaire perpétuel, Denon, alors à Tilsitt, recevait la nouvelle de Vincent.

La part prise par Denon dans la détermination du programme est certaine. Il a fourni non seulement les indications nécessaires sur la scène, les personnages présents, mais encore les croquis topographiques. A-t-il choisi l'épisode, et lui seul ? ou Napoléon le lui a-t-il imposé ? C'est ce qu'il est impossible de dire. Mais comment ne pas être frappé par une similitude d'inspiration entre le « Bulletin » de la bataille, la relation dictée par Napoléon, le programme donné par Denon aux artistes et la toile de Gros ? Chef-d'œuvre sans doute ! Mais aussi peinture engagée, apologétique, et compromis habile entre le réalisme du chroniqueur et la transfiguration hagiographique.

En Prusse et en Pologne (1806-1807)

La rapidité des opérations militaires de 1806 ne permet pas d'imaginer que Denon y ait assisté. Cependant, l'examen des collections de Cassel, de Potsdam et de Berlin suit de près la fin des opérations. D'autre part, la présence de Denon à Eylau, où il prend des croquis du champ de bataille, puis en Pologne et à Tilsitt, donne à penser que de novembre 1806 à juin 1807, il a suivi l'Empereur dans ses déplacements.

Il n'est pas facile de préciser dans le détail la présence de Denon sur les champs de bataille, car à ses correspondants ordinaires, il la dissimule. Si l'on se réfère au registre de la correspondance administrative de 1802 à 1815, il aurait été absent de son bureau du Louvre, soixante et onze semaines ; c'est déjà beaucoup. Mais ce n'est pas tout : par un accord qui suppose l'agrément de Napoléon, le courrier des Beaux-Arts circule de Paris aux bivouacs de l'Empereur avec son courrier. Ainsi, les réponses datées de Paris parviennent aux destinataires avec un retard qui n'excède pas quelques jours. La présence « au front » de Denon n'est nullement clandestine ; il est vu sur les champs de bataille, dans les tranchées, au siège de places fortes, mais pour les correspondants de l'Empire, le directeur général des musées est demeuré au Louvre.

L'objet de ses voyages est double : prendre des croquis, voire des plans et des dessins des champs de bataille. Denon est accompagné dans ses voyages par un des-

---

11. Carton P 5.
12. Procès-verbaux... t. III, p. 95, n. 3.

sinateur, généralement l'Alsacien Zix. Le cessez-le-feu intervenant, Denon va passer à sa mission numéro deux : la préparation des prélèvements sur les collections de sculptures et de tableaux. Il n'est plus question de rapatriement de chefs-d'œuvre au pays de la Liberté, comme au temps de la République, mais bien de contributions de guerre.

L'écrasement de la Prusse à Iéna (octobre 1806), l'occupation de ce pays puis la campagne de Silésie, en plein hiver, la bataille d'Eylau où les deux armées épuisées s'arrêtent, mais qu'on pourra qualifier de victoire parce que, dans la nuit, les Russes ont fait retraite, sont le cadre événementiel d'une politique artistique poursuivie sur deux voies parallèles, le musée et la création.

Il est bien dommage que nous ne puissions disposer d'un carnet de notes de Denon. Nous savons qu'il était à Berlin, puis à Potsdam en novembre 1806. Sans même attendre la conclusion d'un traité, et se fondant sur le seul armistice, Denon entreprend l'inventaire des collections royales et princières ; il a, autrefois, jeune attaché en route vers son premier poste, visité celles que Frédéric II ouvrait au public ; il connaît leur catalogue — ceci pour les peintres et les sculpteurs — mais ce qu'il ne connaît pas, ou si mal, c'est l'argenterie, les tabatières et les bibelots qui ornent les tables et les cabinets des résidences royales. Aucune mesure n'a été prise ; seuls, de rares fonctionnaires royaux, sans instructions du pouvoir, ont pris l'initiative d'expédier à Königsberg ou ailleurs des coffres de linge de table et d'argenterie. Certains tomberont aux mains des Français, d'autres seront perdus.

Napoléon apprit le luxe dans les palais où il habita lors de la première campagne d'Italie. En prit-il alors le goût ? La simplicité des aménagements ordonnés aux Tuileries lors du Consulat permet de poser la question. C'est la proclamation de l'Empire qui lui en fait un devoir et peut-être son séjour à Schönbrunn, en novembre 1805, qui lui en donna le goût. De là à estimer que le palais de Compiègne est dépourvu de l'agrément que font, dans un intérieur, des objets bien disposés, il n'y a qu'un pas. Un autre pas consiste à dire à Denon qu'il y a dans les musées des objets qui seraient bien dans les palais impériaux. Serait-ce la raison qui porte Denon en Prusse, après Iéna, à multiplier dans « les prélèvements » les objets divers ? Mais que trouve-t'-on sous ce titre « objets divers » dans les listes de 1806 (confirmées par les réclamations de 1815) ? : des tabatières, des bougeoirs, des candélabres qui cadrent sans doute mal avec l'idée du Musée que poursuit Denon. Mais les objets divers, ce sont aussi des livres, tels que les *Considérations sur la grandeur des Romains...* avec des notes de Frédéric II et un Voltaire annoté par le même, pièces, entre autres, qui sont à leur place à la Bibliothèque impériale plutôt que sur les guéridons de Compiègne.

L'anéantissement de l'armée prussienne en quelques semaines, la stupeur où il plongea les populations, peuvent expliquer l'ampleur de la rafle organisée par Denon. Au total, 12 869 objets divers. Tableaux modernes ou antiques faisaient ensemble 507 pièces, chiffre déjà considérable. Mais le chiffre effarant, c'est celui de 12 362 constitué par des monnaies, des jetons et des pierres gravées [13]. Ce trésor numismatique qui devait combler Denon et laisser indifférent Napoléon.

---

13. Ces chiffres ont été établis en compulsant les listes dressées par Denon et Van Ribbentrop en novembre 1806 et (copiés dans les archives de Dahlem en 1934) ceux que l'on trouve dans le dossier des restitutions de 1815. (Archives, Musées nationaux, Louvre.)

Les plus grandes richesses de cette rapine étaient constituées par les antiques et par les peintures.

En décembre 1806, Denon se rend à Dresde. Il est moins hostile que la plupart de ses contemporains au baroque saxon et admire l'extraordinaire opulence des collections de l'Electeur de Saxe. Ne pourrait-on persuader celui-ci de faire cadeau à S.M. l'Empereur Napoléon de quelques-unes des pièces qui sont à Dresde ? Napoléon repoussa la suggestion, il avait d'autres vues sur l'Electeur.

Le jeu de navette du courrier Paris et Quartier général de l'Empereur en Allemagne continuait. Denon retourna-t-il à Paris ? C'est très vraisemblable. Mais nous l'avons vu à Eylau. La petite histoire de la toile de Gros : *S.M. visite le champ de bataille d'Eylau...* est exemplaire.

Eylau en février, Marienbourg (Pologne) en mai. Denon se rend à Varsovie et visite le palais royal. Une bonne occasion de découvrir au palais royal quatre tableaux dignes du Louvre.

Denon est à Tilsitt lorsque Napoléon et Alexandre se rencontrent sur le Niémen. Pourquoi ce silence pictural qui suit Tilsitt ? Est-ce parce que les promesses que semblaient contenir les traités signés furent rapidement dissipées ? On ne sait. Seul épisode retenu pour la peinture : l'entretien accordé à la reine de Prusse, qui évoque l'intransigeance de Napoléon et l'échec de la femme. Napoléon se contenta de suggérer une série de gravures « sur ce qui s'est passé à Tilsitt ».

L'illustration de la campagne de 1809 fut proposée et décidée à Vienne le surlendemain même de la bataille de Wagram. Elle n'a pas été l'occasion d'une étude aussi minutieuse que celle des campagnes d'Austerlitz et de Prusse. Les artistes à qui furent commandés les grands tableaux, puis les tableaux de moyennes dimensions sont des peintres de seconde zone, à l'exception d'Horace Vernet.

Deux notes de Denon du 8 juillet 1809, datées de Vienne, nous présentent une liste de « cinq grands tableaux à 12 000 francs » et « sept moyens tableaux à 6 000 » [14].

Le rapport dressé par Denon est moins complet et indique un travail préparatoire moins attentif que les notes de 1806, bien que le choix des artistes ait été plusieurs fois révisé. Si l'indication des grands tableaux est accompagnée d'une notice dans la forme que nous connaissons déjà, pour les moyens tableaux nous n'avons que le titre.

Voici la liste des grands tableaux :

1. L'*Empereur harangue les Bavarois avant la bataille d'Abensberg* [15]. « On voit la ville et la campagne d'Abensberg. Les généraux bavarois sont rangés devant l'Empereur, leur état-major est par groupes derrière eux. Sa Majesté est à cheval et le prince héréditaire traduit la parole qu'Elle adresse aux Bavarois. L'Empereur n'est accompagné que du prince de Neuchâtel et de quelques officiers de sa Maison. » Le sujet fut commandé à Benvenuti, peintre florentin, par une lettre écrite de Vienne, le 16 septembre 1809. Il fut ensuite attribué à Debret. Il n'était pas achevé en 1810. Sans doute n'avait-il pas de destination précise, puisque Denon dans un rapport du 19 novembre de la même année, propose d'en faire « un présent qui serait bien cher

---

14. Archives du Louvre, carton P 6.
15. 20 avril 1809. Ce tableau par Debret, est aujourd'hui à Versailles (n° 649 du cat.).

au prince royal de Bavière. Tous les militaires qui y sont représentés sont des portraits d'officiers bavarois qui, avec enthousiasme, sont allés donner séance à l'artiste ».

2. *Prise de Ratisbonne* [16]. « On voit cette ville du côté où s'est donné l'assaut et pour sujet du tableau, l'Empereur y est représenté au moment où on achève de le panser et lorsqu'il demande son cheval pour se montrer à l'armée effrayée. » Commandé à Camuccini, peintre romain, par une lettre écrite de Vienne le 25 octobre, le sujet fut ensuite confié à Gautherot. Il figurait au Salon de 1810. Denon se contente de noter dans son rapport sur le Salon : « que l'artiste s'est surpassé » et que son tableau « est le plus beau de l'exposition ».

3. *Vue de l'isle Napoléon* « au moment où, après la bataille d'Essling, l'Empereur rentre dans cette île. L'armée s'empresse autour de Sa Majesté, les blessés mêmes expriment par des exclamations le bonheur de le revoir parmi eux ». C'est le tableau qui a pour titre aujourd'hui *Napoléon revient dans l'île de Lobau*, après la bataille d'Essling, le 23 mai 1809 [17] et que Charles Meynier exposa au Salon de 1812.

4. *Autre vue de l'île Napoléon prise au bord du bras du Danube qui la sépare de la terre ferme du côté d'Essling*. « Le sujet du tableau est le moment où Sa Majesté embrasse le Maréchal Lannes blessé mortellement à la bataille d'Essling. » Ordonné d'abord à Guérin, le tableau fut ensuite confié à Albert-Paul Bourgeois, « jeune homme qui en débutant au Salon (de 1810) par cet ouvrage se met de suite au nombre des peintres de l'Ecole française ». Denon juge le tableau « plein d'énergie, de noblesse, de naïveté et de sensibilité. La couleur, toutefois, manque de transparence ». Le tableau qui n'avait, non plus d'ailleurs que les précédents, aucune affectation arrêtée, pourrait être « désiré par la famille du duc de Montebello, et il y serait un monument » [18].

5. *Bataille de Wagram*. Le sujet n'est pas commenté. Attribué à Carle Vernet, puis à Gautherot, il ne fut traité que par Horace Vernet, dont l'œuvre figura au Salon de 1836.

La liste des « moyens tableaux » comprend les sept sujets que voici :

1. *Attaque du pont de Landshut*. Ce tableau devait être confié à Debret ; il fut ensuite commandé à Louis Hersent qui l'exposa au Salon de 1810. C'était le premier tableau ordonné à cet artiste. On y remarque, écrit Denon dans son compte rendu, « de la couleur, de la vérité et des détails parfaitement militaires » [19].

2. *Attaque de Ratisbonne*. Commandé à Charles Thèvenin, après avoir été attribué à Lecomte. « C'est un très joli... tableau et, sans comparaison, le meilleur qu'ait fait l'artiste. » [20]

3. *Combat d'Ebersberg*, commandé, sans changement d'attribution à Taunay : « c'est encore le meilleur ouvrage de cet artiste » [21].

---

16. 23 avril 1809. Ce tableau, par Gautherot, est à Versailles (n° 652 du cat.) 4 m 73 × 5 m 20. Placé dans la Galerie de Diane, il déplut à Napoléon. (Lettre de Duroc à Champagny, 10 déc. 1811. Arch. nat. 02 (844).)
17. Musée de Versailles n° 659 du cat.
18. *Id.* n° 658 du cat.
19. *Id.* n° 650 du cat.
20. *Id.*, n° 652 du cat.
21. *Id.*, n° 653 du cat.

4. Le *Bombardement de Vienne* [22] fut exécuté par Bacler d'Albe. Il ne figurait pas au Salon de 1810 et Denon n'en dit mot.

5. Le n° 5 était d'abord une *Vue du jardin de Schönbrunn au moment où l'Empereur se promène au milieu des habitants de Vienne*. Ce sujet, abandonné, a fait place à celui-ci : *Le passage du Danube pour la bataille de Wagram la nuit du 3 au 4*, sujet traité par J.F. Hue [23].

6. *Vue d'Ebersberg et du pont sur le Danube*. Tableau qui devait être confié à Venuti.

7. *Bivouac de l'Empereur sur le champ de bataille la nuit du 5 au 6 juillet*. Sujet commandé à Adolphe Roehn qui expose au Salon de 1810 « un tableau très heureusement exécuté et qui attirera les regards de Sa Majesté et l'intérêt de tout le monde ».

A ces sujets, ont été ajoutés deux autres en surcharge : la *Réception de Mirza à Finkenstein*, exécuté effectivement par Mulard pour le Salon de 1810 et l'*Empereur Alexandre présente les Kalmoucks, les Baskirs et les Cosaques à l'Empereur Napoléon*, commandé à Bergeret et exposé au Salon de 1810.

Laissons ces deux épisodes, peu significatifs encore que pittoresques, et reprenons les thèmes choisis dans la campagne de 1809. Le choix ne laisse pas de dérouter et il reste, avouons-le, après examen, d'une interprétation difficile. Le grand sujet, la bataille de Wagram, est négligé et remis ; tous les autres ne sont qu'anecdotes d'histoire militaire, rappelant de façon édifiante le dévouement de l'armée, l'attachement des soldats à l'Empereur, l'angoisse que fit naître la nouvelle de sa blessure devant Ratisbonne. Anecdotes ou relations d'actions locales.

Le choix des artistes n'est pas moins déconcertant ; les grands noms de l'art impérial sont absents : Denon fait appel à des hommes d'un talent que le succès n'a pas encore consacré. Pourquoi, d'autre part, ces commandes à des artistes italiens, que rien ne semble désigner, ni leurs travaux antérieurs, ni leur célébrité ? Est-ce par souci d'associer tous les artistes du Grand Empire à la narration de l'épopée impériale ?

En fait, la commande de 1809, élaborée précipitamment par Denon et soumise directement à l'Empereur, n'avait pas même été communiquée à Daru (ce qui prouve combien à cette date l'autorité de Denon s'était affirmée). L'Intendant général en fut simplement informé, comme nous le voyons par une lettre de lui à l'Empereur [24], relative au crédit de 160 000 francs qu'il faut ouvrir pour le paiement de la moitié des prix fixés : « le montant de cette dépense aurait pu être compris dans le budget de 1810 et j'aurais différé jusqu'à sa rédaction pour le soumettre à Votre Majesté, mais M. Denon me fait observer que l'époque du Salon étant très rapprochée, il a été dans l'obligation de prescrire, dès à présent, l'exécution de ces objets et qu'il serait indispensable d'acquitter pendant cette année au moins la moitié de la dépense qu'il occasionnerait ».

Cette commande de 1809 ne paraît pas avoir été revue par Napoléon avec le même soin que celle de 1806. Denon n'y apporte point non plus le même zèle. Il

---

22. Musée de Versailles, n° 655 du cat.
23. L'état de paiement du 24 mars 1810 pour les douze tableaux de la campagne d'Autriche ne mentionne que ceux de Gautherot, Berthon, Hersent, Thèvenin, Taunay, Hüe, Roehn et Bergeret. Arch. nat. O² 838.
24. Vienne, 18 août 1809. Arch. nat., AF IV 1050.

n'en est plus question dans la correspondance, et le rapport de 1810 n'en donne qu'un compte rendu rapide. L'analyse des œuvres est brève et banale ; l'artiste s'est surpassé, l'œuvre attirera les regards... Ce n'est plus le commentaire précis, le jugement motivé du rapport de 1808.

L'intérêt que portait l'Empereur à ces grandes chroniques peintes de son histoire militaire aurait-il faibli ? Ou ne doit-on pas se demander si Denon dispose bien d'un effectif suffisant d'artistes, maîtres de leur technique et capables de mener à bien de vastes compositions ? Les meilleurs sont accaparés déjà par des commandes antérieures ou des portraits officiels.

Dans ce même rapport de 1810, Denon rend compte, avec son enthousiasme habituel et son abondance coutumière, du *Serment de l'armée au Champs de Mars* de David, de la *Bataille d'Austerlitz* de Gérard, de la *Bataille des Pyramides* de Gros, de la *Révolte du Caire* de Girodet, grandes œuvres, mais pages depuis longtemps tournées de l'histoire héroïque de Napoléon. Bref, il y a du retard dans la rédaction, malgré la hâte à distribuer les articles.

S'excusant d'être en retard (encore) dans l'exécution des dessins des campagnes, le 10 novembre 1810, Denon écrit au maréchal du palais : « Relativement à la demande que me fait V.E. pour savoir quand cette entreprise sera finie, sans me comparer à Boileau et l'Empereur à un autre monarque, je vous dirai comme ce poète : "Grand Roi cesse de vaincre ou je cesse d'écrire". » [25] Excuse flatteuse et citation qui vient aisément sous la plume. Napoléon s'en payait-il ? Il semble alors accaparé par d'autres soucis. Mais la tenue à jour de l'iconographie militaire de l'Empire s'avère impossible avec les moyens dont dispose Denon, malgré son zèle et son activité.

La mission en Espagne (novembre 1808-janvier 1809)

Comme toutes les missions dont Denon est chargé à travers l'Europe, celle-ci a un double objet : le premier consiste à prospecter les collections royales ou princières, celles des églises et des couvents pour y prélever les œuvres les plus représentatives, en vue de compléter les collections du Musée Napoléon. Quant au second, il concerne l'iconographie impériale. Suivre Denon, nous oblige à rappeler quelques dates et les faits saillants de cette campagne.

L'Empereur avait passé la fin de septembre et la première quinzaine d'octobre à Erfurt, où Talma a joué devant un parterre de rois. Depuis le 18, Napoléon est à Saint-Cloud. Le 25, à l'ouverture de la session du Corps législatif, il a annoncé son départ pour l'Espagne. Ayant quitté Paris le 29, il est à Bordeaux le 1er novembre, à Bayonne le 3, à Tolosa le 4. C'est le samedi 5, à Vitoria, qu'il prend effectivement le commandement de l'armée. Il arrive à Burgos le 11 pour assister au pillage de la ville que Soult vient de prendre, après avoir battu l'armée espagnole à Gamonal. Douze jours sont consacrés à passer en revue les troupes des différents corps. C'est le 30 novembre qu'a lieu la bataille de Somosierra.

---

25. Arch. nat., AF IV 1050.

55. *Pauline Bonaparte, princesse Borghese, par Robert Lefèvre. Salon de 1806. Château de Fontainebleau.*

56. *La bataille du pont d'Arcole sur l'Adige, au soir du 27 novembre 1796, par Louis Bacler d'Albe. Salon de 1804. Versailles.*

57. **La mort du général Desaix à la bataille de Marengo,** *par Jean Broc. Salon de 1806. Versailles.*

58. *Bataille des Pyramides, 21 juillet 1798, par Philippe Auguste Hennequin. Salon 1806. Versailles.*

59. *Bataille de Marengo, par Carle Vernet. Salon de 1806. Versailles.*

60. **B.A. Jannot de Moncey, Maréchal de l'Empire,** *par Jacques Luc Barbier-Walbonne, 1806. Commandé pour la Salle des Maréchaux au palais des Tuileries. Versailles.*

61. *Fr. J. Lefebvre, Maréchal de l'Empire, Duc de Dantzig,* par *Césarine Davin Mirvault, 1807. Commandé pour la Salle des Maréchaux. Versailles.*

62. **Jean Serurier, Maréchal de France,** *par Jean-Louis Laneuville. Commandé pour la Salle des Maréchaux. Salon de 1808. Versailles.*

63. **D.C. Perignon, Maréchal de l'Empire**, *par Philippe Auguste Hennequin.*
Commandé pour la Salle des Maréchaux. Versailles.

64. *Napoléon recevant les députations de l'armée dans la salle des Antiques au Louvre,* par Gioacchino *Giuseppe Serangeli. Carton de tapisserie pour les Gobelins. Salon de 1808. Versailles.*

65. **Napoléon visitant les bivouacs de l'armée la veille de la bataille d'Austerlitz,** *par Louis Bacler d'Albe.*
Commandé pour la Galerie de Diane au Palais des Tuileries. Salon de 1808. Versailles.

68. **La mort du général Valhubert à la bataille d'Austerlitz,** *par Pierre Peyron. Commandé pour la Galerie de Diane. Salon 1808. Versailles.*

69. **Bonaparte fait grâce aux révoltés du Caire,** par Pierre Narcisse Guérin. Commandé pour la Galerie de Diane. Salon de 1808. Versailles.

70. **Entrée de Napoléon à la tête de l'armée française à Munich,** *par Nicolas Antoine Taunay. Salon 1808.*
Versailles.

71. *Le maréchal Ney remet aux soldats du 76ᵉ régiment de ligne leurs drapeaux retrouvés dans l'arsenal d'Innsbruck,* par Charles Meynier. *Commandé pour la Galerie de Diane. Salon de 1808. Versailles.*

72. **Napoléon à Tilsitt décore de la Légion d'honneur un soldat de l'armée russe,** par Jean-Baptiste Debret. *Salon de 1808. Versailles.*

73. **Combat d'Ebersberg, 3 mai 1809,** par Nicolas Antoine Taunay. Salon 1810. Versailles.

74. *Napoléon devant Madrid assiégée, recevant une députation de la ville,* par Carle Vernet. Commandé pour la Galerie du Sénat. Salon de 1810. Versailles.

75. *Les soldats français réprimant la révolte dans la grande mosquée du Caire,* par Anne-Louis Girodet-Trioson. *Commandé pour la Galerie de Diane. Salon de 1810. Versailles.*

76. *Le Tsar Alexandre Ier présente à Napoléon les Kalmoucks, les Cosaques et les Baskirs de l'armée russe*, par Pierre-Nolasque Bergeret. Salon de 1810. Versailles.

77. *Napoléon reçoit au château de Finkelstein en Pologne, Mohammed Mirza Reza Khan, ambassadeur du Shah de Perse,* par François Henri Mulard. Salon de 1810. Versailles.

78. **Bonaparte haranguant l'armée avant la bataille des Pyramides,** par Jean-Antoine Gros. Commandé pour la salle des séances du Sénat. Salon de 1810. Versailles.

79. **Passage du Grand Saint Bernard,** *par Charles Thévenin. Salon de 1806 et 1810. Versailles.*

80. *Napoléon se faisant présenter à Astorga des prisonniers anglais,* par Hippolyte Lecomte. Salon de 1810. Versailles.

81. *Mariage civil du prince Jérôme Bonaparte avec la princesse Frédérique Catherine de Wurtemberg,* par Jean-Baptiste Regnauet, 1810. Versailles.

82. *Napoléon présentant le roi de Rome aux grands dignitaires de l'Empire,* par *Georges Rouget. Salon de 1812. Versailles.*

83. *Entrevue de Napoléon et de François II à Sarutschitz (Moravie) après la bataille d'Austerlitz,* par Antoine Jean Gros. Salon de 1812. Versailles.

84. **Mort du Général Causse, lors du combat de Dego,** par François Henri Mulard. Salon de 1812. Versailles.

85. *L'armée française traverse les défilés de la Sierra Guadarrama en décembre 1808,* par Nicolas Antoine Taunay. Salon de 1812. Versailles.

86. *Entrevue de Napoléon I et du Grand Duc Ferdinand d'Autriche dans les jardins du château de Würtzburg*, par Hippolyte Lecomte, 1813. Versailles.

Le soir du 1er décembre, il bivouaque dans la banlieue de Madrid. Le 3 au cré-
puscule, il reçoit les parlementaires espagnols qui se font tancer durement. Ils ont
jusqu'au lendemain matin pour accepter la capitulation. Le 4 décembre, la capitulation est signée sous la tente de l'Empereur. Le 14e bulletin expose l'affaire sous un
jour particulièrement avantageux. Pendant quelques jours, Napoléon habite au château de Chamartin, dans la banlieue de Madrid, où il ne fait que de brèves apparitions.
Le 19, il passe en revue toute l'armée : 160 000 hommes. Le 22, dans la neige, c'est
le passage de la sierra de Guadarrama, par un temps affreux. La troupe « grogne ».

A partir du 23, il amorce une opération de vaste envergure qui a pour objet
d'envelopper l'armée anglaise. Manœuvre et poursuite dont l'itinéraire est marqué
par les noms d'Arevalo, Medina, Valderas et Benavente. Un itinéraire de
350 kilomètres, parcouru en 12 jours dans un pays difficile et par un temps le plus
souvent épouvantable. Les Anglais, servis par la chance et sans doute mieux ren-
seignés que les armées françaises, ont constamment échappé à la nasse qui leur était
tendue.

C'est le 1er janvier 1809, non loin d'Astorga, que Napoléon apprend la mobi-
lisation des forces autrichiennes et les préparatifs d'une conspiration à Paris. Dès
lors, sa décision, semble-t-il, est prise : il lui faut rentrer.

Cependant, il demeurera à Valladolid du 7 au 16 janvier. Il y recevra les députés
de Madrid, venus présenter les procès-verbaux du serment et la demande du retour
du roi Joseph dans sa capitale. Mais, en même temps, il a donné des ordres pour son
retour. Un retour accéléré, dont la première étape, Valladolid-Burgos est franchie à
cheval en cinq heures. Il descend de cheval pour monter en voiture. Le lundi 23 au
matin il est à Paris, moins de six jours après avoir quitté Valladolid. Et les Parisiens
peuvent le voir, visitant les constructions du Louvre et les aménagements de la rue
de Rivoli. Un peu moins de trois mois d'absence, de brillants faits d'armes, mais
aucune victoire décisive, aucune pacification en vue.

Et Denon ?

Suivant les ordres que l'Empereur lui avait donnés à Paris, il a attendu un mois
pour se mettre en route, et il est arrivé à Burgos, « un mois après la prise de cette
ville », soit le 9 ou le 10 décembre [26]. Jusque-là, voyage sans histoire, encore que
rapide (environ dix jours). Mais comme il l'écrira à l'Empereur, « J'avais marché
jusque-là sans escorte ; mais me voyant entouré d'assassinats, je me suis joint à celle
qui accompagnait la députation du Corps législatif, ce qui fait que je ne suis arrivé
à Madrid que le 26 décembre. » [27]

A Madrid, la commission du séquestre lui a demandé « de lui faire connaître
ce que contenaient de précieux en objets d'art les maisons d'émigrés », ce qui l'a
occupé jusqu'au 8 janvier. Il a transmis son rapport au major général en le priant de
solliciter les ordres de l'Empereur à cet égard. Il aurait souhaité obtenir immédiatement vingt tableaux de l'Ecole espagnole pour le Musée, où elle n'est pas représentée et « qui auraient été à perpétuité un trophée de cette dernière campagne ».
Mais il n'a osé prendre sur lui d'organiser ce prélèvement, ce qu'il eût fait « si nul
autre prince que le frère de Sa Majesté eût occupé le trône d'Espagne ».

---

26. Arch. nat., AF IV 1050.
27. Lettre du 18 janvier (Arch. nat. AF IV 1050).

Il est vrai que ces vingt tableaux pourront être obtenus ultérieurement par négociation et qu'ils pourront soit être choisis « dans les innombrables collections de Sa Majesté Catholique, soit en faisant venir en France ceux qui sont restés dans la maison du prince de la Paix, desquels ce prince serait trop heureux d'obtenir un prix... »

Denon précise que, dans un cas comme dans l'autre, il est en mesure de « donner des notes suffisantes sur ces tableaux ».

En réalité, Denon, mal informé, a été devancé par l'Empereur lui-même, qui, le 15 janvier 1809, écrit à Joseph en ces termes :

A Joseph, roi d'Espagne
Valladolid, 15 janvier 1809

« ... Je pense vous avoir écrit de faire votre entrée, le 14 à Madrid. Denon voudrait prendre quelques tableaux. Je préférerais que vous prissiez tous ceux qui se trouvent dans les maisons confisquées, et dans les couvents supprimés et que vous me fissiez présent d'une cinquantaine de chefs-d'œuvre qui manquent au Musée de Paris. En temps et lieu, je vous en donnerai d'autres. Faites venir Denon et parlez-lui dans ce sens. Il peut vous faire les propositions. Vous sentez bien qu'il ne faut que de bonnes choses, et l'opinion est que vous êtes immensément riche en ce genre [28]. »

Joseph, qui prend au sérieux son trône, son domaine et le patrimoine artistique de son royaume, ne s'exécutera pas de bon gré. Il faudra faire de pressants rappels pour qu'on achemine lentement des caisses qui arriveront à Bayonne, en septembre 1812, parviendront à Paris le 28 juillet 1813, et dont l'ouverture causera à Denon de grandes déceptions, les œuvres qu'elles contiennent étant « presque toutes médiocres ».

Mais revenons au choix que Denon se déclarait en mesure de faire. Vingt tableaux quand on a à sa disposition les collections royales, les collections privées, les tableaux des monastères et des églises, c'est peu, en vérité, pour représenter l'Ecole espagnole.

Denon était plus exigeant quand il s'agissait de l'Italie, des Flandres ou de la Prusse. C'est que là, il était à l'aise, dans une Europe familière, dont les collectionneurs, les artistes et les œuvres lui étaient de longue date connus. En Espagne, pays qu'il visite pour la première fois — et dans quelles conditions ! —, il est embarrassé. Ni son voyage en Sicile, ni son séjour prolongé à Naples ne lui ont donné l'occasion ou la curiosité de connaître, même superficiellement l'art de la péninsule ibérique.

Dans ce musée imaginaire que constituaient ses propres collections, dont, après 1815, il faisait très complaisamment les honneurs, la place réservée à l'art espagnol est petite : celle qu'il lui réservait dans cette histoire de l'art qu'il rêvait d'écrire, et qu'il « parla » jusqu'à sa mort, en laissant à Amaury Duval le soin d'en faire l'esquisse, l'Espagne est très réduite.

Second objet de la mission, les dessins et l'iconographie de la campagne. Dans sa lettre du 18 janvier 1809, écrite à Valladolid, Denon parle de la « Liste des dessins qu'il a faits pour continuer les collections de ceux des campagnes de Sa Majesté ». Il

---

28. *Correspondance*, lettre n° 14 716.

s'en donne donc pour l'auteur, mais il ajoute que, s'il reste encore à Valladolid, c'est juste « le temps nécessaire pour faire dessiner ce qu'il y a de curieux ».

On sait qu'une équipe de dessinateurs rattachés au cabinet topographique dirigé par Bacler d'Albe travaillait également à relever les plans des champs de bataille et à en faire les « vues ». En dépit des bons rapports personnels que Vivant Denon entretenait avec Bacler d'Albe, il semble qu'il y ait eu, à l'occasion, une certaine rivalité entre le directeur des musées et le cabinet topographique. Qu'est-il advenu des dessins de la campagne d'Espagne ? Son iconographie est relativement limitée. Il est vrai que la campagne de 1808 allait bientôt l'éclipser dans l'intérêt de l'Empereur.

La liste des dessins exécutés par Vivant Denon ou sur ses indications, liste annexée à sa lettre à l'Empereur datée du 16 janvier, comportait, à vrai dire, plus de vues pittoresques que de vues militaires. La voici :

NOTE DES DESSINS POUR LA CAMPAGNE DE S.M. L'EMPEREUR EN ESPAGNE [29]

— Vue du port de Bordeaux dans tout son développement : le sujet représentera l'arrivée de S.M. dans cette ville vis-à-vis de l'Arc de Triomphe, où Elle est reçue par les autorités.
— Entrevue de l'Empereur et de Charles IV dans la cour du Gouvernement à Bayonne.
— Vue de la salle de la Junte au moment où le roi Joseph fait serment et reçoit celui des membres de la Junte.
— Vue du château de Marrac et départ du roi Joseph.
Ces quatre dessins sont susceptibles d'être exécutés en tableau au choix de S.M.
— Deux vues de Tolosa (4 novembre 1808).
— Une vue de Villa Réale (9 km 500 de Valente).
— Une vue de Mondragone.
— Vue du Palais du Roi à Vittoria au moment de l'arrivée de l'Empereur (5-6 novembre).
— Vue de la place de Vittoria.
— Vue des Rochers de Pan Corvo et de ses forts.
— Vue du champ de bataille au moment de la déroute sous les murs de Burgos. L'un ou l'autre est susceptible de faire un tableau.
— Vue de l'Arc de Triomphe de Fernand Gonzalès 1er, Comte de Castille. Ce monument pourrait servir à consacrer par une médaille la bataille et la prise de Burgos (10 novembre).
— Vue de la Place Major de Burgos le jour de la prise de cette ville.
— Vue de l'Archevêché de Burgos et pour sujet un bivouac de la Garde Impériale.
— Vue générale de la porte et du quai de Burgos.
— Vue de l'emplacement de la maison du Cid, du château et de la Citadelle de Burgos.

---

29. Arch. nat., AF IV 1050.

— Vue de la chapelle et du tombeau du Cid à l'abbaye de San Pedro près de Burgos.

— Vue de Lerma.

— Vue d'Aranda.

— Vue de la bataille de Somo-Sierra prise du point où S.M. s'était avancée (30 novembre).

— Vue du village de Somo-Sierra et de la déroute de l'ennemi (30 novembre).

— Deux vues de Bay Trago et d'une construction maure.

— Vue de Madrid prise des hauteurs du Parc de Buen-Retiro au moment où les troupes s'emparent de ce château et entrent dans le Prado. Sujet susceptible de faire un très beau et très important tableau (8 décembre).

— Vue du Palais du Roi à Madrid pris du côté du Prado (8 décembre).

— Porte d'Alcala à Madrid. Ce monument peut servir au revers d'une médaille qui consacrera la prise de Madrid. Une autre médaille pour consacrer le couronnement du roi Joseph représenterait d'un côté la tête de l'Empereur et de l'autre, celle du roi, avec la date de son couronnement.

Une autre médaille pour consacrer l'abolition de l'Inquisition aurait pour revers Hercule qui étouffe l'hydre ou bien une N foudroyante et quatre inquisiteurs tenant encore une lanterne sourde et un poignard.

— Vue du Puerto de Guadarrama et pour sujet l'artillerie traînée par des chevaux et poussée par des hommes (22 décembre).

— Deux vues de la ville et de l'aqueduc de Ségovie (22/23 décembre).

— Vue de la Place Major et de la Cathédrale de Ségovie (22/23 décembre).

— Deux vues de l'Alcazar ou château de Ségovie (22/23 décembre).

— Vues de différentes antiquités à Ségovie (22/23 décembre).

— Vue de St. Hildefonse (22/23 Ségovia).

— Vue d'une forteresse maure à Coca près Olmedo.

— Vue de la Place de Campo Grande à Valladolid, servant au parc d'artillerie ; et pour sujet, le moment des salves pour annoncer le gain de la bataille de Cuena (6 janvier 1809).

— Vue du Cloître du Collège de Saint-Paul à Valladolid, fondé par Ferdinand et Isabelle.

— Vue du Palais de l'Empereur à Valladolid au moment de son départ et recevant la Députation de Madrid. Et pour dernier dessin de cette Campagne :

— Une vue générale de Bayonne où l'on voit le passage des prisonniers anglais (18 janvier).

Valladolid, 18 janvier 1809

DENON

Les tableaux commandés furent peu nombreux :

— *Le combat de Somo-Sierra*, par le général Lejeune. Salon de 1810.

— *La Capitulation de Madrid, où l'Empereur reçoit la députation de la ville qui apporte la reddition* 4 décembre 1808 par Antoine Jean Gros 1810.

— *L'armée française en marche de Madrid sur Valladolid traverse les défilés de la Sierra Guadarrama pendant une tempête*, déc. 1808, par N.A. Taunay. Fut exposé au Salon de 1809.

— C'est à Hippolyte Lecomte qu'il revenait de peindre : *Napoléon Ier à Astorga se* *fait présenter les prisonniers anglais*, janvier 1809 qui figure au catalogue du Salon de 1810.

— Quant à : *Napoléon Ier devant Madrid, 3 décembre 1808, l'Empereur suivi de Duroc reçoit une députation des habitants et déclare qu'il attend leur soumission*, c'est à Carle Vernet que la commande en fut passée, sur une intervention de Bacler d'Albe, comme en témoignent les lettres suivantes :

« A M. Denon :
Le Directeur du Cabinet Topographique   17 janvier 1810 [30]
Le Dépôt de la Guerre, Monsieur et cher ami, a présenté à S.M. une vue (aquarelle) de Madrid, au moment du bombardement ; le dessinateur y a placé l'Empereur recevant les deux généraux espagnols parlementaires... S.M. a jugé que ce sujet traité par un homme de mérite pouvait fournir un tableau intéressant. Elle m'a ordonné, en conséquence, de vous remettre ce dessin (de Mrs Bagetti et Parent) pour que vous puissiez faire exécuter le tableau à l'huile par un de nos artistes capables.
Le Directeur du Cabinet Topographique
de l'Empereur,
Bon Bacler d'Albe »

« Tuileries 17 janvier 1810
Le dessin est encadré, il a trois pieds et demi de large, il faudrait envoyer un de vos porteurs le prendre au Bur. Topogr., à l'entresol.
Entrer par la Galerie. »

« Dépôt Général de la Guerre
Ministère de la Guerre   Paris, le 19 janvier 1810
Monsieur,
M. Bacler d'Albe vient de m'informer que S.M. avait ordonné qu'une vue du bombardement de Madrid, faite au Dépôt Général de la Guerre sur un croquis pris sur le terrain par les ingénieurs géographes, vous fût envoyée afin que vous en fassiez exécuter un tableau à l'huile par un artiste de mérite.
Sans vouloir influencer votre choix, j'ai cru devoir vous faire connaître que M. Vernet, attaché au Dépôt Général de la Guere avec le titre de peintre de cet établissement, pourrait avoir des droits à exécuter un sujet dont l'idée a été conçue par le Dépôt et qui entre parfaitement dans le genre de cet artiste distingué.
Je serais flatté que son opinion se trouvât d'accord avec la vôtre.
Le Général de Division
Directeur au Dépôt Général
de la Guerre
A M. Denon [31] »

Le catalogue de la vente du baron Brunet-Denon, neveu de Vivant Denon,

---

30. Archives du Louvre, p. 6.
31. Archives du Louvre, p. 6.

vente qui eut lieu le 2 février 1846, mentionne, sous le n° 356, un dessin lavé au bistre et à l'encre représentant « M. Denon en Espagne, remettant dans leurs tombeaux les restes mortels du Cid et de Chimène ; il est accompagné de M. Zix, artiste, et d'un Espagnol. La scène se passe dans l'intérieur d'une chapelle gothique ».

Cette mission en Espagne se soldait en définitive par un assez maigre bilan. Vivant Denon ne devait enrichir de chefs-d'œuvre ni les palais impériaux ni les musées de l'Histoire de France. Il ne devait pas non plus ouvrir, dans le Musée Napoléon, cette galerie espagnole qu'il fallut attendre pendant des années encore. L'Espagne qu'il avait entrevue lui demeurait anecdotique. Peut-être avait-il passé l'âge (il avait soixante-deux ans) des enthousiasmes et des grandes découvertes.

Les dessins des campagnes

Pendant toutes ces campagnes, Denon poursuit avec persévérance la réalisation d'un autre projet, celui d'une série complète et détaillée des campagnes de Bonaparte et de Napoléon. Il en voulait faire une grande publication, suggestion qu'il présenta plusieurs fois à l'Empereur et que celui-ci ne se décida pas à retenir. Il en résulte que ces dessins dont la valeur était essentiellement documentaire, n'ont pas été conservés avec les mêmes précautions que les tableaux ou les sculptures exécutés d'après eux. Denon a pu considérer qu'ils étaient, en fait, sa propriété ou qu'il devait les conserver pour les tenir à la disposition des artistes. Il en résulte que cet ensemble dont la qualité artistique est inégale, mais dont l'intérêt documentaire est considérable, est encore aujourd'hui dispersé entre Versailles, Fontainebleau, Rambouillet et le Cabinet des Dessins. Une autre partie a figuré dans les ventes publiques après décès de Denon et de son neveu, le général Brunet-Denon.

Les dessins des campagnes, si l'entreprise eût été menée à son terme, auraient constitué une documentation exceptionnelle, non seulement sur les opérations militaires, mais sur l'Europe, entre 1795 et 1812. Il n'est pas excessif de dire que son intérêt dépasserait celui des peintures, sculptures et monuments de l'épopée impériale.

CHAPITRE DIXIÈME

ROME :
SECONDE CAPITALE
DE L'EMPIRE

Lecteur de Pascal, souscripteur de l'*Encyclopédie*, ayant eu, comme évêque d'Imola, l'occasion de rencontrer Condillac, Chiaramonti, futur pape Pie VII, sachant concéder au temporel, mais, sur le spirituel, intransigeant, avait été un négociateur difficile. Pie VII s'était déplacé pour sacrer Napoléon, occasion d'un apparent triomphe, mais il n'avait en rien cédé sur ce qu'il tenait pour essentiel et lorsqu'il partit pour Rome, en janvier 1805, la crise était latente. Elle devait s'ouvrir à nouveau lors de la quatrième coalition, considérée comme libérale par les alliés. Suspect de complaisance pour les Jacobins, il s'était résigné à adhérer à l'alliance, adhésion certes symbolique, car de quel poids pouvaient peser les mercenaires suisses, mal équipés et mal armés, engagés dans le conflit ?

La riposte fut rapide. Rome est occupée par l'armée française (2 février 1808) et la totalité des Etats pontificaux annexée à l'Empire (décret du 17 mai 1809) ; le 6 juillet 1809, Pie VII était arrêté par le général Radet, interné à Savone, puis transféré à Fontainebleau. En réponse, Napoléon était excommunié en juin 1809.

Souverain attentif au mieux-être de ses sujets, le pontife avait entrepris des travaux pour l'assèchement des marais Pontins au sud de Rome et fait entamer quelques fouilles avant son enlèvement. Les fonctionnaires de l'Empire devaient faire plus, mieux et plus vite.

L'administration impériale, dans les départements du Tibre et du Trasimène, était représentée par des préfets et, à Rome, par un intendant de la Couronne. On demanda en novembre 1810 un programme à Denon ; il répondit qu'il ne connaissait pas assez bien le sol romain pour pouvoir, de Paris, tracer un programme. Pourquoi cette réponse dilatoire, ou plutôt cette dérobade ? En belle saison, la route du Simplon était la plus directe ; par mer et Civita Vecchia, ou par la route de corniche, La Spezia et Gênes, l'accès de même était facile. Alors ? L'étude de la correspondance et des archives ne nous donne pas de réponse assurée. Il est vrai qu'en 1810 avec le mariage de Napoléon, la préparation de la chapelle et l'aménagement de la Grande Galerie donnèrent lieu à de multiples transferts d'œuvres d'art.

Le dernier séjour de Denon à Rome remontait au temps de l'ambassade de Naples, il y avait de cela plus de vingt ans. Alors, carrosses aux armes et camails pourpres, robes de moines et soutanes de prêtres grouillaient en tous points de la Ville Eternelle. Aujourd'hui, elle était occupée par des fonctionnaires en uniforme et des soldats des diverses armes. La consulte, c'était le nom du conseil départemental, était formée des représentants de cette bourgeoisie romaine, alors peu nombreuse, mais où se recrutaient les Jacobins qui, faute d'une république, s'accommodaient de l'Empire.

Deux chantiers avaient été ouverts, l'un sur la face nord du Colisée, l'autre sur le Forum romain, pour dégager et consolider les trois colonnes encore debout du temple de Jupiter. Il s'agissait, du reste, moins de fouiller que de déblayer. Au Colisée, l'effondrement d'un mur de soutien avait provoqué des éboulis qui, au fil des ans, s'étaient élevés jusqu'au sommet des arcades du bas niveau. On ne pouvait en attendre de grandes découvertes et, de fait, hormis quelques monnaies de différentes époques, quelques camées et pierres gravées bon marché, on n'avait rien trouvé au forum ; la démolition d'un mur cernant le forum avait permis de planter un jardin.

Depuis le 17 mai 1809, où Rome était déclarée « Ville impériale et libre », une série de décrets va définir les nouvelles structures de cette extension du Grand Empire.

Sur le rapport du ministre des Cultes, Napoléon signait à Saint-Cloud le 13 septembre 1810, trois décrets relatifs à la suppression des ordres monastiques et des congrégations dans les départements italiens réunis à la France.

Par le premier : « tous ordres monastiques et congrégations régulières d'hommes et de femmes sont définitivement et entièrement supprimés dans les départements de l'Arno, de la Méditerranée et de l'Ombrone et, en conséquence, les exceptions faites par les lois, décrets et arrêtés portant suppression de conventions dans lesdits départements sont révoqués ». Les biens de ces couvents sont réunis au domaine. Un second décret, identique dans ses dispositions, concernait les départements de Gênes, des Apennins, de Montenote et des Alpes Maritimes. Le troisième décret concernait le département du Taro.

Les tableaux, statues et objets d'art provenant des couvents supprimés furent, à la diligence des préfets, rassemblés dans des dépôts et sommairement répertoriés.

Qu'en faire ? La question fut posée au ministre de l'Intérieur et arriva sur le bureau de Denon. A lui de dire ce qu'il voulait pour le Musée Napoléon, ce qui ferait le fonds de musées départementaux à créer, ce qui irait aux écoles de dessin. On présenta au directeur général l'état dressé à Gênes par le peintre Barata ; il était si sommaire et souvent inexact qu'il était impossible de se prononcer. Finalement, une expertise sur place fut décidée et Denon désigné. Il saisit avec empressement l'occasion de faire entrer au Musée les œuvres de « la primitive Ecole italienne » que les commissaires de la République de 1796 avaient négligées.

Lorsque, enfin, dans la seconde quinzaine d'août 1811, Denon se décide à partir pour l'Italie, ce n'est pas pour Rome, c'est pour le Musée : choisir, dans les quelque 4 000 peintures provenant des couvents supprimés, les œuvres dignes du Musée ; ce n'est pas, à vrai dire, la seule mission, mais c'est la principale. Dans l'ordre impérial qui la prescrit, il n'est pas question des fouilles de Rome. Accompagné d'un secrétaire et d'un dessinateur, l'Alsacien Benjamin Zix, il se met en route.

Sa mission était triple : sur son chemin, Denon devait visiter les carrières de granit et de marbre, apprécier leurs qualités et juger des difficultés ou commodités de l'exploitation et de l'acheminement des blocs vers Paris. Il devait s'arrêter à Semur-en-Auxois, à Tain et à Carrare, d'où l'on attendait de gros blocs destinés aux sculptures du pont de la Concorde.

En second lieu, il devait faire exécuter par Zix des dessins des campagnes de Bonaparte en Italie, complémentaires d'une série en partie constituée sur le même objet. Des vues pittoresques et des paysages ne faisant pas partie de la série historique pourraient servir aux manufactures impériales.

La prospection des tableaux provenant des monastères supprimés commença à Savone, où Denon fut reçu par le baron Chabrol, préfet de Montenotte. Denon choisit six tableaux, dont l'*Assomption de la Vierge* de Bréa et l'*Adoration des Rois* de Dürer. Nos voyageurs étaient arrivés à Gênes à la fin de septembre. La collection des tableaux était importante ; le préfet du département avait formé le projet d'en constituer un musée gênois. Denon approuva, choisit les tableaux et retint pour le Musée Napoléon huit peintures, dont un Beccafumi et un Filippino Lippi. En furetant selon son habitude, dans les églises, il découvrit le « plus beau Jules Romain » qui soit. Enquête faite, le tableau appartenait à la ville, qui refusa de le vendre et finit par accepter, de mauvais gré, de l'échanger contre un portrait de Sa Majesté en costume du sacre. Quel était ce portrait ? Denon se souvenait du portrait de l'Empereur peint par David pour le Tribunal d'Appel de Gênes que l'Empereur refusa, le trouvant plein de défauts et fit renvoyer à l'artiste (1804). Celui de 1811, arrivé à Gênes en 1812 a, semble-t-il, disparu tandis que le Jules Romain arrivait enfin à Paris en 1814, après l'abdication.

Denon, quittant Gênes, suivit la côte et s'arrêta à Chiavari. Il prit deux tableaux et deux colonnes de brèche violette à La Spezia, un tableau et un bas-relief de Luca della Robbia et quatre colonnes de marbre. A Pontremoli, dans l'Apennin, quelques tableaux intéressants furent choisis sur la foi de l'inventaire. A Pise, dans une chapelle du Campo Santo, qui servait d'entrepôt, Denon retint huit tableaux dont un Giotto et un Cimabue.

Denon était à Florence à la mi-octobre. Il devait retenir huit tableaux, dont le *Couronnement de la Vierge* de Fra Angelico et la *Visitation* de Ghirlandajo. A Florence, Denon reçut l'ordre de se rendre à Rome. Cet ordre était logique. Répétons-le : il eût été facile à Dominique Vivant Denon d'étendre à Rome, dès son départ, sa mission italienne. Il ne l'a pas fait. Pourquoi ? La raison principale est sans doute que Canova était directeur des musées et chargé de superviser les fouilles et la restauration des monuments et statues qui seraient dégagés. Tournon, préfet de Rome, que Denon avait rencontré lors du séjour à Paris de ce haut fonctionnaire en l'été

1811, et Martial Daru, surintendant des biens de la Couronne, occupaient les fonctions qui lui eussent été confiées ; ils étaient, d'autre part, trop haut placés pour qu'il pût envisager de les contrôler.

L'initiative de sa mission revient au ministère de l'Intérieur, ce qui exclut les départements du Tibre et du Transimène. Qui a donné l'ordre à Denon de se rendre à Rome ? Sans doute la Maison de l'Empereur. En tout cas, c'est à Florence que cet ordre est notifié. Il se contente donc, au cours des semaines passées dans le département du Tibre, d'examiner, ce qui était le propre de sa mission, les objets d'art provenant des couvents supprimés et de visiter, aux alentours de Rome, des sites et des monuments dont l'affectation n'était pas décidée.

Ainsi, Denon, en arrivant à Rome à l'automne 1811, trouvait des institutions bien en place, bien adaptées et des chantiers en pleine activité. Quelles initiatives marquantes pouvait-il prendre ? En réalité, aucune. Certes, son nom demeurait attaché à ce grand dossier de la restauration de la Rome impériale, mais les décisions majeures étaient prises. Il se rendit à Velletri pour voir la collection des antiquités indiennes du cardinal Borgia, dont on proposait l'acquisition, et visita le château de Caprarola, qui serait devenu palais d'été de Napoléon. Il fit des notes sur diverses collections qu'on disait à vendre au palais Graschi et Barberini. Enfin, il désigna le cloître des Chartreux à Sainte-Marie-des-Anges pour recevoir les marbres et les tableaux des couvents à supprimer, selon la décision qu'en prendrait l'Empereur. Les grands travaux que sont l'aménagement de la promenade du Pincio, de la villa Médicis et de la Place du Peuple, avec son obélisque, ses exèdres et sa fontaine ont été remarquablement étudiés par Ferdinand Boyer. Etudes, projets et exécution sont postérieurs au départ de Denon et le mérite en revient essentiellement à deux architectes français, Berthaulet et Gisors, arrivés en 1813.

Denon n'est pour rien non plus dans le grandiose et extravagant projet de palais impérial qui, avec le Capitole pour propylées et l'arc de Dioclétien pour issue, devaient couvrir le Palatin et une partie du Forum romanum.

Les hommes qui dirigeaient la rénovation de Rome étaient inspirés d'idéologies très différentes. Pour Canova, prince de l'Académie de Saint Luc, catholique traditionnel et conformiste, c'est le retour à l'Antique qui l'inspire ; il s'accommode de la captivité du pape et reconnaît l'autorité d'un monarque excommunié. Martial Daru et Tournon sont de cette génération areligieuse et antimystique dont Balzac a si bien analysé l'état d'esprit dans *Un double ménage*. A Rome, la vie religieuse, attachée à des souvenirs et à des lieux « hors les murs », fait une ville distendue dont le centre, peu peuplé et mal entretenu, contraste avec la majesté monumentale du Vatican. En voulant faire du centre antique un vaste jardin où les ruines seraient comme des fabriques ornementales, on acceptait de laisser aux sanctuaires périphériques leur prépondérance relative. Mais Denon était de ceux qui voulaient croire que les couvents seraient définitivement supprimés.

Il partit de Rome pour visiter le département du Trasimène. Le baron Roederer le fit accompagner par le secrétaire général de la préfecture dans sa visite des dépôts d'œuvres d'art provenant des couvents supprimés.

Les dépôts de Spolète, d'Assise et de Pérouse lui révélèrent « une immense quantité de tableaux... » Il choisit pour Paris, la *Vierge, l'enfant et les saints* par Melozo da Forli, trois tableaux à Todi et treize à Pérouse, dont le *Mariage de Sainte Catherine* d'Alfani, des fragments de prédelle de Fra Angelico. Dans les bâtiments de l'Université de Parme furent réunis une cinquantaine de tableaux pour former un musée local. Le dessinateur Zix, malade, devait y mourir le 7 novembre 1811.

Denon prit alors le chemin du retour qui passait par Florence et Parme. Dans cette dernière ville il nota que le préfet avait constitué un musée. En revoyant, au couvent de Saint-Paul, les fresques du Corrège, il décida de les faire enlever « par aspiration ». Un essai malheureux le fit renoncer à ce vandalisme.

C'est sans doute à Milan que Denon trouva les négociateurs les plus coriaces. Que voulait-il ? Quelques primitifs lombards, qui manquaient à Paris, entre autres un Boltraffio que possédait le musée de la Brera. Sachant que ce peintre était rare sur le marché, Denon offrait en échange quatre tableaux des Ecoles flamande et néerlandaise. L'Académie de Milan ne voulait pas céder, stipulant que si Brera cédait son Boltraffio, elle n'en trouverait plus d'autre... Denon rétorquait que dans son pays d'origine ce ne devait pas être bien difficile, tandis qu'à Paris il n'avait aucune chance de jamais s'en voir proposer un. Le vice-roi Eugène de Beauharnais se mit de la partie, en prenant fait et cause pour les Milanais. Denon s'étonna, Denon feignit de se fâcher. A qui appartiennent ces musées, Brera et le Louvre ? A Sa Majesté l'Empereur Napoléon. S'il lui plaît de prendre dans son musée de Brera une peinture qu'il juge mieux en place dans son musée de Paris, quoi de plus normal ? Bref, c'est tout simple. Et pour montrer qu'il n'était pas un marchand de tapis, Denon ajouta un portrait de Van Dyck et un portrait de Rembrandt — la mère de l'artiste — au lot initial. Il s'était montré généreux. En plein hiver, Denon, quittant Milan, prit la route du Simplon. Quelques jours plus tard, il était à Paris. Il compose, alors le 23 janvier 1812, une lettre à l'Empereur qui n'est qu'un compte rendu très partiel de sa mission, mais très significatif de son état d'esprit. Il faut, je crois, souligner la vivacité, pour ne pas dire la violence, de son propos. On observe aujourd'hui la ruine des monuments antiques mais qui a détruit Rome ? Les Barbares ? « Ce sont moins les irruptions des Barbares qui ont saccagé cette ville que les prêtres chrétiens qui, pour abolir la religion des païens, ont mutilé les statues et les temples de leurs dieux. Ainsi depuis Constantin qui, à la sollicitation du pape Sylvestre, fit enlever les magnifiques colonnes du mausolée d'Adrien pour édifier l'Eglise de Saint-Paul hors les murs, jusqu'à Léon X, et même plus tard, il ne s'est pas passé de jour qui n'ait commettre quelque profanation de ce genre. »

CHAPITRE ONZIÈME

LA FIN D'UN EMPIRE

Les adieux de Fontainebleau sont du 20 avril 1814 au matin. Après quoi, Napoléon monte dans sa berline de voyage et prend la route du Sud. Il doit retrouver en chemin les commissaires alliés qui doivent l'escorter, le surveiller, mais aussi le protéger dans la traversée d'une région qui, de longue date, a été hostile à l'Empire. Un jour, revêtu d'une lévite bleue et coiffé d'un chapeau rond, il prend la route sur un bidet de poste. C'est ainsi qu'il traverse, à Orgon, une foule hostile qui l'attendait pour le huer.

Peut-être pense-t-il au 18 Brumaire et revoit-il cette orangerie de Saint-Cloud, où des députés, membres du Conseil des Cinq-Cents, le bousculaient. Il a toujours redouté le contact d'une foule hostile, peut-être parce qu'elle rappelle de pénibles souvenirs d'enfance, lorsqu'au collège une bande le houspillait en l'appelant « napaille-au-nez ».

L'Empire est en miettes ; reste la France, mais quelle France ? M. de Talleyrand, prince de Bénévent, va discuter à Vienne. Les armées alliées occupent Paris ; nombreux, très nombreux, sont leurs officiers visitant le Louvre et le musée de l'Europe ; il n'est pas question de le démembrer, ce musée extraordinaire, insolite, image d'une Europe culturelle, à laquelle personne ne pense, mais qui existe. A cette époque, le duc de Cadore est toujours intendant général de la Couronne, et la correspondance avec la Russie suit son cours habituel. C'est seulement en juin que le duc est remplacé par le comte de Blacas, ministre de la Maison du Roi.

Il ne semble pas que Denon, s'il a été chagriné, ait été désespéré par la chute d'un monarque qu'il a autrefois admiré. C'est ainsi que, lorsque Louis XVIII, pressé de s'imposer aux Alliés, a débarqué à Calais, il trouve dans le courrier qui l'attend une lettre de Denon qui lui propose deux projets de médailles pour commémorer l'événement. Faut-il voir là une plate palinodie ou le souci du directeur des musées de demeurer à son poste pour protéger « le plus beau musée du monde » ?

Dix mois passèrent ; débarqué au Golfe Juan, l'aventurier corse faisait la reconquête de la France sans verser une goutte de sang. Lorsqu'il fut aux Tuileries, Denon était toujours à son poste.

Alors, les lissiers sortirent des greniers, où on les avait remisées, des tapisseries inachevées, les graveurs sur médailles reprirent leur burin, les ateliers de meubles sortirent leurs factures : la colonne Vendôme avait perdu son couronnement qu'on remonta, le Musée demeurait en état, image d'une Europe qu'on ne retrouverait plus.

Le soir du 21 juin 1815, Napoléon revenait à Paris en chaise de poste, pour apprendre qu'il était déchu. Bientôt, retiré à l'Elysée, il y demeura plusieurs jours ; des bandes de manifestants venaient secouer les grilles en criant « dictature ». A l'intérieur du palais des valets faisaient des malles. Le 24, Napoléon quittait Paris avec l'espoir d'aller « s'asseoir » au foyer de la libre Angleterre » ; en fait, pour Sainte-Hélène.

A nouveau, les Alliés occupaient Paris, mais cette fois, dans un autre style. Bientôt, Denon allait recevoir les commissaires, chargés de récupérer les œuvres d'art enlevées par la France, à la suite des victoires des armées de la République et de l'Empire.

« Résistez tant que vous le pourrez ! Ne cédez qu'à la force ! » avait dit Louis XVIII à Denon : les deux hommes pouvaient s'entendre, l'un et l'autre anticléricaux, sur un fond de scepticisme narquois. Et puis, Louis XVIII s'intéressait aux arts, sans passion mais avec intelligence.

Les trois mois de l'été furent rudes pour cet homme de soixante-huit ans. A l'épicurien de Venise, à l'homme disponible aux aguets, de l'après Thermidor, avait succédé le voyageur dispos, jamais recru, et le travailleur acharné qui avait, pièce à pièce, composé ce chef-d'œuvre, le Musée Napoléon. On allait disloquer cette œuvre presque parfaite, devenue symbole de ce que pouvait l'Occident, de ce qu'était l'Europe, avec ses phases successives d'efforts, de succès et d'échecs, de balbutiements et de réussites triomphales ; un témoignage unique de ce que peut l'Occident dans le meilleur de son activité : la création.

Avait-il cru ? Pouvait-il croire à la pérennité du Grand Empire ? Sans doute pas ! Mais il croyait à cet entêtement avec lequel l'Européen s'acharne à former, à fignoler ce qui est bien, ce qui est beau, ce qui est noble. La convention d'armistice est signée le 3 juillet et le 10 le baron von Ribbentrop, commissaire pour la Prusse, adresse à Denon une lettre l'informant de l'envoi d'un commissaire chargé de récupérer des œuvres prises à la Prusse en 1806-1807. Le ton est tranchant. Denon esquive, en répondant qu'il est tenu d'en référer au comte de Pradel, maître de la Maison du Roi. Ribbentrop s'impatiente et menace Denon de le faire arrêter et interner à Grandentz, forteresse de la Prusse occidentale. L'accord de Talleyrand, sur la restitution des œuvres, permet à Denon d'être couvert. Il s'agit alors des tableaux, statues antiques et objets enlevés en Prusse, après Iéna. Au début d'août commence l'affaire des colonnes enlevées à la cathédrale d'Aix-la-Chapelle. Denon répond qu'elles soutiennent la voûte de la galerie d'Apollon, ce qui, du reste, est inexact. L'affaire sera portée devant le roi de Prusse qui, en fin de compte, consent à laisser en place les trente colonnes insérées dans la construction, et ne recevra que dix colonnes demeurées sans emploi. Ribbentrop intervient encore pour les restitutions qui intéressent l'Autriche, le Schleswig et la Hesse, ainsi que Brunswick.

Après ces luttes quasi-quotidiennes, Denon était las, comme en témoigne sa lettre à Pradel du 20 septembre. « Les choses sont si avancées maintenant que pareille défense [1] devient inutile et le mal est si grand qu'il vaut autant exciter l'indignation sur ceux qui commettent de pareilles actions avec violence et outrage. Je n'ai pas d'ordre de police à donner au Musée et je n'exerce plus qu'une espèce de douane. »

Le 3 octobre 1815, Denon écrit au Roi : « Sire, mon âge avancé, ma santé dérangée me commandent le repos. J'ose donc le demander à Votre Majesté. »

Le même jour, Denon écrit à Pradel pour recommander la candidature de Lavallée. Pour conserver les restes de ce qui fut un grand musée, le plus grand du monde, un secrétaire général, au reste homme dévoué, cela doit suffire.

Avec Ribbentrop le ton a changé ; il est devenu courtois, comme en témoignent les lettres échangées au début d'octobre, lorsque Ribbentrop, sa mission terminée, quitte la France. De Ribbenrop à Denon : « ... quelque désagréables qu'aient été nos relations de service avec vous, elles n'ont servi qu'à augmenter mon estime personnelle pour un savant dont je m'estime heureux d'avoir fait la précieuse connaissance, aux sentiments de reconnaissance pour les moments agréables passés dans votre société, se mêlent ceux du monde civilisé qui vous doit la conservation de ces chefs-d'œuvre... » A quoi, Denon répond : « Entre gens faits pour s'estimer, les affaires forment les liaisons et les liaisons font naître l'amitié. Ce n'est cependant pas ce dont on pourrait juger à notre correspondance, mais j'ai toujours remarqué avec une bien vive satisfaction que votre façon de penser et vos procédés particuliers envers moi démentaient chaque jour ce que les circonstances lui donnaient d'affligeant. »

En septembre, ce sont les Pays-Bas et la Belgique qui réclament ; le gouverneur de Paris pour les Alliés, Müttling, donna la consigne de ne rien laisser sortir du Musée. A quoi Vitrolles, ministre d'Etat, répond en donnant l'ordre du roi de « fermer le Musée et d'y attendre la violence ». Le lendemain, Pradel, ministre d'Etat de Louis XVIII, prescrit de « céder à la force ».

Au mois d'octobre, entre en scène le sculpteur Canova. Lui et Denon se connaissent depuis longtemps ; ils ne sympathisent guère. Canova se présente comme l'ambassadeur des Etats italiens ; on chuchote qu'il n'est qu'un « emballeur ». Denon, cependant devrait lui être reconnaissant de son dédain pour ceux qu'il appelle « les primitifs ». C'est à ce dédain que le Louvre aujourd'hui doit de compter dans ses collections plus de quatre cents tableaux de Cimabue et Duccio à Masaccio et Ghirlandaio.

---

1. Il s'agit bien de la défense de parler dans les journaux, soit en bien, soit en mal, de ce qui se passe au Musée.

LA FIN D'UN EMPIRE

Dans L'enfance des arts on adoroit apis;
ibis. chats. Et magots. trop illustres de Nom.
on les fétoit Encor. avec napoleon.
mais Les arts pour fleurir, n'attendoient que les Ly:

87. **Caricature légitimiste contre Denon.** *Gravure anonyme, vers 1816.*

88. **Figaro et sa tête à perruque.** *Caricature anonyme contre Denon et son adjoint Lavallée.*
Lavallée, qui devait succéder à Denon au Louvre, semble ici accusé d'avoir exploité son chef. Les
bouteilles font allusion au vignoble de Denon.

89. *Le salon de Denon.* Dessin. *On peut y reconnaître des objets, meubles et tableaux cités dans l'inventaire après décès. Par la porte ouverte au centre on aperçoit le Gilles de Watteau. B.N. Estampes.*

90. *Denon dessinant une jeune femme*, vers 1817. Lithographie de Denon.

91. **_Réunion d'amateurs, dont Brunet, neveu de Denon._** _Lithographie de Denon, vers 1818._

92. **Allégorie du Temps.** *Lithographie de Denon. 1818. Le Temps retenu par l'Amour et la Folie emporte les souvenirs de Denon. On y retrouve plusieurs de ses gravures, portraits de lui-même ou d'amis.*

CHAPITRE DOUZIÈME

UNE RETRAITE STUDIEUSE
1815-1825

En offrant au roi sa démission, Denon invoquait sa lassitude et sa santé délabrée. A supposer qu'il lui restât quelques illusions sur la nature humaine, il pouvait être amer. Incité à résister, puis finalement lâché, il sentait sa solitude. N'avait-il pas été le seul à croire à la pérennité de ce musée de l'Europe ?

Le premier traité de Paris reconnaissait à la France la propriété des peintures, sculptures, estampes, livres et objets conquis ; au printemps 1814, le musée de l'Europe était largement ouvert et les visiteurs s'y pressaient. Pour Denon, les Cent-Jours annoncent une catastrophe. Elle est consommée quatre mois plus tard.

Le moment n'est-il pas venu de chercher à mieux comprendre un homme que ses biographes ont diversement jugé ? Pour les uns c'est un prédateur sans scrupules, pour d'autres, un priseur avisé ; certains voient en lui un serviteur inconditionnel de Napoléon, d'autre un hédoniste à la recherche du bonheur et qui aurait bien réussi.

En cet automne 1815, il a déménagé ses papiers du Louvre au quai Voltaire. Il est là, à deux pas de l'Institut, où il se rend à chaque séance de sa classe, face au Louvre où il a passé treize années les plus denses de sa vie. A cheval ou en chaise de poste, il a sillonné l'Europe ; il pourrait partir encore. Cette fois, il ne bouge plus.

En quelque sorte Denon retrouve les habitudes de vie bien ordonnée qui avaient frappé Madame Vigée-Lebrun lors de son séjour à Venise. S'il travaille à la gravure, c'est pour faire reproduire les pièces les plus remarquables de ses collections par le procédé qu'a mis au point Senefelder, la lithographie. Mais il réserve une part de son temps aux visiteurs qui, de toute l'Europe, viennent nombreux : la collection Denon est l'un des clous de ce Paris si longtemps fermé aux visiteurs anglo-saxons. Une Irlandaise, lady Morgan, nous a raconté la visite qu'elle fit à Denon en 1816 et que publièrent Treuttel et Wurtz à Paris et à Londres en 1817[1] :

« Aucun particulier ne possède à Paris une collection d'objets relatifs aux arts et aux antiquités, aussi curieuse, aussi variée et aussi singulière que celle que renferme l'hôtel du baron Denon. Ces trésors occupent une suite de six appartements, et sont rangés dans de superbes armoires de Boule, qui se trouvaient autrefois dans les palais de Louis XIV. Quelques-uns sont placés sur des piédestaux tirés des ruines de la Grèce, ou sur des marbres, débris de colonnes égyptiennes. Des tableaux, des médailles, des bronzes, des dessins, des antiquités et des curiosités de la Chine, de l'Inde et de l'Egypte sont rangés dans un ordre philosophique et chronologique dans l'intention de jeter plus de lumière sur les temps les plus reculés, et de démontrer par quelques morceaux remarquables les progrès de l'esprit humain. M. Denon, dans sa collection de tableaux, paraît avoir été guidé par le goût plutôt qu'aidé par la fortune. Elle n'en contient qu'un très petit nombre de ceux auxquels une série de siècles a attaché une valeur énorme. Il me montra pourtant une *Chute d'eau*, par Ruisdael, un *Portrait de Molière*, par Sébastien Bourdon, une *Tête* du Parmesan, par ce grand peintre lui-même, qui sont d'un grand prix et d'une beauté parfaite.

... Parmi une collection peu nombreuse, mais très précieuse, des plus anciens tableaux existants, j'en vis un par Martin de Messine, le premier qui peignit à l'huile ; le *Portrait d'un évêque*, par le Giotto ; un Maggatio, un Bellino et une composition de Fra Bartolomi, un des premiers maîtres de Raphaël.

Parmi les tableaux modernes, sont la *Tête d'une dame grecque*, par Mme Le Brun, un *Portrait de Rosalba* par elle-même et celui de M. Denon, singulièrement ressemblant, par Robert Lefebvre.

En me faisant admirer un petit tableau de cabinet, une *Sainte Famille*, de Bourdon, « qui pourrait, me dit-il, passer pour un Carrache » et un autre peint par Watteau, M. Denon me fit une observation qui, venant du célèbre directeur du musée français, est trop précieuse pour ne pas être citée dans ses propres termes. « Ces deux petites pièces montrent qu'il ne faut jamais juger d'un peintre, avant d'avoir vu ce qu'il a fait de plus beau, puisque dans ces deux tableaux on trouve même, avec le mauvais style du siècle, la couleur sublime du Titien, le fini précieux de Léonard de Vinci, et l'élégance du Parmesan ». Il paraîtrait d'après cette critique de M. Denon que les peintres du règne de Louis XIV ne manquaient pas de génie mais de liberté.

... Dans l'arrangement de sa petite collection de tableaux, M. Denon a adopté, relativement aux anciens maîtres, l'ordre chronologique qui offre une belle histoire des progrès de l'art... Sa collection de médailles, de gravures et de dessins est rangée dans le même esprit, ayant toujours en vue le progrès des arts et de la civilisation, ce qui ajoute beaucoup à l'intérêt qu'elle inspire.

... On peut dire que M. Denon lui-même a été le restaurateur de ce bel art en France, sous le règne de l'Empereur, et sa série de médailles obtiendra un jour de la postérité l'admiration qu'on lui accorde même dès à présent. Je ne puis dire jusqu'à

---

1. *La France*, t. 2, p. 77 ss.

quel point mon jugement est juste, mais le mérite particulier qui me frappa dans le dessin des médailles de M. Denon, ce fut la grâce et la « finesse », une sorte d'élégance morale dans la conception, une délicatesse et une harmonie singulière dans la composition, qualités qui appartiennent essentiellement au génie et au caractère de leur auteur.

... La collection de bronzes que M. Denon a apportés lui-même d'Egypte, et dont quelques-uns ont trouvé place dans les gravures qui ornent son grand ouvrage, est aussi rare que curieuse, et prouve le haut degré de perfection auquel les Egyptiens avaient porté cet art dans lequel ils sont restés sans rivaux.

Parmi ses bronzes grecs, celui qu'il estime le plus est une charmante figure de Jupiter Stator ; mais il regarde les ouvrages qu'il possède des Chinois, dans cet art, comme égaux sinon supérieurs à tous autres. On trouve dans cette singulière collection beaucoup de bronzes romains découverts en France, soit statues, soit objets d'usage domestique. Une figure de bronze du temps de Charlemagne démontre combien cet art était alors déchu en Europe, par ses mains d'or moulu et ses yeux en pierres précieuses : preuve qui n'est pas rare du goût de ces temps barbares où les arts étaient dans un état pire que l'anéantissement. Enfin on peut trouver dans les appartements et dans les riches armoires de M. Denon tout ce que les manufactures de la Chine et du Japon ont produit de précieux, de rare et de curieux. Des vases de porcelaine de toute forme, de toute taille, de toute couleur et de tous siècles, depuis la porcelaine noire dont l'antiquité n'a pas de date jusqu'au produit transparent des manufactures de nos jours : des chats bleus qui se vendaient autrefois mille écus la pièce, des vases verts dans lesquels Confucius a peut-être trempé ses longs ongles, des mandarins petits maîtres, des dieux, des bramins, des magots, des pagodes, des crapauds enflés, des fleurs qui ressemblent à la nature et des animaux qui ne ressemblent à rien, des boîtes, des vases et des temples du Japon ; des armoires des Indes, des écrans d'ivoire ; des ouvrages de filigrane ; des curiosités en cire qui remontent à deux mille ans ; des ouvrages de goût et d'industrie sortant de mains d'artistes modernes ; tout y est réuni avec soin, et rangé dans un ordre admirable.

Mais dans cette collection si variée, qui n'a pu être formée qu'à force de temps et d'argent, à l'aide du goût et des connaisseurs, et à laquelle le hasard et les circonstances doivent aussi avoir favorablement contribué, rien ne paraît si précieux à son propriétaire instruit et éclairé que son portefeuille de dessins originaux de tous les plus grands maîtres, la plus riche et la plus précieuse collection de ce genre qu'on suppose exister. Ces portefeuilles sont divisés par écoles, l'italienne, la flamande et la française. Parmi les morceaux nombreux et variés qu'ils contiennent, on y trouve cinquante dessins originaux de Parmesan, dont plusieurs ont été gravés et qui ont été achetés un prix énorme : quatre-vingts du Guerchin, dix de Raphaël, dix de Jules Romain ; un nombre infini de ceux des élèves de l'école de Raphaël, avec une plus ou moins grande quantité de ceux de tous les grands maîtres des écoles italienne et flamande.

Je trouvai dans cette curieuse collection quelques objets qui échappent à toute classification : un petit pied humain parfaitement conservé, et qui peut-être faisait autrefois partie des charmes de quelque aimable Bérenice, de quelque belle Cléopâtre. Deux mille ans au moins se sont écoulés depuis qu'il reposait sur le tapis d'un divan ou qu'il parcourait légèrement les bosquets d'orangers du Delta. C'est le joli petit pied dont M. Denon fait la description dans ses voyages, comme étant sans doute, d'après l'élégance de sa forme, « le pied d'une jeune femme, d'une princesse, d'un être charmant dont la chaussure n'avait jamais altéré les formes et dont les formes étaient parfaites ». Le modèle de la jolie petite main de la princesse Borghèse pourrait servir de pendant à ce pied si délicat.

Mais combien est éloigné de toutes les idées de grâces et d'amabilité que font naître ces échantillons de beauté féminine, un morceau unique dans son genre, que l'envie, disons la rage, d'ajouter à une collection si riche dans tout ce que la nature et les arts ont de plus intéressant et de plus curieux, a fait joindre à celle dont nous parlons ! C'est le masque de Robespierre pris sur sa figure, avant que la lividité de la mort en eût effacé un seul des traits qui peignait son âme perverse. Il est impossible de jeter les yeux sans frémir sur ce portrait fidèle d'un original effrayant ».

Un causeur se répète nécessairement, mais sa maîtrise tient aux nuances du récit, au ton qu'il adopte, aux pauses qu'il introduit, dans un récit chaque fois mis au point pour un interlocuteur considéré comme privilégié. Lady Morgan écrit : « quand Denon me parlait de sa collection, je pensais toujours qu'une heure de sa conversation valait tout ce qu'il avait rassemblé, quoique trois mille ans eussent fourni leurs contributions pour grossir ses trésors ».

Denon serait-il un maniaque de la collection, une manière de cousin Pons ? Non. En lui, dessinateur, graveur et collectionneur sont confondus : il cherche et collectionne les visages, les attitudes, comme il collectionne les estampes. Il faut donc essayer d'étudier simultanément l'un et l'autre, ou mieux l'un par l'autre. Les nombreuses recherches que fait Denon pour bien connaître la technique d'un graveur, ses procédés, peuvent se ramener à une recherche de l'homme gravé. Beaucoup de ses dessins d'après l'homme, visages ou silhouettes, ont un accent de caricature. Ce trait est manifeste dans les quelque trente croquis faits de Voltaire à Ferney et qui amusèrent tout Paris.

Denon a fait des paysages, composé quelques scènes pittoresques, mais c'est avant tout un collectionneur de portraits. La plupart pris sur le vif et non posés. On peut le suivre ainsi de Paris à Ferney, puis à Rome et à Naples, et de Naples à Paris, puis pour cinq ans à Venise où il semble acclimaté pour longtemps, avant de faire en Égypte un voyage décisif.

Nous avons dit du graveur qu'il est un collectionneur de portraits et le collectionneur d'estampes, un curieux de visages et d'expressions. Il s'en faut malheureusement que nous disposions de tous les éléments nécessaires à une étude exhaustive. Pendant plus de vingt-cinq ans, Denon a dessiné ou croqué les portraits des gens qu'il côtoyait. Certains ont été gravés et nous sont conservés. D'autres ont été donnés et demeurent dispersés voire inconnus.

Pour les dessins et les gravures, ils illustrent en quelque sorte l'itinéraire de Denon. Mais il s'en faut que tous les portraits aient été identifiés ; beaucoup ont été perdus ou dispersés et c'est grand dommage, car la collection complète des portraits faits par Denon eût été un document précieux.

Venons-en maintenant aux collections rassemblées par Denon. Il les a commencées dès sa jeunesse, s'intéressant aux estampes comme aux dessins, alors peu recherchés et de petit prix. Son but ? S'informer de la manière d'un peintre ou d'un sculpteur par l'étude de ses esquisses, de ses modèles, de sa composition. Toujours cette recherche de l'homme. Dans sa formation et son évolution, l'œuvre achevée a un caractère définitif ; il est plus intéressant de la voir se faire, se développer par approximations successives.

Formée au hasard des trouvailles, pièce à pièce, la collection, à mesure qu'elle se forme, s'ordonne selon les écoles : l'italienne est au premier rang, puis les écoles du nord, terme qui rassemble la Flandre, les Pays-Bas, l'Allemagne et la Suisse alémanique.

Lorsque Denon collectionne les estampes, c'est le graveur qui veut se former. Copier est une manière de suivre une création. Mais, ici, une difficulté : Denon est aquafortiste, l'eau-forte est une technique prompte qui permet une certaine rapidité de main, en éludant la contrainte qu'impose le burin. Mais après, elle suppose une minutieuse patience et le geste est lent. Il y a contradiction entre le rythme réfléchi du copieur et l'impulsion du créateur. A ses exercices difficiles, Denon était passé maître, au point d'embarrasser un graveur à qui il avait emprunté une épreuve : il lui rendit la copie et l'original en l'invitant à désigner l'imitation, et l'auteur, incertain, se trompa. Ces exercices de style nous révèlent un Denon toujours soucieux de mieux connaître l'homme qui est gravé ou l'homme qui grave.

Publiée en 1807 par le Service de la chalcographie du Musée Napoléon, l'œuvre gravé de Denon comptait 314 pièces. Il y faut ajouter les 26 priapées éditées sous le manteau, à l'époque du Directoire.

L'habileté du copiste atteste une grande virtuosité : virtuosité plutôt que maîtrise. Denon a eu des élèves. Un dessin, postérieur à 1815, montre plusieurs hommes, jeunes et moins jeunes, groupés dans une des pièces du logement du quai Voltaire ; sont-ce des graveurs, des disciples ou de simples visiteurs ? On ne sait. Disons pour conclure sur ce point qu'aucun graveur de quelque renom ne s'est vanté d'avoir eu Denon pour maître.

Le Denon qui accumule les dessins et les estampes apparaît au cours de ses années italiennes moins comme un collectionneur que comme un artiste qui se documente. Mais le chargé d'affaires qui entasse à l'ambassade de Naples les vases grecs et campaniens, baptisés étrusques, est un vrai collectionneur. L'amateur qui, à Venise, acquiert les planches de Callot, est un vrai collectionneur. Et les marchands qui l'assaillent ne s'y trompent pas. Les collections de vases antiques avaient été acquises pour le roi par le comte d'Angiviller, surintendant des bâtiments. Denon était dès lors connu comme expert, et le même Angiviller l'avait consulté dans une affaire où il s'était opposé — avec raison — à Vien, alors directeur de l'Académie de France à Rome.

Si Denon ne fut pas expulsé en quelques heures de Venise, sa qualité d'errant devait l'empêcher de s'encombrer de gros bagages. C'est sans doute un Denon quelque peu démuni qui débarqua à Paris au début de décembre 1792. Ses collections étaient sans doute restées à Venise, chez des amis sûrs. C'est à Venise que Denon avait acquis lors de la succession Zanetti les plus belles suites de sa collection. Citons ici les *Marques de collections* de Frits Lugt (Amsterdam, 1921, t. I, p. 139) :

« C'était la collection conservée pendant trois générations dans la famille Zanetti et vendue, après la mort du riche banquier de ce nom, par les héritiers, à Denon. Elle avait été commencée par le graveur Antoine Marie Zanetti le vieux (1680-1767), qui acheta un bel œuvre de Lucas de Leyde, l'œuvre extraordinaire de Rembrandt qui avait appartenu au marchand hollandais J.-Pz. Zoomer (mort en 1724), le riche œuvre de Callot dont il parle si avantageusement dans sa lettre à

Gaburri en 1721, qui réunit une œuvre admirable de Marc-Antoine, puis celui de Georges Pencz, et qui rassembla les pièces des graveurs de son école ainsi que les clairs-obscurs, genre dans lequel il excellait lui-même. N'ayant pas d'enfants, son cabinet passa à ses neveux Jérôme et Antoine-Marie Zanetti le jeune, le graveur. L'aîné, Jérôme, né en 1713, fut un savant distingué et mourut vers 1782. Le cadet, qui se distingua par ses gravures d'après des tableaux de Venise (1760) et aida son oncle dans sa publication sur les antiques (1740-1743), fut bibliothécaire de Saint-Marc, et, littérateur distingué, publia plusieurs ouvrages sur les beaux-arts. Il conserva et augmenta la collection d'estampes formée par son oncle, principalement par des maîtres vénitiens et par des copies faites d'après les pièces les plus rares de Rembrandt. Son fils, le banquier, fut le dernier à conserver cet ensemble précieux, que ses héritiers vendirent à Denon. Ce n'est qu'à la mort de Denon qu'il fut dispersé. »

Le ton de sa lettre au Roi pour solliciter sa retraite en 1815, peut donner à penser que cet homme d'action se retire des affaires et va se retirer du monde. Il n'en est rien, cette vie de société qu'il pratique depuis son arrivée à Paris vers 1765 et qu'il n'a cessé de pratiquer où qu'il fût, à Saint-Pétersbourg, à Naples, à Venise, à Vienne comme à Paris, lui reste indispensable. Il pourrait de sa vie faire deux parts : travailler le matin, voir des gens et se promener dans l'après-midi, dîner en ville et fréquenter les salons. Travailler le matin, cela signifierait laisser sa porte fermée et écrire. Il sait qu'il est un bon écrivain. Le succès du *Point de Lendemain*, la fortune du *Voyage dans la Basse et la Haute-Egypte*, et la qualité d'écriture de ses dépêches diplomatiques en témoignent. Il pourrait écrire ses mémoires. Il a connu tant de gens, observé tant d'événements, participé à des entreprises majeures, et sut garder en tous lieux et en toutes circonstances son sang-froid, sa lucidité et son humour ! En bref, il a tous les matériaux pour un monument littéraire. Mais cet homme qui sait écrire n'est pas un homme de lettres. Dans ce reliquaire, pièce énigmatique de son musée personnel, il conserve de petits os de La Fontaine, de Molière et une dent de Voltaire. Cela ne suffit pas à déterminer une vocation décisive. Alors, une histoire de l'art ? il donne à entendre à ses visiteurs qu'il y pense et qu'il y travaille assidûment. Mais s'il en parle et s'il y pense, il ne l'écrit pas. Il en parle beaucoup et, sur ce point, les témoignages de madame de Genlis et de lady Morgan concordent. Il est même, semble-t-il, intarissable et chacun des milliers d'objets qui constituent sa collection, est l'occasion de rappeler une anecdote. On a un peu l'impression que ce discours est un bavardage et qu'il comporte des redites complaisantes.

Denon était brave, il a couru des risques, défié la mort et semble au cours de ces dix années qui lui restent à vivre, avoir vécu comme s'il avait l'éternité devant lui. Un travail cependant demeure : la sélection de centaines de pièces de sa collection, litographiées en 314 planches, commentées par son ami Amaury Duval et éditées par son neveu, le général Brunet-Denon. C'est l'ébauche d'un testament, nous l'étudierons plus loin.

UNE RETRAITE STUDIEUSE
1815-1825

CHAPITRE TREIZIÈME

LA MORT DE DENON
ET LA DISPERSION DES COLLECTIONS

Dans le courant d'avril 1825, l'éditeur Ladvocat rencontre Denon au cours d'un dîner. Il note « l'Editeur a dîné avec M. Denon quelques jours avant sa perte, et remarquait avec surprise, dans ce vieillard octogénaire, une force et une énergie que peu d'hommes de soixante ans possèdent encore [1].

Le 25 du même mois, Denon assiste à une séance solennelle des quatre Académies, le 26, il sort pour assister à une vente de tableaux. C'est le printemps sur les quais où les libraires ont ouvert leurs boîtes, le quai aux Fleurs résonne de chants d'oiseaux. Mais le temps est changeant, des bourrasques secouent les arbres, Denon prend froid, il rentre chez lui tout enfiévré ; le 26 une congestion pulmonaire s'est déclarée qui l'emporte en vingt-quatre heures ; le 27, il est mort.

Les obsèques ont lieu au Père-Lachaise. Cérémonie très officielle, seul Antoine-Jean Gros y parle avec cœur. Madame Paul Lacroix rapporte la jubilation de son cousin Dominique Ingres, satisfait de voir son « anti-moi » enfin dans la tombe.

Denon n'avait pris aucune disposition testamentaire. Il laissait deux héritiers, ses neveux Brunet, qui décidèrent de vendre les collections de leur oncle. La première

---

1. *Mémoires* de Madame de Genlis, Paris, Ed. Ladvocat, 1825.

vente eut lieu en mai 1826 et la dernière en février 1827. Les catalogues pour nous sont précieux car c'est une source d'informations pour connaître la collection Denon aujourd'hui dispersée.

La *Description des objets d'arts qui composent le Cabinet de feu le baron V. Denon* comporte trois volumes :

I. Monuments antiques, historiques et modernes, objets orientaux, par Dubois.

II. Tableaux, dessins et miniatures, par A.-N. Pérignon.

III. Estampes et ouvrages à figures, par Duchesne Aîné.

Les Monuments antiques font 1400 numéros, dont 265 pièces sont égyptiennes, 130 grecques, 160 romaines, 130 du Moyen Age et des temps modernes et plus de 140 « ouvrages orientaux ».

977 numéros, chiffre très inférieur à celui des pièces, représentent des tableaux et des dessins décrits dans le second volume. Ce chiffre ne comprend pas les miniatures. Les dessins ayant servi à l'illustration du *Voyage dans la Basse et dans la Haute-Egypte*, forment une série complète. Il manque toutefois le dessin de la vue du Caire pendant l'inondation du Nil et 12 pièces de peu d'importance.

Pour les autres dessins exécutés à diverses époques, ils représentent des scènes familières, des scènes de genre, des paysages et bon nombre de portraits. Denon utilise plusieurs techniques : crayon Conté, fusain, plume, sanguine. Nombreux sont les dessins lavés ou aquarellés, certains sont rehaussés à la gouache.

La plupart des peintures sont de petites dimensions ; fait exception le *Gilles* de Watteau, acheté par Denon en 1793 chez un brocanteur où il servait d'enseigne. L'intérêt que porte Denon aux peintures de la première moitié du XVIIIᵉ siècle est à souligner : il achète la *Serinette* et le *Benedicite* de Chardin qui, à la vente de 1826, feront le premier 600 francs et le second 219 francs. Il faudra attendre encore bien des années pour que Watteau et Chardin trouvent leur vraie place dans l'esprit des amateurs.

Les livres de Denon ont été décrits dans le troisième volume consacré aux estampes. Duchesne Aîné souligne qu'on ne peut parler de bibliothèque parce que ne s'y trouve aucun ouvrage de littérature et fort peu d'ouvrages relatifs aux sciences et à l'histoire. Quand on sait l'intérêt que portait Denon à ces disciplines, on peut supposer que la plus grande partie de sa bibliothèque a été conservée par la famille. Seuls ont été mis en vente les ouvrages intéressant les musées, les beaux-arts et les voyages pittoresques.

Collectionneur, Denon sans doute l'a été toute sa vie. Limitée d'abord à l'Europe et au Moyen-Orient, sa curiosité s'est ensuite étendue à l'Asie et à l'Extrême-Orient. Mais il est un objet que nous voyons figurer à la vente de 1826 et qui pose d'autres questions. Cet objet est un reliquaire en cuivre doré du XVᵉ siècle que le catalogue ne décrit pas plus précisément. D'où venait-il ? Quel artisan l'avait fabriqué ? De quels martyrs, de quels saints contenait-il les reliques ? Tout cela reste un mystère. Denon s'intéressait peu et connaissait mal le Moyen Age. Le XVᵉ siècle, cela va de l'an 1400 à l'an 1499. L'ouvrage était-il « gothique » ? Il est plus vraisemblable qu'il appartenait à la première Renaissance et, ayant sans doute été acquis sous la Révolution, provenait d'une église ou d'un couvent sécularisé. Sans doute, était-il vide de son contenu, car on imagine mal le collectionneur Denon jetant de saintes reliques pour y mettre les siennes. Quelles étaient-elles, ces reliques collectées par Dominique Vivant, voltairien, baron d'Empire ?

Prenons le catalogue et lisons la description du n° 646 du tome I :

« Cuivre doré — Un reliquaire de forme hexagone et de travail gothique, flanqué à ses angles de six tourillons attachés par des arcs-boutants à un couronnement composé d'un petit édifice surmonté de la croix : les deux faces principales de ce reliquaire sont divisées chacune en six compartiments, et contiennent les objets suivants : — Fragments d'os du Cid et de Chimène trouvés dans leur sépulture, à Burgos — Fragments d'os d'Héloïse et d'Abailard, extraits de leurs tombeaux, au Paraclet — Cheveux d'Agnès Sorel, inhumée à Loches, et d'Inès de Castro à Alcobaça — Partie de la moustache de Henri IV roi de France, qui avait été trouvée entière lors de l'exhumation des corps des rois à Saint-Denis en 1793 — Fragment du linceul de Turenne — Fragments d'os de Molière et de La Fontaine — Cheveux du général Desaix. Deux faces latérales du même objet sont remplies, l'une par la signature autographe de Napoléon, l'autre contient un morceau ensanglanté de la chemise qu'il portait à l'époque de sa mort, une mèche de ses cheveux et une feuille de saule sous lequel il repose dans l'île de Sainte-Hélène »

Il faut croire qu'au temps de ses séjours et voyages en Italie du sud et du nord, Denon n'était guère curieux des pieux souvenirs de l'espèce « reliques » car nous n'en trouvons aucune dans son reliquaire qui puisse provenir de la péninsule. Par contre, au cours de son voyage en Espagne et au Portugal en décembre 1808, il fit ouvrir les tombeaux de Rodrigue et de Chimène à Burgos et celui d'Inès de Castro à Alcobaça et préleva quelques fragments d'os pour le reliquaire. Ces profanations ne devaient pas le troubler, puisqu'il en fit faire un tableau. Etant alors à Venise, il n'avait pu assister à l'ouverture des tombes royales de Saint-Denis. Pourquoi et de qui a-t-il plus tard acquis les poils de la moustache d'Henri IV qui se trouvaient dans le reliquaire ? Anatole France a écrit : « C'étaient bien là les reliques chères à un homme qui avait beaucoup aimé les femmes, assez compati aux souffrances du cœur, goûté en délicat la poésie alliée au bon sens, estimé le courage, honoré la philosophie et respecté la force. » Selon moi, c'est peu dire et ce bric-à-brac sentimental reste une énigme.

Cette biographie n'était que la narration des faits, des gestes, des aventures et, quand il les exprime, des idées, d'un homme tenant un rôle, souvent public, rarement privé, très rarement saisi dans son intimité, avec, cependant, une brève confidence, qui semble mettre un cœur à nu : *Point de lendemain*. De cet homme à qui l'on prête beaucoup de succès féminins, une seule correspondance amoureuse nous est parvenue : amour et amitié, ou amour, puis amitié, en fait, pas une grande passion.

« L'illustre M. Denon » comme l'appelle, au temps de l'Empire, un contemporain rencontré chez Goethe à Iena, trois jours après la bataille, cet homme si connu était-il un ambitieux ? On hésite, préférant dire qu'il avait à cœur de bien faire ce qu'on lui donnait à tâche. Il y a, comme toujours, bien du mystère dans cet homme dont on ne saisit, avec, il est vrai, beaucoup de détails, que l'enveloppe.

Et voilà que, le livre terminé, nous parvient un document sans réplique : l'inventaire après décès dressé le 16 mai 1825 par Me Couchère, et son collègue, notaires à Paris (Arch. Nat. CV, 1541). Les admiratrices, visiteuses de ces collections célèbres, comme lady Morgan, nous laissaient dans l'enthousiasme, le détail et la confusion. Cette fois, page après page, c'est tout le quotidien qui va défiler sous nos yeux.

Denon occupait, depuis qu'il avait dû abandonner son logement de la rue Platrière, laissé aux démolisseurs, un appartement dans un immeuble au quai Voltaire portant alors le n° 5. [2] Ainsi pouvons-nous, pièce à pièce, suivre Denon dans l'intimité de sa vie quotidienne, et nous espérons pouvoir reconstituer le décor de cette vie de vieux collectionneur, toujours disposé à commenter l'extraordinaire.

De la cave, où sont rangées les bouteilles de Gevrey Chambertin, remontons dans la cour ; là se trouve la remise, avec une chaise de poste qui a beaucoup servi, une vieille collection de harnais. Pour le cheval, on le loue à une poste voisine ; mais Denon ne voyage plus guère et à Paris il circule à pied ou en fiacre.

Sur cette cour trois chambres, destinées aux domestiques, sont assez vastes, très convenablement meublées d'un lit de noyer, avec matelas et couvertures de laines, commodes à plateau de marbre, toilette et chaise paillée, la dernière ayant même un fauteuil et une bergère garnis de velours d'Utrecht.

A l'entresol, accessible par un escalier de service, cuisine et office. Dans de grandes armoires, le linge de maison, très abondant, et la vaisselle. Celle-ci est simple, porcelaine blanche à bordure dorée, qui compte plus d'une centaine de pièces. Ajoutons les restes de services à thé et à café qui ont beaucoup servi et qu'on a beaucoup cassés. L'argenterie au poinçon de Paris (pesant plus de 5 kg), légèrement dépareillée, a été prisée 1035 francs. On a l'impression que le temps des dîners de vingt-quatre couverts est bien passé. Au reste, la cuisine, avec rôtissoire et fourneau en fer blanc (sic), ses trois casseroles et ses pots de terre pourrait au mieux servir à apprêter les repas d'un célibataire en âge de sobriété.

Le mobilier est en nombre, comme la vaisselle. Il est, pour la majeure partie, d'époque récente, Directoire et Empire. Seule une série de sièges, en bois doré et couverts de tapisserie, pourrait être d'Ancien Régime, sans autres précisions. Taffetas cramoisi sur les murs et rideaux de taffetas blanc aux fenêtres, soierie blanche brochée sur les sièges. Tout ceci est réservé aux pièces de réception et d'apparat. Les pièces secondaires ont leurs murs tendus de drap, drap que l'on retrouve pour couvrir les sièges.

Tel qu'il se recompose dans notre imaginaire, cet appartement est celui d'un haut fonctionnaire que sa condition oblige à recevoir. Les collections, dont nous venons de voir l'importance et qui comprennent peintures, sculptures, dessins, gravures, médailles, monnaies, mosaïques, multiples objets de bois, de terre, de verre, de cuivre et de bronze, on penserait à les classer et à les présenter dans des meubles faits spécialement à leur mesure. Tel était le cas au XVIIIe siècle pour beaucoup de collections privées : celle du marquis de Méjanes à Aix en est un exemple, mais il faut citer aussi le cabinet de Réaumur à La Rochelle où toutes les pièces du mobilier, vitrines murales, vitrines plates et sièges compris, ont été dessinées et exécutées pour cette fonction ; présenter et mettre en valeur des objets destinés à l'étude et à la curiosité. Tout occupé à accumuler les multiples collections qu'il avait entreprises, Denon ne semble pas s'en soucier. Insérant en quelque sorte dans un intérieur déjà tapissé et meublé ses collections, a-t-il au moins cherché à en faire une composition

---

2. Au cours du XIXe siècle la numérotation a changé, des modifications ont été apportées à la distribution et à la façade de plusieurs immeubles de cette partie du quai Voltaire. On ne peut aujourd'hui reconstituer le logement de Denon.

plaisante ? C'est une occupation qui aurait pu l'inspirer en particulier dans la présentation des tableaux.

Voyons à titre d'exemple la disposition du salon, avec ses murs tendus de taffetas cramoisi et ses rideaux de taffetas blanc ; un mobilier important de consoles et de petites tables à plateau de marbre blanc en plein acajou, des fauteuils et bergères couverts de taffetas blanc : imposant lustre à quinquets. Ce qui semblait chétif, c'était le sol couvert d'une moquette très usée ; mais le regard était retenu par les tableaux accrochés aux murs et les cartons de gravures et de dessins placés dans des cabinets de Boule, accolés aux murs. Douze grands fauteuils, acajou et taffetas blanc, deux canapés et une douzaine de chaises en bois doré permettaient d'asseoir une trentaine de personnes. La peinture, ici, était en partie italienne : Raphaël, Corrège, Caravage, Titien, Veronese, hollandaise : Rembrandt, Van Ostade, Breughel l'ancien ou flamande : Rubens, Van Dyck. Des reliefs gréco-romains, des fragments de mosaïques, des urnes de verre, de céramique ou de métal, des statuettes et des lampes de bronze.

Le traitement des pièces de sa propre collection peut surprendre chez un ancien directeur des musées. Sans doute, nous l'avons dit, ce musée est en remaniement perpétuel. Mais, au quai Voltaire, Denon est sans maître, il a son temps. En outre, il prépare une histoire des arts du dessin qui suppose un ordre dans la présentation.

Ce qui pourrait le mieux nous instruire, c'est l'accrochage des peintures. Certaines des pièces sont exiguës, assez mal éclairées et on y manque de recul. Cherchons nos exemples dans les pièces d'apparat et de réception, qui réunissent les conditions favorables à divers schémas de présentation. La grande antichambre, le grand salon, le cabinet de travail, voilà des pièces vastes, bien éclairées, qui incitent à chercher des combinaisons diverses, selon les dimensions, la coloration, la stature des personnages et caractères. Selon l'usage du temps les tableaux sont accrochés cadre à cadre : le priseur les énumère dans l'ordre où il les voit. D'autre part, le classement par écoles manque de rigueur, l'histoire de l'art encore balbutie. Ainsi, le terme « école du nord » groupe la Flandre, les Pays-Bas et l'Allemagne. Un classement scientifique selon les normes actuelles est inimaginable, mais il est d'autres logiques possibles. Quel effet, quelle impression Denon voulait-il produire ? En avait-il même le souci ?

Le cabinet de travail était éclairé de deux grandes fenêtres ouvrant sur la terrasse. Sobres étaient son décor et son mobilier, avec des tentures de drap, un petit bureau d'acajou, une table à la Tronchin, des armoires, un fauteuil de bureau et deux fauteuils pour les visiteurs, deux chaises. Une table à manger montrait qu'il y prenait ses repas de célibataire. Deux quinquets portés par des bras fixés aux murs assuraient l'éclairage nocturne. Ce cabinet était le P. C. de Denon. Il y travaille, soit seul, soit avec un secrétaire : là sont rassemblés les portefeuilles de dessins et d'estampes correspondant aux travaux en cours. Le décor de tableaux a un caractère plus accusé : la plupart sont des portraits ; on y trouve aussi des scènes d'intérieur de petits maîtres hollandais.

La chambre de Denon, donnant sur le quai, avec son grand lit, ses trois matelas de laine, ses couvertures, sa couette, ses traversins et ses oreillers pourrait paraître douillette. Au fond de l'alcôve une grande glace en deux morceaux avec son cadre doré. Pas plus la chambre que le petit salon qui y attenait n'échappaient au collectionneur. Sans doute le choix des peintures accrochées sur les murs de la chambre était-il marqué de préférences particulières. On n'y voit pas de groupement logique non plus que chronologique. Toutes les écoles d'Europe y sont représentées, de la fin du XVe siècle à l'Empire. Taunay est le seul peintre contemporain ; grande variété également dans les sujets ou les thèmes religieux ou profanes, militaires ou familiers. Peut-être est-ce évocation de souvenirs personnels bien plutôt que fragments de l'histoire de la peinture. Le rapprochement de Breughel de Velours, un paysage, de Vouet, une Vierge à l'enfant, de Sébastien Bourdon, une Sainte famille, de Fragonard, le Sacrifice à l'amour, déconcerte un peu nos habitudes modernes.

Attenant à la chambre à coucher, une salle de toilette, avec une baignoire sabot en cuivre verni et deux commodes de toilette en acajou avec dessus de marbre blanc. Ni arrivée ni réservoir d'eau : pot à eau et cuvette en tôle vernie. Quant à la baignoire, on l'alimente par porteur venant d'un établissement de bains voisin. Dans une armoire quelque deux cents volumes qu'on pourrait qualifier de « ramassis de bouquins » dépareillés.

Au départ la vente suscita la curiosité ; des visiteurs vinrent de l'étranger. Il y eut, cependant, peu d'enchérissements et le général Brunet-Denon fit retirer de la vente environ un tiers des pièces, que l'on retrouva à sa vente en 1847.

Les prix aujourd'hui nous semblent modestes. Ibrahim Amin Ghali, qui a suivi, d'après un catalogue annoté, le cours d'un certain nombre d'enchères, note que le Louvre n'a acquis que quelques dessins, bien que le comte de Forbin, alors directeur du musée, ex-colonel des armées impériales, ancien élève de David et peintre lui-même, fût une relation de Denon et peut-être son ami.

Monuments des arts du dessin

Etait-ce le point final ? Non ! puisqu'en 1829 va paraître un ouvrage en quatre volumes : *Monuments des arts du dessin* [3].

Cet ouvrage nous apparaît comme un monument de la piété filiale et de l'amitié. La piété quasi-filiale est celle du général Brunet, baron d'Empire lui aussi, et neveu de Dominique Vivant. Né en 1778 à Givry-sur-Saône du mariage de la sœur de Denon avec Brunet viticulteur, il accompagne Denon en Egypte. De retour en France, il sert dans les dragons, est blessé à Austerlitz, promu colonel à Tilsitt et baron en 1808, il perd le bras droit à Essling et est nommé directeur des études à l'Ecole de Cavalerie. Promu maréchal de camp par Louis XVIII, il est mis à la retraite après les Cent-Jours. Dominique Vivant laisse une masse de papiers, 271 planches lithographiées destinées à illustrer l'ouvrage qu'il prépare, des notes et quelques brouillons. Brunet-Denon manque de compétences, et c'est Amaury Duval qui va se charger de mettre en ordre les notes et documents laissés par Denon et de préparer leur publication. Né à Rennes en 1760, après un passage dans la diplomatie, il est chef du bureau des Beaux-Arts en 1793. En 1794, il fonde avec Chamfort *La Décade Philosophique*, devenue en 1805 la *Revue Philosophique* et fusionnée en 1807 avec le

---

3. *Les Monuments des arts du dessin* recueillis par le baron Vivant Denon, ancien directeur général des Musées de France, pour servir à l'histoire des arts, lithographiés par ses soins et sous ses yeux ; décrits et expliqués par Amaury-Duval, membre de l'Institut (Académie royale des inscriptions et belles-lettres). A Paris, chez M. Brunet Denon, rue Ste Anne, n° 18. 1829, imprimerie de Firmin Didot.

Mercure de France dirigé par Chateaubriand. Membre de l'Institut, classe des Beaux-Arts, en 1811, il devient ainsi le collègue de Denon avec qui il est en relation depuis son entrée au ministère de l'Intérieur.

Amaury Duval est un ami ; est-ce un confident ? On hésite à le dire lorsqu'on lit son introduction aux *Monuments des arts du dessin* où se marque quelque embarras et de l'incertitude quant aux desseins de l'auteur. Première hésitation : les 271 planches lithographiées sont-elles un tout ou un fragment ? Seconde interrogation : le titre n'est pas de Denon, mais d'Amaury Duval et il s'applique à un rassemblement de pièces diverses plutôt qu'à une œuvre concertée. Que voulait Denon ? Ecrire une histoire de l'art ? Mais alors, si riches soient-elles, ce ne sont pas ses collections privées qui pouvaient servir de base. C'eût été le musée lui-même, tel qu'il l'avait presque achevé en 1812.

La volonté de s'en tenir aux pièces, œuvres et documents rassemblés par lui montre le caractère bien personnel de l'entreprise. Le collectionneur l'emportait sur l'historien comme s'il s'agissait d'illustrer la personnalité et le caractère du collectionneur bien plutôt que d'écrire une histoire.

Firmin Didot est l'imprimeur, ce n'est pas l'éditeur. L'éditeur, c'est le général Brunet Denon. Le format des planches lithographiées imposait celui de la publication. Avec les commentaires et l'introduction, cela faisait un ouvrage considérable : quatre volumes in-folio, vendus reliés.

Si la vente Denon avait attiré une foule d'acheteurs, pouvait-il s'ensuivre que l'ouvrage trouverait autant d'acquéreurs ? Evidemment non. Les *Monuments des arts du dessin* ne font pas date dans l'historiographie des arts, mais ils restent un important témoignage de la personnalité de Denon avec des ombres et des lumières.

Denon, sans doute, avait senti que sa collection n'était pas en soi une fin. Il devait savoir qu'il était impossible d'après elle seule de composer une histoire de l'art. Le fait que l'on n'a trouvé dans ses papiers que des fragments, alors qu'il écrivait avec aisance et sûreté, me paraît témoigner de son embarras. Et s'il critique, comme nous le verrons, Seroux d'Agincourt, c'est sur sa méthode plutôt que sur son entreprise. Seroux d'Agincourt avait écrit une véritable histoire de l'art.

Ce qui aujourd'hui nous écarte de Seroux et nous incite à le juger prisonnier des idées reçues de son temps, c'est qu'il s'en tient aux concepts de perfection, de progrès, d'épanouissement, de renaissance, de décadence et de renouveau. Avoir consacré toute une partie de sa vie à voyager, à étudier, à comparer les monuments de l'Italie, ne l'a pas conduit à avoir le moindre doute sur la valeur de ses idées reçues. [4]

Denon nous semble bien plus ouvert, parce que sa curiosité l'empêche généralement d'étudier le fait insolite et d'en chercher les causes et les conséquences. Ayant décidé de négliger tout le secteur monumental, c'est à l'objet qu'il s'attache. Et ceci le porte à s'intéresser à des coiffures indiennes, à des flèches, à des carquois, à des poteries, au point qu'en feuilletant les albums publiés par Amaury-Duval, on

---

4. Dans une note publiée par Amaury-Duval, Denon après avoir souligné que Seroux d'Agincourt a consacré l'essentiel de ses recherches et de ses travaux à l'histoire monumentale, conteste la méthode qu'il a suivie. Il est allé, dit-il, s'installer à Rome pour y étudier l'évolution, le développement, la décadence et la renaissance d'un art monumental, et il l'accuse d'avoir « inventé » un art gothique.

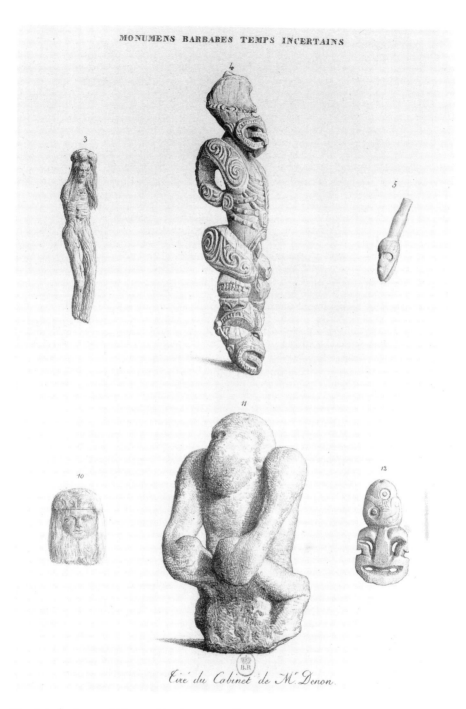

Tiré du Cabinet de Mr Denon.

93. **Arts barbares.** *Lithographie de P. Bouillon. On y voit, regroupées, une proue de pirogue de la Nouvelle Hollande et une idole mexicaine.* Monuments des arts du dessin, *pl. 1.*

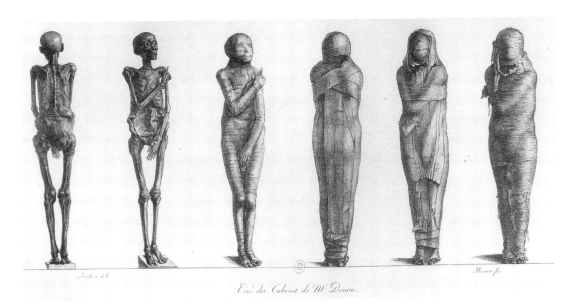

Eté du Cabinet de Mr Denon.

94. **Phases du dépouillement d'une momie.** *Lithographie de P. Bouillon. Momie rapportée d'Egypte en 1802 par le général Sebastiani qui la donna à l'Impératrice Joséphine. Denon l'acheta à sa vente après décès. L'image est inversée.* Monuments des arts du dessin, I, pl. 3.

Tiré du Cabinet de Mr Denon

95. **Statuette chinoise en laque.** *Lithographie de P. Bouillon.* Monuments des arts du dessin, *pl. 10.*

Tiré du Cabinet de Mr Denon

96. *Le Dieu Vichnou. Lithographie de P. Bouillon.* Monuments des arts du dessin, *I, pl. 11.*

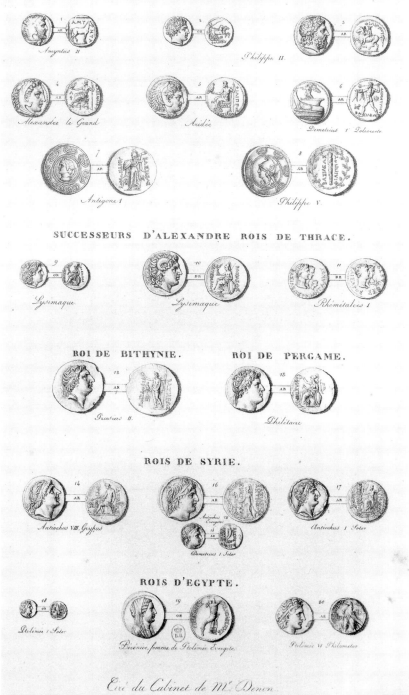

97. *Art monétaire chez les grecs. Lithographie de P. Bouillon.* Monuments des arts du dessin, *pl. 38.*

Tiré du Cabinet de Mr Denon

98. *Prisonnier gaulois.* *Bronze trouvé près de Louhans. Lithographie de P. Bouillon. Cette statuette figure dans le salon de Denon (pl. 90).* Monuments des arts du dessin, *I, pl. 27.*

99. **Portrait d'un antiquaire.** *Attribué à Antonello de Messine. Lithographie de Laurent.* Monuments des arts du dessin, *II, pl. 117.*

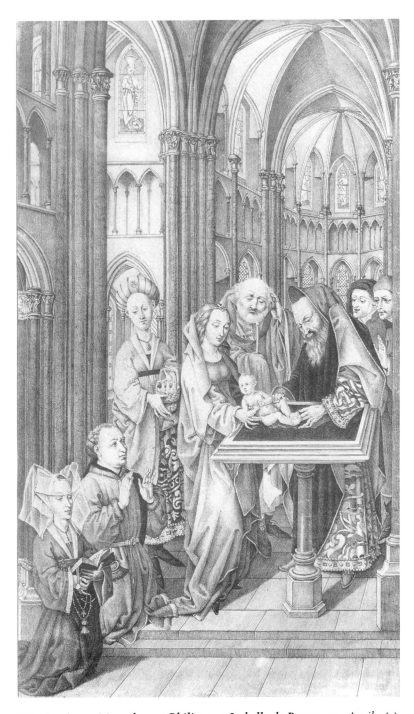

100. *La circoncision, devant Philippe et Isabelle de Bourgogne. Attribué à Van Eyck. Lithographie de W. Franquinot.* Monuments des arts du dessin, IV, pl. 241.

101. **Paysage rocheux.** *Dessin d'Albert Dürer. Lithographie de P. Brunet. Ce dessin est maintenant conservé au Musée Bonnat à Bayonne (Winkler, 106).* Monuments des arts du dessin, IV, pl. 254.

P 500

102. **Le joueur de guitare.** *Dessin de Watteau. Lithographie en deux tons de Denon. Le dessin a appartenu à la collection Groult.* Monuments des arts du dessin, *IV, pl. 300.*

se prend à se demander si l'on est en présence d'un ethnologue, d'un sociologue ou d'un historien de l'art.

Pourquoi, d'autre part, a-t-il consacré à l'art monétaire une telle place ? N'en contestant pas l'intérêt, notons qu'au XIXe siècle et même au début du XXe, si les médailles et les pierres gravées ont leur place dans l'histoire de l'art, le plus généralement la monnaie, qu'elle soit frappées ou gravée, en est absente.

Ainsi, Denon nous apparaît comme plus attentif à ce qui est « signe » qu'à ce qui est « beau ». Ce n'est pas qu'il se refuse à classer par hiérarchie, c'est qu'un portrait, tenu de son temps pour un art secondaire, pourrait être un signe aussi éloquent qu'une grande composition. Dans la mesure où l'on peut, à partir des commentaires d'Amaury-Duval et de quelques fragments de Denon lui-même, essayer de préciser ses intentions et sa conception d'ensemble d'un ouvrage qui se présente en morceaux, nous pouvons nous poser d'autres questions. Chargé par Napoléon de documenter les artistes à qui l'on confiait des commandes, ayant ainsi orienté la peinture contemporaine vers un réalisme didactique que nous avons essayé de définir, est-il sincère lorsqu'il voit l'Ecole française « en progrès » ? La préférence donnée à Gros nous donne un bon témoignage de son goût, mais l'homme qui avait acheté le *Gilles* de Watteau, qui n'intéressait alors personne pouvait-il croire à l'excellence du décor de la galerie de Diane ?

S'il avait enfin rédigé cette histoire de l'art dont il rêvait, Denon sans doute aurait répondu aux questions que nous pouvons nous poser ; elles demeurent aujourd'hui. Dans ses disparités, son existence suit un parcours captivant, parfois énigmatique. En résumé, une vie qui, sans doute du fait des circonstances mais aussi du caractère de l'homme, s'est tournée vers l'action, bien plus que vers la réflexion et l'écriture, qui sont des vertus solitaires.

BIBLIOGRAPHIE

Oeuvres de Denon

Julie ou le Bon père, comédie en 3 actes et en prose par M. D. N., Paris, Delalain, 1769, in-12°.

Lettre de M. Denon en réponse à une lettre d'un étranger sur le Salon de 1787, Paris, Didot aîné, 1787.

Point de lendemain, conte par M.D.G.O.D.R. in *Mélanges littéraires ou Journal des Dames*, Paris, Veuve Thiboust, 1777, in-12°, t. II. (La bibliographie très complète des éditions et des études critiques se trouve dans le volume 178 de la Pléiade *Romanciers du XVIIIᵉ siècle*, Gallimard 1965, t. II). Egalement in *Romans libertins du XVIIIᵉ siècle*, introduction et notes de R. Trousson, Paris, Robert Laffont, 1993. Autres éditions : Les Belles Lettres, 1993. Trad. polonaise : *Chwila ulotna*, Warszawa, PIW, 1970. Trad. italienne : *Senza domani*, Milano, Adelphi, 1989.

Saint-Non, Richard, abbé de, *Voyage pittoresque dans les royaumes de Naples et de Sicile*, Paris, Clousier, 1780-1786, t. IV. (Une grande partie de ce texte a été écrite par Denon.).

Voyage en Sicile et à Malte, pour faire suite au « Voyage de Henri Swinburne dans les Deux-Siciles », Paris, Didot l'aîné, 1788, in-8°. Nouvelle édition, Paris, « Gallimard », 1993, in-8°.

Voyage dans la Basse et la Haute Egypte pendant les campagnes du Général Bonaparte,

Paris, P. Didot l'aîné, An X, 1802, 1 vol. in-4°, XII + 322 p., atlas gr. in-fol. de 141 planches. (La bibliographie complètes des éditions et des traductions se trouve dans l'édition du *Voyage* publié en 1990 par Raoul Brunon, Paris, Pygmalion).

Discours sur les monuments d'Antiquité arrivés d'Italie, prononcé le 8 vendémiaire An XII (1ᵉʳ octobre 1803) à la séance publique de la Classe des Beaux-Arts de l'Institut National, Paris, Didot aîné, s. d., in-12°.

Notice sur Gérard Audran, s.l.n.d., in-fol.

Correspondance

Giuliana Toso Rodinis, *La Commedia degli intrighi e degli amori Le più belle lettere da Napoli di Dominique Vivant Denon, (1782-1785)*, Firenze, Leo S. Olschki, 1977 (choix de lettres du courrier diplomatique de Denon, chargé d'affaires à Naples, 1782-1785, avec une introduction de G. Toso Rodinis).

D.V. DENON, *Lettere inedite a Isabella Teotochi Albrizzi*, Padova, 1979.

Principaux ouvrages sur V. Denon
(ordre chronologique)

Claude Nicolas AMANTON, *Notice sur le baron Denon* in *Mémoires de l'Académie de Dijon*, 1824.

Pierre-André COUPIN, *Notice nécrologique sur M. le baron Denon* in *Revue encyclopédique*, 28 (juillet 1825).

Monuments des arts du dessin chez les peuples tant anciens que modernes, recueillis par le baron Vivant Denon... pour servir à l'histoire des arts, lithographiés par ses soins et sous ses yeux, décrits et expliqués par Duval, Amaury dit Amaury-Duval, Paris, Brunet-Denon, 1829, 4 vol., in-fol.

Marquis Amédée David DE PASTORET, *Eloge historique sur la vie et les ouvrages de M. le Baron Vivant Denon*, Paris, Didot frères, 1851.

E. GALLIEN, *Note sur l'attribution de « Point de Lendemain » à Vivant Denon*, in *l'Intermédiaire des chercheurs et curieux*, 20 et 31 octobre 1864 (réimprimé en tête de l'édition de 1866).

Albert DE LA FIZELIÈRE, *Notice sur la vie et l'œuvre de Vivant Denon*, in *L'Oeuvre originale de Vivant Denon ... collection de 317 eaux-fortes dessinées et gravées par ce célèbre artiste*, Paris, A. Barraud, 1873, 2 vol., in-fol.

Clément DE RIS, *Le baron V. Denon*, in *Les Amateurs d'autrefois*, Paris, 1877.

Ulrich Richard DESAIX, *La relique de Molière du cabinet du baron Denon*, Paris, Vignères, 1880.

Roger PORTALIS, baron et Henri Béraldi, *Les Graveurs du dix-huitième siècle*, Paris, Morgand et Fatout, 1880, t. I, 2ᵉ partie.

J. NORVINS, *Vivant Denon*, in *Biographie Nouvelle des contemporains* éd. par A.-V. Arnault, A. Jay, E. Jouy, J. Norvins et al., Paris, Librairie Historique, 1882, t. V.

Anatole FRANCE, *Notice historique sur Vivant Denon*, in *Oeuvres complètes*, Paris, Calmann-Lévy, 1890, t. III, *La Vie littéraire*.

Charles SAUNIER, *Les conquêtes artistiques de la Révolution et de l'Empire*, Paris, 1902, VIII et 192 p.

G. VAUTHIER, *Denon et le Gouvernement des Arts sous le Consulat*, in *Annales révolutionnaires*, t. IV, 1911.

L.G. PÉLISSIER, *Vivant Denon, suspect à Venise*, in *Bulletin de l'Histoire de l'Art français*, Notes et documents, 1912.

Henry GAUTHIER, *Vivant Denon en Egypte, juillet 1798-août 1799*, in *Bulletin de l'Institut d'Egypte*, t. V, 1922-1923.

AURIANT, *Lettres inédites de V. Denon au général Menou*, in *La Pensée française*, 21 septembre 1925.

Emile HENRIOT, *Les livres du second rayon. Irréguliers et Libertins*, Paris, 1926.

Paul MONTARLOT, *Denon chez Voltaire*, Autun, 1928.

Marcel GASTINEAU, *Denon et les Manufactures de Sèvres*, in *Revue de l'Art ancien et moderne*, 1931.

Jean-Marie CARRÉ, *Voyageurs et écrivains français en Egypte*, Le Caire, Institut Français d'Archéologie Orientale, 1932 et 1951, t. I.

Marie-Louise BLUMER, *La mission de Denon en Italie en 1811*, in *Revue des Etudes napoléoniennes*, t. 39, juill.-déc. 1934.

Pierre LELIÈVRE, *Vivant Denon. Essai sur la politique artistique du Premier Empire*, Angers, 1942 (Thèse complémentaire).

Pierre LELIÈVRE, *Vivant Denon, Directeur des Beaux-Arts de Napoléon*, Paris, Librairie Floury, 1942.

Jean-Edmond GOBY, *Les 40 éditions, traductions et adaptations du Voyage en Haute et Basse Egypte de Vivant Denon*, Dar al ma'aref, Le Caire, 1952.

Pierre GAXOTTE, *Vivant Denon*, in *Livres de France*, mai-juin 1954.

Le Chevalier Denon, in *l'Oeil*, N° 50, février 1959.

Gabriel CHEVALLIER, suite d'articles in *Mémoires de la Société d'Histoire et d'Archéologie de Chalon-sur-Saône* :

Documents inédits sur Vivant Denon diplomate, t. XXXIV, fasc. 1, 1956.

Denon deux fois suspect, t. XXXIV, fasc. 2, 1957.

Denon et la fin du Musée Napoléon, t. XXXV, 1958/59.

Les débuts de Vivant Denon, t. XXXVII, 1962/63.

Denon diplomate à l'Ambassade de France en Russie (1772-1774), t. XXXVII, 1962/63.

Denon chargé d'affaires à Naples (1782-1785), t. XXXVIII, 1964/65.

Armant CAILLAT, *Vivant Denon, 1747-1825*, Chalon-sur-Saône, 1964.

Ferdinand BOYER, *Les responsabilités de Napoléon Ier dans le transfert à Paris des œuvres d'art de l'étranger*, in *Revue d'histoire moderne et contemporaine*, décembre 1964.

Id. *Quelques considérations sur les conquêtes artistiques de Napoléon*, in *Rivista italiana di studi napoleonici*, octobre 1968.

Id. *Metternich et la restitution par la France des œuvres d'art de l'étranger*, in *Revue d'histoire diplomatique*, janvier-juin 1970.

Id. *Le retour en 1815 des œuvres d'art enlevées en Lombardie et à Modène*, in *Revue des études italiennes*, nouv. série, janvier-mars 1970.

Judith NOWINSKI, *Baron Dominique Vivant Denon (1747-1825), Hedonist and Scholar in a Period of Transition*, Rutherford-Madison-Teaneck, Fairleigh Dickinson University Press, 1970.

Jean CHÀTELAIN, *Vivant Denon et le Louvre de Napoléon*, Paris, Perrin, 1973.

Giuliana TOSO RODINIS, *Dominique Vivant Denon. I fiordalisi, il berretto frigio, la sfinge*, Firenze, Olschki, 1977.

Ibrahim Amin GHALI, *Vivant Denon ou la Conquête du bonheur*, Le Caire, Institut Français d'Archéologie Orientale, 1986, XXVI.

Raoul BRUNON, *Présentation* de l'ouvrage de Vivant Denon, *Voyage dans la Basse et la Haute Egypte*, Paris, Pygmalion, 1990.

INDEX

des noms de personnes

TABLE
des illustrations

TABLE DES ILLUSTRATIONS

TABLE DES ILLUSTRATIONS

TABLE DES ILLUSTRATIONS

Crédits photographiques

—————————

Tous les clichés proviennent du Cabinet des Estampes de la Bibliothèque Nationale, sauf ceux de la couverture et des figures 46, 55 à 86, qui proviennent de la Réunion des Musées Nationaux et le cliché de la figure 16 qui provient du *Museum of Art* de Toledo (Ohio).

Achevé d'imprimer en octobre 1993 sur les presses de la Nouvelle Imprimerie Laballery
58500 Clamecy
Dépôt légal : octobre 1993 — Numéro d'impression : 304077